U0585718

全国革命老区县发展史丛书·广东卷

江门市新会区革命老区发展史

江门市新会区革命老区发展史编委会　编

SPM 南方出版传媒·广东人民出版社
·广州·

图书在版编目（CIP）数据

江门市新会区革命老区发展史／江门市新会区革命老区发展史编委
会编. —广州：广东人民出版社，2020.9
（全国革命老区县发展史丛书·广东卷）
ISBN 978-7-218-14016-2

Ⅰ．①江…　Ⅱ．①江…　Ⅲ．①新会区–地方史　Ⅳ．①K296.54

中国版本图书馆 CIP 数据核字（2019）第 252793 号

JIANGMEN SHI XINHUI QU GEMING LAOQU FAZHANSHI

江门市新会区革命老区发展史

江门市新会区革命老区发展史编委会　编　　　　版权所有　翻印必究

出 版 人：肖风华

责任编辑：廖智聪　李尔王
装帧设计：张力平等
责任技编：吴彦斌　周星奎

出版发行：广东人民出版社
地　　址：广州市海珠区新港西路 204 号 2 号楼（邮政编码：510300）
电　　话：(020) 85716809（总编室）
传　　真：(020) 85716872
网　　址：http://www.gdpph.com
印　　刷：广州市浩诚印刷有限公司
开　　本：715mm×995mm　1/16
印　　张：22.75　　插　页：16　　字　　数：300 千
版　　次：2020 年 9 月第 1 版
印　　次：2020 年 9 月第 1 次印刷
定　　价：80.00 元

如发现印装质量问题，影响阅读，请与出版社（020 – 85716808）联系调换。
售书热线：(020) 85716826

广东省编纂《革命老区县发展史》丛书
指导小组

组　　长：陈开枝（广东省老区建设促进会会长）

副组长：　林华景　（广东省老区建设促进会常务副会长）

　　　　　宋宗约（广东省农业农村厅二级巡视员、广东省老
　　　　　　　　　区建设促进会副会长）

　　　　　刘文炎（广东省老区建设促进会副会长）

　　　　　郑木胜　（广东省老区建设促进会副会长）

　　　　　姚泽源（广东省老区建设促进会副会长兼秘书长）

　　　　　谭世勋（广东省老区建设促进会副会长）

　　　　　廖纪坤（广东省农业农村厅总经济师）

办公室

主　　任：姚泽源（兼）

副主任：韦　浩（广东省农业农村厅扶贫协作与老区建设处
　　　　　　　　　处长）

　　　　　柯绍华（广东省老区建设促进会副秘书长）

　　　　　伍依丽（广东省老区建设促进会副秘书长）

《江门市新会区革命老区发展史》编纂委员会

名誉主任：文　彦　梁明建

主　任：黄锐楼

副主任：李权晃　黄长盛　甘景林　李子威

委　员：林光华　林锦云　胡锦旋　袁朝护　林健宜

　　　　邓国全　陈国忠　钟慧良　何国杰　陈华钦

　　　　陈积寅　李洛培　鲁龙杰　邓梅芳　观志勇

　　　　汤国锴　刘程方　邓国宜　卢少芳

主　编：刘程方

副主编：林健宜　邓国全　李淑英

成　员：高日灵　邓国宜　刘伟劳　黄嘉诚

在举国欢庆新中国成立 70 周年前夕，中国老区建设促进会王健会长请我为《全国革命老区县发展史》丛书作序，作为一名在老区战斗过并得到老区人民生死相助的老兵，回首往事，心潮澎湃，感慨万千，深感义不容辞，欣然应允。

中国革命老区，是以毛泽东为代表的中国共产党人在领导人民推翻帝国主义、封建主义和官僚资本主义三座大山，争取民族独立和人民解放伟大斗争中建立的革命根据地，在这片红色的土地上，诞生了无数可歌可泣的革命英雄儿女，为后人树起了一座不朽的丰碑，她是新中国的摇篮，是党和军队的根。

在艰苦卓绝的战争年代，老区人民把自己的命运与中华民族的命运紧紧地联系在一起，与中国共产党和人民军队的命运紧紧地联系在一起，他们生死相依，患难与共。我曾亲历过战争年代，并得到过老区红哥红嫂的救助，切身感受到发生在身边的一幕幕撼天动地的革命故事，在那极其艰难的条件下，老区人民倾其所有、破家支前，不怕艰难困苦，不怕流血牺牲。"最后一碗米送去做军粮，最后一尺布送去做军装，最后一件老棉袄盖在担架上，最后一个亲骨肉送去上战场"，这是当时伟大的老区人民为建立新中国做出巨大牺牲的真实写照，它将永远镌刻在中国共产党、中国人民解放军、中华人民共和国的历史丰碑上。他们的光辉业绩永载史册，他们的革命精神必将影响一代又一代的革命新人，造就一代又一代的民族脊梁。

在社会主义革命和建设时期，革命老区和老区人民响应党的号召，面对落后的面貌、脆弱的经济、恶劣的生态环境，他们本色不变，精神不丢，自力更生，艰苦奋斗，干一行爱一行。始终坚持"革命理想高于天"，自觉做共产主义远大理想的坚定信仰者和忠实实践者，勇于向恶劣的自然环境和贫穷落后宣战，他们在各条战线上为国建功立业，用平凡的双手创造了一个又一个不平凡的奇迹，彰显了老区人的崇高精神和人格力量。

在改革开放的伟大进程中，老区人民解放思想，勇于创新，发奋图强，攻坚克难，老区的经济社会建设取得了辉煌成就。特别是在改变中国的面貌、中华民族的面貌、中国人民的面貌、中国共产党的面貌的伟大实践中发挥了至关重要的作用。老区人民既是改革开放的参与者，也是改革开放的推动者。

艰苦练意志，危难见精神。老区人民在近百年的革命战争、社会主义建设和改革开放的伟大实践中，孕育形成了伟大的老区精神：爱党信党、坚定不移的理想信念；舍生忘死、无私奉献的博大胸怀；不屈不挠、敢于胜利的英雄气概；自强不息、艰苦奋斗的顽强斗志；求真务实、开拓创新的科学态度；鱼水情深、生死相依的光荣传统。这是党和人民宝贵的精神财富、丰厚的政治资源，是凝心聚力、振奋民族精神的重要法宝，也是社会主义核心价值观的重要内容。

中国老区建设促进会怀着强烈的政治责任感和历史使命感，组织全国各地老促会人员克服困难，尽心竭力编纂《全国革命老区县发展史》丛书，记录老区的光辉历史和辉煌成就，传承红色基因，弘扬老区精神，是功在当代、利及千秋的一件大事。手捧这部丛书的部分书稿，读着书中的故事，倍感亲切，深感这部丛书具有资政、育人、存史的社会功能，有着重要的时代和历史价值。它是不忘初心、牢记使命的源头活水，是赞颂共产党、讴歌老区人民的一部精品力作，是弘扬老区精神、传承红色记忆的丰厚载体，是一项继承优秀传统文化、弘扬革命文化、发展社会主义先进文化，坚定"四个自信"的宏大文化工程。它必将成为一种文化品牌，为各界人士了解老区宣传老区支持老区提供一部有价值的研究史料。希望读者朋友们能从中了解并牢记这些为党和民族的利益不断奉献的老区人民，从中得到教益，汲取人生奋斗的精神动力。

新时代赋予新使命，新起点开启新征程。让我们更加紧密地团结在以习近平同志为核心的党中央周围，坚持以习近平新时代中国特色社会主义思想为指导，增强"四个意识"，坚定"四个自信"，做到"两个维护"，弘扬老区精神，铭记苦难辉煌。为实现"两个一百年"奋斗目标，实现中华民族伟大复兴的中国梦作出新的更大的贡献！

迟浩田

2019 年 4 月 11 日

2017 年 6 月，中国老区建设促进会组织全国各地老促会启动编纂《全国革命老区县发展史》丛书，按照"建立中国共产党、成立中华人民共和国、推进改革开放和中国特色社会主义事业"三大里程碑的历史脉络，系统书写革命老区百年历史，深入挖掘革命老区红色文化资源，这对于充实丰富中国革命史籍宝库、在新时代传承红色基因、弘扬革命精神、强固根本，对于激励人们在新的历史条件下夺取中国特色社会主义伟大胜利，实现中华民族伟大复兴的中国梦具有重要意义。

丛书编纂以习近平新时代中国特色社会主义思想为指导，以《中国共产党历史》《中国共产党的九十年》等重要文献为基本依据，以党的领导为核心，以老区人民为主体，以老区发展为主线，体现历史进程特征，突出时代发展特色，坚持辩证唯物主义和历史唯物主义相统一、历史真实性与内容可读性相统一的原则，书写革命老区从站起来、富起来到强起来的光辉革命史、不懈奋斗史、辉煌成就史，把老区人民的伟大贡献、伟大创造、伟大成就、伟大精神充分展示出来，形成一部具有厚重历史特征和鲜明时代特色的精品力作。这是一部培根铸魂、守正创新，既为历史立言，又为时代服务，字里行间流淌着红色血脉、催生着革命激情的传世之作。丛书的编纂出版将成为讴歌党讴歌人民讴歌时代、传播红色文化、为革命老区和老区人民树碑立传的重要载体。

　　丛书按照编年体与纪事本末体相结合、以编年体为主的编写体例确定框架结构；运用时经事纬、点面结合的方式记述史实；坚持人事结合、以事带人的原则处理人与事的关系；采取夹叙夹议、叙论结合以叙为主的方法展开内容。做到了史料与史论、历史与现实、政治与学术统一，文献性、学术性、知识性相兼容。

　　为编纂好《全国革命老区县发展史》丛书，打造红色文化品牌，中国老区建设促进会认真组织积极协调，提出政治立场鲜明、史料真实准确、思想论述深刻、历史维度厚重、时代特色突出、编写体例规范、篇目布局合理、审读把关严格、出版制作精良的编纂出版总要求，力求达到革命史籍精品的精神高度、思想深度、知识广度、语言力度，增强丛书的权威性和社会影响力。各省（区、市）、市（州、盟）、县（市、区、旗）老促会的同志，以强烈的使命感、责任感和紧迫感，勇于担当，积极作为，认真实施，组织由老促会成员、专家学者等参加的十余万人编纂队伍。编纂工作主体责任在县，省、市组织协调、有力指导、审读把关。各方面人员以高度负责的精神和科学严谨的态度，满腔热情地投入工作，为丛书编纂出版作出了重要贡献。丛书编纂工作还得到了党和国家有关部委、地方各级党委政府及有关部门的大力支持和积极参与，社会各界也给予了热情帮助。中共中央政治局原委员、中央军委原副主席、原国务委员兼国防部长迟浩田上将，对老区人民怀有深厚感情，对革命老区建设发展十分关注，欣然为《全国革命老区县发展史》丛书作总序。

　　丛书由总册和 1599 部分册（每个革命老区县编纂 1 部分册）组成，共 1600 册。鉴于丛书所记述的史实内容多、时间跨度长和编纂时间紧，不妥之处，敬请批评指正。

中国老区建设促进会

● 缅怀先辈 ●

梁启超，维新先驱，中国近代思想家、政治家、教育家、史学家、文学家

林锵云，1945年1月任广东人民抗日游击队珠江纵队司令员，1958年9月任广东省副省长

叶季壮，1927年1月任中共新会县委第一任书记，中华人民共和国成立后任中央人民政府贸易部部长，中共第八届中央委员

陈日光，1924年，中共新会支部成立，任支部书记

李冠南，1926年7月，新会县各乡农民协会联合办事处在江门成立，为主要负责人。1929年夏被任命为中共中山县委书记

刘田夫，1939年8月任中共西江特委书记，次年任中区特委书记。1981年任广东省省长

党向民，1954 年 7 月任中共新会县委第一书记，11 月兼任新会县县长

陈明江，1939 年 9 月任中共新鹤县工委书记，1941 年 5 月任中共新会县委书记

周达尚，1939 年，中共田金支部成立，任支部书记

陈华钜，从延安抗大回来的共产党员，1939 年任中共崖西旺冲支部书记

1949 年冬，中共江会区委、军管会主要成员（左起：李光中、杨德元、陈兴中、周天行、冯光）

● 革命遗址、纪念碑 ●

大革命时期新会县各乡农民协会联合办事处旧址——江门紫沙路 70 号

大革命时期中共江会支部、江门支部旧址——江门水南江边里 1 号

抗日战争后期中共新会县委机关旧址——江门沙仔尾竞新坊 11 号

旺冲碉楼，是陈华钜从延安抗大回来组织进步青年开展抗日活动的据点

新会司前松山村。1944年10月，新鹤人民抗日游击大队在此公开宣布成立

新会十区（司前）人民抗日行政委员会旧址

1945 年元旦，新鹤人民抗日游击队抗击国民党顽军战斗的地方——司前松山碉楼

天禄抗战纪念塔，1946 年为表彰壮烈牺牲的义士而建

1949 年 8 月中共新会直属区工委机关旧址——大鳌百顷"桃荫别墅"

1949 年 10 月 24 日新会和平解放，图为中国人民解放军粤中纵队进入新会县江门镇的情景

新会黄云山革命烈士纪念碑。建于 1960 年，为纪念在革命战争年代和社会主义革命建设时期中牺牲的革命烈士而立碑

大泽田金革命烈士纪念碑。为缅怀革命先烈，曾立亭纪念，1978年改建为纪念碑，2016年重修

新会三江抗日烈士墓园，1949年为纪念在抗击日伪军战斗中牺牲的三江乡民而建，2016年重修

沙堆梅阁中国人民解放军第四野战军十二烈士纪念碑。中华人民共和国成立后，为追念"梅阁战斗"牺牲的烈士而立碑。1997年秋重建，2016年重修

司前战斗烈士纪念碑。1951年1月，为纪念松山战斗和"司前事件"中牺牲的革命烈士而修建

崖西革命烈士纪念碑。1957年始建于黄冲圩北极庙侧，1980年于凤山重建，2016年重修

新会三江镇新江老区村思仁公园

1996 年 11 月，梁启超故居被定为全国重点文物保护单位，2001 年建成梁启超故居纪念馆

1955 年建成的新会人民礼堂

原新会劳动大学，现为周恩来总理视察新会图片展览馆

2014 年改建后的新会罗坑林锵云故居展览室

● 建设成就、文化盛事 ●

1950 年 3 月 28 日，新会第一届各界人民代表大会全体工友代表合影

1951 年 4 月 18 日，新会县委举行清匪反霸大会

1952 年 11 月 13 日，新会县第二区庆祝土改胜利完成大会合影

1957 年 12 月 21—28 日，中共新会县第一届代表大会第二次会议在新会人民礼堂召开

1954 年新会县第一届人民代表大会召开，提出"农村变花园"号召

1954 年新会县第一届人民代表大会召开，提出"荒山变果园"号召

1954 年新会县第一届人民代表大会召开，提出"稻田变谷仓"号召

1954 年新会县第一届人民代表大会召开，提出"河流变鱼塘"号召

1982 年 10 月 4—8
日，新会县召开第
六届人民代表大会
第二次会议

1985 年 5 月 10—13
日，召开政协新会
县第七届委员会第
二次会议

1988 年 7 月 28—8
月 1 日，全国废旧
物资系统表彰大会
在新会召开

维达国际控股（中国）有限公司双水纸业基地

李锦记集团（新会）食品有限公司七堡生产基地

2002 年 4 月 28 日，横跨崖门海口的广东西部沿海高速公路特大桥梁崖门大桥建成通车

2011 年 1 月 7 日，广珠城轨列车正式开通，图为广珠城轨新会站

2015 年 1 月 23 日，大鳌老区镇建成通车的特大桥梁

江门大道新会段东甲立交

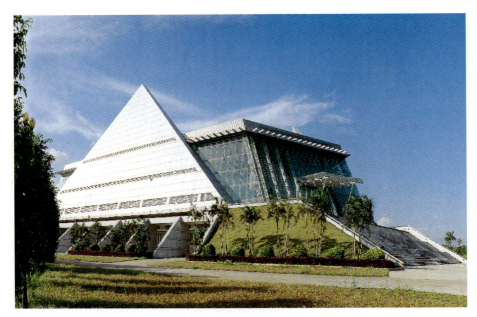

2003 年建成的新会体育馆

2005 年建成开放的广东桥梁博物馆（座落在银洲湖畔），2013 年被评为全国优秀科普教育基地

2015 年 9 月 29 日，广东南车轨道交通车辆有限公司（新会）自主生产的 CRH6A 型城际动车组，正式获得国家铁路局颁发的制造许可证

2016 年 3 月，新会银海水厂正式运营，向新会城区居民供应来自古兜东方红水库的优质水

新会人民医院急救中心大楼

新会中医院在政府、华侨及港澳同胞的大力支持下，现已发展成为具有现代化规模的综合性中医院

1952年创建的新会妇幼保健院被卫生部和联合国儿童基金会世界卫生组织授予爱婴医院称号

1905 年创办的新会第一中学，是广东省重点中学和国家级示范性高中

1958 年创办的新会华侨中学，是新会第一所侨资公办学校、省一级和国家级示范性高中

1988 年创办的新会陈经纶中学，是旅港同胞陈经纶先生捐资兴建的省一级学校

新会老区柑农喜获丰收

新会老区村水产养殖高产
优质，人欢鱼跃庆丰收

新会老区全面实现水稻
收割机械化

会城街道潭冲村（冲力）革命老区新貌

双水镇上凌革命老区美丽乡村建设

大鳌镇十围老区村幸福新农村广场

位于古井镇的宋元崖门海战文化旅游区

新会学宫始建于北宋，元代毁于战火，明代重建，中华人民共和国成立后重修，是广东省重点文物保护单位

1925 年爱国华人冯平山创建新会景堂图书馆，为纪念其父景堂而命名。该馆先后多次被评为全国、省文明图书馆和国家一级图书馆

2003 年 1 月，圭峰山国家森林公园风景名胜区被国家旅游局评为国家 4A 级旅游区，图为美景如画的玉湖景区

20 世纪 90 年代会城城区冈州大道牛雕岗全貌

新会古兜温泉小镇

新会今古洲经济开发试验区，2004 年被科技部定为重点联系的民营科技园

新会污水处理厂

新会大泽镇举办省级龙舟赛

龙乡三江镇联和、新江老区村，金龙起舞，万人空巷

举办 2006 中国（新会）五金不锈钢产品博览会

2016 年 10 月，新会小冈
香业城第二届中国（新会）
香文化博览会

2017 年 12 月，举办第四
届新会陈皮文化节

2017 年 11 月 23 日，蔡李
佛"富祥杯"国际狮王争
霸邀请赛在崖门镇京梅村
举行

新会举行慈善公益万人行活动以来，累计筹集善款3.79亿元用于社会公益事业

2000年，新会举办的第八届运动会

2004年9月，新会葵乡第五届文化艺术节开幕式

● 先进荣誉 ●

1986年，新会县获得全国基础教育先进县称号

1990年12月，新会县获得全国食品卫生示范县称号

1991年，新会县获得全国造林绿化先进单位称号

1992年10月，新会县获得中国农村人口2000年人人享有保健规划试点基本达标县称号

1998年10月，新会市人民法院获得全国优秀法院称号

2001年10月，新会市获得全国实施妇女儿童纲要先进集体称号

2001 年 7 月 1 日，新会市委获得全国先进基层党组织称号

2001 年 10 月，新会市获得全国婚育新风进万家活动先进县（市、区）称号

2001 年 11 月，新会市获得全国群众体育先进单位称号

2002 年 1 月，新会市获得中国曲艺之乡称号

2005 年 2 月，新会区检察院获得全国先进检察院称号

2007 年 12 月，共青团新会区委员会获得"全国团建先进县"荣誉称号

2009 年 1 月，新会区工商局获得全国文明单位称号

2009 年 1 月，新会区供电局获得全国精神文明建设先进单位称号

2011 年 11 月，新会区获得全国县（市）科技进步考核科技进步先进区称号

2015 年 2 月，新会海关获得全国文明单位称号

2015 年 12 月，茶坑村荣获 2015 年度中国十大最美乡村荣誉称号

2016 年 8 月，新会获得双拥模范区称号

2016 年 11 月，古兜温泉小镇获得 2016 年中国最美村镇特色奖称号

2017 年 11 月，崖门镇南合村获得全国文明村镇称号

（以上照片，由新会区档案馆、中共新会区委党史办、新会区广播电视台、新会区摄影协会、新会区老区建设促进会提供。）

序　言 / 001

第一章　区域和革命老区概况 / 001

第一节　基本情况 / 002

　　一、区域概况 / 002

　　二、历史沿革 / 002

　　三、资源优势 / 005

第二节　革命老区概况 / 009

　　一、原新会县（市）革命老区镇、老区村 / 009

　　二、新会区革命老区镇、老区村 / 014

第三节　加大扶持力度，支持老区发展 / 020

　　一、努力寻求老区发展的新途径 / 020

　　二、认真解决老区人民的"六难"问题 / 021

　　三、积极增强老区的"造血功能" / 023

第二章　党组织的创建和大革命时期、土地革命战争时期 / 025

第一节　中共新会支部的诞生 / 026

一、新会社会主义青年团组织的成立 / 026

二、中共新会支部的建立 / 029

第二节 新会农民运动的兴起和发展 / 033

一、农民运动的兴起 / 033

二、支援省港大罢工 / 036

三、叶挺独立团支援新会农民运动 / 037

四、农民运动的高潮 / 039

第三节 大革命形势的逆转 / 043

一、反对国民党右派和封建势力的斗争 / 043

二、江会"四一六"反革命政变 / 045

三、建立农村革命据点 / 047

四、策划江会暴动 / 048

五、工农运动艰难严峻的局面 / 052

第三章 抗日战争时期 / 055

第一节 抗日救亡运动的蓬勃发展 / 056

一、党组织的重建及其对抗日救亡运动的积极推动 / 056

二、农村抗日据点的建立 / 059

三、配合国民党守军抗击日、伪军 / 062

四、华侨、港澳同胞和侨眷支持抗战 / 065

第二节 地方武装奋起抗日 / 069

一、抗日据点建设的加强 / 069

二、三江三次血拼日、伪军 / 072

三、罗坑陈冲、潭冈击溃日、伪军 / 074

四、两次袭击睦洲日、伪军 / 078

五、崖西旺冲痛击日、伪军 / 080

六、大泽、司前顽强反"扫荡" / 081

七、古井、沙堆殊死抗日 / 082

第三节　抗击国民党的反共逆流 / 085

一、抗击反共逆流和积蓄抗日武装力量 / 085

二、开展减租减息斗争 / 088

三、踊跃支援革命斗争 / 090

第四节　加强武装斗争夺取抗战胜利 / 092

一、新鹤大队的成立和活动 / 092

二、泰山大队收复天亭和猫山事件 / 095

三、配合珠江部队横渡西江 / 096

四、司前棠坑建立抗日民主政权 / 098

五、松山村战斗和"司前事件" / 099

六、广东人民抗日解放军第二团的建立与发展 / 102

七、第二团、独立营进驻井岗、汉塘 / 104

第四章　解放战争时期 / 109

第一节　积蓄力量坚持斗争 / 110

一、新鹤边的分散隐蔽活动 / 110

二、基层党组织的巩固 / 113

三、旺冲据点的重建 / 116

四、农民群众反"三征" / 117

第二节　大搞武装斗争与游击根据地的巩固和发展 / 120

一、新开鹤部队的活动 / 120

二、进步青年投奔新高鹤游击区 / 122

三、解盟支援游击区 / 123

四、新鹤部队的活动 / 125

五、百顷据点的建立与发展 / 129

六、成立新烽出版社 / 133

第三节　组织力量迎接解放 / 136

一、加强农村工作 / 136

二、配合南下大军解放江会 / 138

三、追歼国民党残部 / 140

第五章　社会主义建设的艰辛探索时期 / 143

第一节　建立政权，恢复生产 / 144

一、人民政权建立 / 144

二、清匪反霸斗争 / 146

三、抗美援朝运动 / 150

第二节　农村土地改革与国民经济的恢复和发展 / 154

一、土地改革工作 / 154

二、"三反""五反"运动 / 155

三、社会主义改造 / 156

四、实施"四变"规划 / 162

第三节　全面建设社会主义的探索 / 172

一、废旧物资回收及综合利用与全国财政贸易工作现场
会在新会召开 / 173

二、周恩来视察新会 / 175

三、建立农村人民公社 / 180

第四节　各项事业的初步发展 / 183

一、科教文卫体全面发展 / 184

二、兴办以农械厂为代表的支农工业 / 185

三、古兜开山办电 / 187

四、崖南围海造田 / 189

第六章　改革开放时期 / 193

第一节　拨乱反正、落实政策 / 194

一、平反冤假错案的开始 / 194

二、全面平反冤假错案，落实干部政策 / 195

第二节　体制改革稳步推进 / 198

一、推行家庭联产承包责任制 / 198

二、工业企业经营机制的转变 / 200

第三节　农村经济迅猛发展 / 205

一、农业产业化经营 / 205

二、农业社会化服务体系建设 / 207

三、喜获广东第一个"全国绿化达标县"称号 / 209

第四节　工业交通飞跃发展 / 212

一、兴建纺织城 / 212

二、交通基础大建设 / 215

第五节　华侨港澳同胞支持家乡建设 / 219

一、从未中断的华侨港澳同胞捐献 / 219

二、支持家乡建设身体力行的唐珍琰 / 221

三、热心慈善捐献不断的黄球伉俪 / 222

四、捐巨资办两校的陈经纶 / 224

五、倾力支持家乡建设的马观适 / 225

六、黄氏捐建三桥惠及数十万人 / 226

七、捐资又投资家乡的李文达 / 227

第七章　十八大以来，新会迎来新发展 / 229

第一节　革命老区镇大鳌镇巨变 / 230

一、温家宝视察大鳌老区镇 / 230

二、文化素质大提高 / 231

三、村民住房大变样 / 232

四、食水卫生大改变 / 232

五、路桥交通大动作 / 233

六、围堤修筑大规模 / 233

七、科学种养大收获 / 234

八、工业强镇大发展 / 235

九、圩镇建设大迈步 / 235

十、人民生活大改善 / 236

十一、革命传统大发扬 / 237

第二节　建设幸福新农村 / 240

一、"五改六有七提高"的工作成效 / 240

二、发展乡村游与新农村建设相结合 / 243

三、全力支持老区脱贫攻坚 / 244

第三节　激发工业强区新活力 / 247

一、推动工业园区建设 / 247

二、加快培育支柱产业 / 250

第四节　构筑交通城建新格局 / 252

　　一、十八大以来新会区交通建设的主要成就 / 252

　　二、建设创新型城市 / 253

第五节　实施农村振兴战略，加快现代农业农村发展 / 256

　　一、扎实推进扶贫脱贫工作 / 256

　　二、推广先进适用装备 / 257

　　三、推行农业标准化品牌化生产 / 258

　　四、加强生态和人居环境建设 / 258

　　五、推进绿色生态建设 / 260

第六节　社会事业繁荣发展 / 262

附　录 / 267

附录一　革命遗址、文物、纪念场馆 / 268

附录二　历史文献 / 278

附录三　红色歌曲 / 299

附录四　重要革命人物 / 301

附录五　大事记 / 317

后　记　/ 337

中国老区建设促进会在 2017 年 6 月下发了《关于编纂全国 1599 个革命老区县发展史的安排意见》，决定组织全国各地革命老区县编纂革命老区县发展史丛书。中共新会区委、区政府认为，这是一项必须认真做好的重要工作，于是根据中国老区建设促进会和广东省、江门市老区建设促进会的要求，迅速成立了编纂委员会，安排了充足的经费，并及时组织人员开展工作。

新会历史悠久，新会人民富有进步思想和革命精神。1895年，梁启超随康有为发起"公车上书"，积极倡导变法维新。辛亥革命期间，新会人民以及新会华侨，竭力支持孙中山革命，陈少白赴汤蹈火，李纪堂毁家纾难，李雁南视死如归，仁人志士可歌可泣。1919 年五四运动爆发，唤醒了新会人民。1921 年，新会进步青年陈日光在会城开设阅书报社，组织新会协作主义同志研究会，出版《觉悟周报》等进步刊物，开办工人夜校，学习和宣传马克思主义。1922 年春，新会建立了中国社会主义青年团早期组织新会分团，是团一大之前全国 17 处建立团组织的地区之一。1924 年冬，新会建立了中国共产党新会支部，是广东较早建立的中国共产党地方组织之一。此后，在中国共产党领导下，新会人民在土地革命战争、抗日战争和解放战争中，涌现了诸如策动江会暴动、三江乡三次抗击日伪军、旺冲村痛击日伪军、直捣那伏日伪华南军司令部、松山战斗等英雄壮举。1949 年 10 月，中国人民解放军粤中纵队新会独立团配合解放军主力部队，进入江门、会城，接着解放全新会。

中华人民共和国成立后，新会县委团结带领全县人民，艰苦奋斗，励精图治，各行各业都得到发展。1958 年 5 月，中共新会县委第一书记党向民在中国共产党第八次全国代表大会第二次会议上发言后，中共中央主席毛泽东作出指示：广东新会县商业工作搞得好，可到那里开一次现场会。6 月，全国财政贸易工作现场会议在新会召开。7 月，周恩来总理来到新会，进行了 7 天时间的深入调查研究，写了多幅题词，发表了一系列重要讲话。八大以来，朱德、邓小平、董必武、贺龙、叶剑英、罗荣桓、郭沫若、习仲勋、李鹏、田纪云、姜春云、温家宝、李长春等领导同志先后来新会视察、指导工作。党和国家领导人的亲切关怀，给予新会发展强大的动力，新会人民不断创造辉煌的发展成就。

改革开放，带来大好机遇。新会人民坚持求实创新，兴建了纺织城，大抓交通建设，一镇一品，成就产业新格局。在国家历次综合实力考评中，新会都名列国家百强县。党的十八大之后，新会加快融入粤港澳大湾区，新一轮的建设洪流滚滚而来。新会人民以更加昂扬的态势，迎接改革开放发展的新时期。

2016 年，中国老区建设促进会总结并发表了"老区精神"，这就是："爱党信党、坚定不移的理想信念；舍生忘死、无私奉献的博大胸怀；不屈不挠、敢于胜利的英雄气概；自强不息、艰苦奋斗的顽强斗志；求真务实、开拓创新的科学态度；鱼水情深、生死相依的光荣传统。"《江门市新会区革命老区发展史》就是以"老区精神"为红线，串起新会几十年的革命斗争史、艰苦奋斗的创业史、建设发展（特别是党的十八大以来）的辉煌成就史，充分肯定和展现老区人民在几十年奋斗中取得的伟大成就，充分肯定和认识老区精神的时代价值和重要作用，弘扬老区精神，让革命传统一代一代传下去。

《江门市新会区革命老区发展史》同读者见面了。我们希望，这本书能够发挥资政、育人、存史的社会功能，为新会的建设发展打造一张靓丽的政治名片，向老区人民献礼，向中华人民共和国成立 70 周年献礼！

《江门市新会区革命老区发展史》编委会

2019 年 2 月

1

第一章

区域和革命老区概况

基本情况

一、区域概况

新会区，地处北纬 22°5′15″—22°35′01″和东经 112°46′55″—113°51′43″之间，位于广东省中南部，珠江三角洲西南部，西江、潭江下游。东与中山市、东南与珠海市斗门区毗邻，南濒南海，西南与台山市、西与开平市、西北与鹤山市相接，北与江门市蓬江区、江海区相连。地呈三角形，北阔南窄，东西相距 48.8 千米，南北相距 54.5 千米。至 2017 年，新会区土地面积 1354.71 平方千米，总户数 23.33 万户，总人口 76.02 万人。有 34 个少数民族居住，人数超百人的 9 个，依次为壮族、瑶族、苗族、土家族、仫佬族、侗族、布依族、彝族、回族。各镇（街）均有少数民族人口，人数超千人的分别为圭峰会城街道、双水镇、司前镇，区内没有少数民族人口聚居点。

二、历史沿革

（一）建置沿革

新会，战国时为百越地，秦、汉属南海郡。三国吴黄武元年（222 年），在今司前镇河村一带置平夷县，属交州南海郡。在今新会地设行政区（置县），自此始。晋太康元年（280 年）更名新夷县，属广州南海郡。

南朝宋永初元年（420年），分南海、新宁两郡地立新会郡，郡治在盆允，辖盆允、封平、新夷、初宾、义宁、始康6县。新会，以新建6县会合成郡而得名，沿用至今。元嘉十二年（435年），新会郡辖县增至12个，郡境"北枕皂幕，南迄滨海，西起恩平之得行都，东包香山之古镇黄梁"，即含今江门市区、台山、斗门全境及珠海、中山、顺德、开平、恩平、鹤山的部分地方，面积8000多平方千米。

隋开皇十年（590年），撤新会郡，置封州，将原新会郡所辖12个县划分为新会、义宁、封平3个县，隶属封州。新会郡建置长达170年，新会为县建置，自此始。次年（591年），封州改名允州。十三年（593年），允州改称冈州。大业元年（605年），撤冈州，新会县属南海郡。

唐武德四年（621年），复置冈州，辖新会、封平、封乐、义宁4个县。贞观十三年（639年），撤冈州，同年复置冈州，州治在今会城，故新会又称冈州，会城又名冈城。天宝元年（742年），改冈州为义宁郡。乾元元年（758年），复置冈州，辖新会、义宁2个县。贞元二十一年（805年），撤冈州，新会县改属广州。冈州建置长达212年，间有撤复。

北宋开宝五年（972年），义宁县并入新会县，这是新会县境最大时期，县境又恢复至新会郡境（辖12县）全部，也是隋、唐两代的冈州全境。开宝六年（973年），复置义宁县。

新会县，北宋属广州，南宋属广州府。南宋绍兴二十二年（1152年），划新会县东南濒海地区的黄梁都、乾务、古镇及东莞、番禺、南海部分县地置香山县（今中山市）。南宋祥兴元年（1278年）六月，太傅张世杰奉宋少帝昺移驻新会崖山，建行宫，升广州府为祥兴府，后又改为翔龙府，当时新会县属祥兴府、翔龙府。

新会县，元属广州路，明、清属广州府。明景泰三年（1452年），划新会县东北地区的白藤堡（后划回）与南海县的大良堡等地置顺德县（今顺德区）；明成化十四年（1478年），划新会县西部地区的常德乡得行都（部分属地）与新兴、阳江两县部分县地复置恩平县（今恩平市）；明弘治十一年（1498年），划新会县西南地区的得行都（部分属地）、文章都等5都56图建新宁县（今台山市）。清顺治六年（1649年），划新会县西部的平康、得行（部分属地）、登名、古博4都与新兴、恩平两县部分县地置开平县（今开平市）；清雍正十年（1732年），划新会县西北地区的遵名、新化、古劳3都与开平县部分县地置鹤山县（今鹤山市）。

1912年，新会属广州府；1913年，属广阳绥靖处；1914年，属粤海道；1920年，属广东省中区委员公署；1925年起，先后属西江善后委员公署、督办委员公署、第四区绥靖公署；1936年，属广东省第一区行政督察专员公署；1949年4月至9月，属第十区行政督察专员公署。

1949年10月底，新会解放，属粤中专区行署；1952年12月，属粤西行署；1956年2月起，先后属佛山、江门、肇庆专区；1963年6月，属佛山专区；1983年6月，属江门市。1992年10月8日，撤县设市（县级市），归省政府直辖，委托江门市代管。至此，新会县的建置长达1402年。2002年6月22日，撤市设区，属江门市，区治会城。

（二）行政区域

明代设乡、都（坊）、图、甲。清后期，划分为3坊、4乡、12都、104图。民国初期，划分为区、乡、村、里，全县分为10个区。1931年8月，实行地方自治，划为15个区，次年划为16个区。1934年，实行保甲制，各乡村编保编甲。全面抗日战争爆发前，划为 4 个行政区。抗日战争胜利后，划为 8 个区，辖 2 个镇、68 个乡、1280 个保。

中华人民共和国成立以后新会行政区划变化频繁。1949 年全县辖 8 个区 2 个镇（会城镇、江门镇）。1950 年 5 月江门镇划出。1951 年增设第九区。1952 年调整为 13 个区 1 个镇。1958 年 10 月成立人民公社，全县共建立会城等 14 个公社和两个地方国营农场。1962 年调整为 22 个公社两个农场。1965 年划出西安、上横两个公社及大沙农场归斗门县。1971 年恢复会城镇建制，崖南农场改制为公社。1975 年增设崖门渔业公社。1977 年划出外海公社（另潮连等 6 个大队）归江门市郊区。1983 年公社改为区。1986 年撤区建镇，全县共设 21 个镇。1992 年 10 月撤县设市，市辖区调整为 19 个镇。1994 年划出礼乐镇归江门市江海区。2002 年 6 月撤市设区，划出荷塘、棠下、杜阮 3 个镇归江门市蓬江区。2017 年区辖圭峰会城和大泽、司前、罗坑、双水、崖门、沙堆、古井、三江、睦洲、大鳌等 11 个镇（街）。

中华人民共和国成立后，镇（区、公社）下设的基层组织名称变化较大。50 年代区下设乡，人民公社成立后设大队（曾一度设管理区），沿用至 1983 年社改区。社改区后，设村。撤区建镇后下设管理区。1999 年 7 月，撤销农村管理区，建立村一级建制，新会市共设 307 个村。2017 年，新会区共设 34 个社区居委会，193 个村委会。

三、资源优势

新会地处南亚热带，气候温和，阳光充足，水网密布，沃野万顷，物产丰饶，是中国南方著名的鱼米之乡。盛产柑橘、甜橙、蒲葵，素有"水果之乡"和"葵乡"之美称。

（一）野生动植物资源

植物资源。野生植物有 1000 多种，按开发利用可分为六类。（1）野生木本植物。树种 200 多种，其中以古兜山最为丰富。一类材有竹叶松、香樟、孔雀豆、红锥等 20 种；二类材有木莲、火力楠、黄樟等 50 种；三类材有润楠类、木姜类、杨桐等 40 多种；四类材有八角、青蓝、杜英等 40 多种。属国家保护的树种有银杏、水松、水杉、半枫荷、吊皮锥、紫荆木、海南石樟、白桂木、火力楠等 10 多种，多产于古兜山。（2）野生淀粉植物。有莲座蕨、金毛狗、土茯苓等 20 多种，多产于古兜山。（3）野生水果植物。有山竹子、龙珠果、山橘等 20 多种。（4）野生油料植物。有油茶、油桐、山苍子等 20 多种。（5）野生药用植物。有何首乌、山苍子、鸡血藤等 335 种。（6）野生观赏植物。常见有翠芸草、观音坐莲、吊钟花等约 60 种。其中经济开发价值较大的有红苞木、麻雀花、缠龙山橘、吊钟花、麦兰、兜兰等。

动物资源。野生动物，主要有以下四类。其中以鱼类水产为大宗。（1）鸟类。常见的有毛鸡、麻雀、鹰、白鹭、野鸭等六七十种。（2）兽类。现古兜山偶尔还发现有野猪、豹狸、果子狸、水獭、穿山甲、黄猄等。（3）虫类。主要有蚯蚓、蜂、蝶、蛇等数十种，其中毒蛇种类较多。（4）鱼类。资源丰富，分布广。淡水鱼有鲩、鲮、鲤、桂花鱼、鲈鱼、斑鲤等。近海及其沿岸产鲳、鲂、马鲛鱼、银鱼等数十种。此外还有：两栖类山瑞、龟、蛙等；软体动物螺、蚌、蚬等；海产牡蛎、蚶、贝螺等；节肢动物虾、蟹等；环节动物禾虫等。

（二）土壤资源

耕地以成土母质分类，主要有如下三大类：（1）西江、潭江下游的冲积土；（2）花岗岩成土母质；（3）砂质岩成土母质。

土壤普查化验结果表明，新会的耕地土壤有三个特点：

（1）土质肥沃、土层深厚。土壤有机质含量在 2% 以上的占 90%，全氮含量在 0.1% 以上的占 88%。（2）土壤缺磷、缺钾、偏酸。（3）土壤偏黏，地下水位高。黏质田占 55.1%，壤质田占 30.4%，偏沙田占 14.5%，地下水位超 30 厘米以上的占 78.2%。

山地成土母质，大部分属花岗岩，少部分为砂质岩或紫色粉砂质岩。山地土壤具有明显的垂直地带性，海拔 600 米以上为黄壤或黄红壤，土层浅薄，农业开发利用价值不大；海拔 300—600 米是赤红壤，宜营造林木和种植茶叶；海拔 300 米以下为赤红壤，是林、果、茶、葵、竹和畜牧都适宜发展的开发用地。海涂草滩多分布于潭江河道和崖门口外海滩，是后备耕地资源。

（三）水资源

新会地表水资源来源于当地径流及过境径流。当地径流主要由地面径流和浅层地下水组成，它的补给均来自大气降雨，一般夏秋偏多，冬季偏少；山区偏多，平原偏少；南部偏多，北部偏少。过境径流，据佛山地区水文站分析，新会年过境径流总量为 993 亿立方米。地表水资源丰富，但分布不均匀。

地下水，按水质分为两大类：一是在东南部西江、潭江的三角洲平原地区。二是在西北部的山丘地区，水质良好，其中以花岗岩的地下水资源最丰富，砂质岩次之，红岩最少。新会属淡水的地下水资源（补给量）为 757656 立方米/日。

水力资源的理论蕴藏量 4.6 万千瓦，其中属潮汐能的有 2.6 万千瓦，其余 2 万千瓦，主要集中于古兜山、牛牯岭、圭峰山地区。到 1985 年，已建成小水电站 44 座，年发电量共 4000 万千瓦时。

（四）矿产、矿泉水资源

矿产资源。（1）有色金属、稀土矿物有：锡、钨、褐钇钶矿、独居石、锆英石、绿柱石、钇钽砂矿、离子吸附型稀土矿。

（2）非金属矿石有：石英砂、泥灰土、黑泥（塑性黏土）、白泥（陶土粉）、钾长石、石英石。

矿泉水资源。主要产地在古兜山，共有 4 个矿泉，总流量为 0.7 立方米/秒，枯水期为 0.5 立方米/秒，含有对人体有益的多种微量元素，可与崂山矿泉水媲美。

（五）旅游资源

新会历史悠久，名胜古迹繁多，且山清水秀，风光旖旎，是闻名遐迩的游览胜地。著名的风景区有：圭峰山、小鸟天堂、熊（音尼，新会用字）子塔、崖山慈元庙、崖门古炮台、梁启超故居、古兜温泉度假村等。近年各镇（街）建设美丽乡村，乡村游的线路、景点不断增加。

革命老区概况

一、原新会县（市）革命老区镇、老区村

根据 1957 年、1993 年、1994 年省人民政府主管部门的批复，新会市共有革命老区村庄 103 个，分布在 13 个镇 39 个管理区。大鳌镇、荷塘镇被评为革命老区镇。1995 年统计，新会老区人口 81630 人，占全市总人口 9.6%，耕地面积 5615.6 公顷，山地面积 2918.69 公顷。其中，第二次国内革命战争时期的老区村庄 1 个，人口 1700 人；抗日战争时期的老区村庄 23 个，人口 13176 人；解放战争时期的老区村庄 79 个，人口 66754 人。具体情况如下：

新会县（市）老区村的基本情况

所在乡镇	所在管理区	老区村庄名称	人口（人）	耕地（公顷）	山地（公顷）	类型
大泽	田金	田金	1700	133.4	100	红色根据地
	沙湾	沙湾	432	27.5	73	抗日根据地
	同和	同和	1214	60.6	666.6	抗日游击区
	张村	长安	105	8	1.5	解放战争游击根据地
	桥亭	桥亭	751	68	70	抗日根据地
	潮透	潮透	1213	66	33.3	抗日根据地
	五和	井岗	294	15.3	8	抗日根据地
		三里	218	2.4	3.3	解放战争游击根据地

（续表）

所在乡镇	所在管理区	老区村庄名称	人口（人）	耕地（公顷）	山地（公顷）	类型
司前	白庙	松山	903	37.3	20	抗日游击区
	田边	东栏	248	12		抗日根据地
		南安	293	13.4		抗日根据地
		潮石	238	8.9		抗日根据地
		新屋	55	4		抗日根据地
		龙溪	447	12.7		抗日根据地
		草江	157	4		抗日根据地
		文沙	215	7.4		抗日根据地
		仓头	157	8.3		抗日根据地
	石乔	陈屋	316	12.88	3.3	抗日根据地
		吉水	333	11		解放战争游击根据地
		亨美	374	15.3	2	解放战争游击根据地
		庵前	202	7.8	6.5	解放战争游击根据地
		巷美	273	9.6	5	解放战争游击根据地
		龙和	141	7.2	5	解放战争游击根据地
		会龙	439	15	3.3	解放战争游击根据地
	古猛	古猛	286	37.13	266.7	抗日根据地
七堡	冲力	冲力	1107	40		解放战争游击根据地
小冈	仓前	石曳	385	16.1		解放战争游击根据地
		广文	187	5.7		解放战争游击根据地
		石乔	264	16.7		解放战争游击根据地
		福庆	123	7.4		解放战争游击根据地
		中心	161	8.8		解放战争游击根据地
		冲边	130	9.6		解放战争游击根据地

（续表）

所在乡镇	所在管理区	老区村庄名称	人口（人）	耕地（公顷）	山地（公顷）	类型
小冈	仓前	仓前	375	24		解放战争游击根据地
		连仓	80	5.3		解放战争游击根据地
		仓湾	136	8.4		解放战争游击根据地
		大湾	127	7.7		解放战争游击根据地
		东岸	142	7.4		解放战争游击根据地
		南庆	54	7		解放战争游击根据地
双水	上凌	乔东	5120	289.9		解放战争游击根据地
		金陵	272	13.8		解放战争游击根据地
		社山	155	11.7		解放战争游击根据地
崖西	旺冲	旺冲	528	35.6	7	抗日根据地
崖南	黄屋	黄屋	559	83	120	解放战争游击根据地
	田边	田边	990	160	364	解放战争游击根据地
沙堆	梅阁	太康	462	47.53	7.8	解放战争游击根据地
		太宁	638	46.73	6.13	解放战争游击根据地
		连安	1045	85.93	10.86	解放战争游击根据地
		大南	711	52.93	17.73	解放战争游击根据地
		五福	364	31.8	2.93	解放战争游击根据地
		南康	822	71.8	5.73	解放战争游击根据地
		东安	986	65.86	8.46	解放战争游击根据地
		东升	528	65.67	1.06	解放战争游击根据地
		新塘	1042	65.67	23.73	解放战争游击根据地
		庵龙	532	47	5.06	解放战争游击根据地
		坑仁	502	41.87	9.2	解放战争游击根据地

（续表）

所在乡镇	所在管理区	老区村庄名称	人口（人）	耕地（公顷）	山地（公顷）	类型
三江	新江	新江	5439	473.3	109.2	解放战争游击根据地
	联和	联和	7186	615.9	47.6	解放战争游击根据地
大鳌	新一	新一	1751	145.4		解放战争游击根据地
	百顷	百顷	1921	154.7		解放战争游击根据地
	南沙	南沙	2018	167		解放战争游击根据地
	深滘	深滘	2556	227.1		解放战争游击根据地
	新地	新地	2094	180.5		解放战争游击根据地
	十围	十围	1134	88.7		解放战争游击根据地
	三十六顷	三十六顷	1164	84.1		解放战争游击根据地
	一村	一村	962	92.3		解放战争游击根据地
	大鳌	大鳌	1634	161.8		解放战争游击根据地
	三村	三村	872	93		解放战争游击根据地
荷塘	禾岗	禾岗	2498	61	3.5	抗日根据地
	良村	东良	1061	43.5	2.9	抗日根据地
		西良	876	36.8	7.4	抗日根据地
	篁湾	高边	572	13	2	解放战争游击根据地
		篁湾	1148	55	4	解放战争游击根据地
		小堂	1913	88	10	解放战争游击根据地
		格岭	830	48	2	解放战争游击根据地
		石龙围	699	30		解放战争游击根据地
	三丫	三丫	897	28.3	5.5	解放战争游击根据地
		塘坦	336	23.1	2.8	解放战争游击根据地
		沙滘	245	27.6		解放战争游击根据地

（续表）

所在乡镇	所在管理区	老区村庄名称	人口（人）	耕地（公顷）	山地（公顷）	类型
荷塘	三丫	巷村	324	25.8	2.6	解放战争游击根据地
		太通里	1158	76.6	2.6	解放战争游击根据地
	南村	上村	393	18.6	20.3	解放战争游击根据地
		海边	430	15.4	6.8	解放战争游击根据地
		白藤市	526	20.4		解放战争游击根据地
		文溪	263	10.6		解放战争游击根据地
		南村	861	40.8		解放战争游击根据地
	塔岗	塔岗	2582	64.2		解放战争游击根据地
		深冲	946	18.9	11	解放战争游击根据地
		龙田	567	5.06	11	解放战争游击根据地
		东禾仓	200	8	0.4	解放战争游击根据地
		西和村	210	9	0.4	解放战争游击根据地
棠下	三堡	井溪	288	45	50	抗日根据地
		牛栀	70	13.5	10	抗日根据地
		赤岭	310	46	60	解放战争游击根据地
		井水坑	347	48	80	解放战争游击根据地
		元岭	510	55	100	解放战争游击根据地
		狮子里	103	15	80	解放战争游击根据地
		大湖朗	54	9	40	解放战争游击根据地
		汉坑	72	13.5	10	解放战争游击根据地
		富九岈	41	6	5	解放战争游击根据地
		念水咀	22	6	5	解放战争游击根据地
		井和里	103	12	10	解放战争游击根据地

（续表）

所在乡镇	所在管理区	老区村庄名称	人口（人）	耕地（公顷）	山地（公顷）	类型
杜阮	松岭	松岭	1277	106	60	解放战争游击根据地
	中和	黄陈罗	636	31.5	299.5	抗日游击区

二、新会区革命老区镇、老区村

2002 年 6 月新会撤市设区，分出荷塘、棠下、杜阮 3 个镇归江门市蓬江区。根据 2017 年统计，新会区共有老区行政村 27 个，老区自然村 67 个。大鳌镇是革命老区镇。全区老区人口共 64593人，耕地面积 2362 公顷，山地面积 4829 公顷。

新会区老区村的基本情况

所在乡镇	所在村委会	老区村庄名称	人口（人）	耕地（公顷）	山地（公顷）	类型	备注
大鳌老区镇	新一村	新一	2111	16		解放战争游击根据地	
	百顷村	百顷	2169	8.6		解放战争游击根据地	
	南沙村	南沙	2366	16.5		解放战争游击根据地	
	深滘村	深滘	3002	28.9		解放战争游击根据地	
	新地村	新地	2451	58.3		解放战争游击根据地	
	十围村	十围	1298	10.2		解放战争游击根据地	
	三十六顷村	三十六顷村	1977	18		解放战争游击根据地	
	大鳌村	大鳌村	1966	21.4		解放战争游击根据地	
		一村	1110	8.4		解放战争游击根据地	
	新联村	三村	1109	10.7		解放战争游击根据地	

（续表）

所在乡镇	所在村委会	老区村庄名称	人口（人）	耕地（公顷）	山地（公顷）	类型	备注
会城街道	潭冲村	冲力	1066	48.8		解放战争游击根据地	
大泽镇	田金村	田金	1866	171	80	红色根据地	
		桥亭	920	93.3	73.3	抗日根据地	
	沙冲村	沙湾	435	33.3	66.7	抗日根据地	
	同和村	同和	1320	68	666.7	抗日游击区	
	张村村	旧宅	141	1.9	5.5	解放战争游击根据地	原名长安村
	潮透村	潮透	1404	33	130	抗日根据地	
	五和村	井岗	343	8.7	10	抗日根据地	
		竹园	286	7.4	8	解放战争游击根据地	原名三里村
司前镇	白庙村	松山	1080	30	3.4	抗日游击区	
	田边村	东栏	239		2	抗日根据地	
		南安	278	24.3		抗日根据地	
		潮石	265	11		抗日根据地	
		新屋	44	4.4		抗日根据地	
		龙溪	528	15		抗日根据地	
		草江	150	6.8		抗日根据地	
		文沙	242	7.4		抗日根据地	
		仓头	165	10		抗日根据地	
	石乔村	陈屋	303	11	8.8	抗日根据地	
		吉水	357	9.6	7.3	解放战争游击根据地	
		亨美	412	111	17	解放战争游击根据地	

（续表）

所在乡镇	所在村委会	老区村庄名称	人口（人）	耕地（公顷）	山地（公顷）	类型	备注
司前镇	石乔村	庵前	223	4.6	4	解放战争游击根据地	
		巷美	302	7.1	6	解放战争游击根据地	
		龙和	192	3.5	4	解放战争游击根据地	
		会龙	466	10	5	解放战争游击根据地	
		古猛	386	8	75	抗日根据地	
双水镇	上凌村	乔东	5021	204	1414	解放战争游击根据地	
		金陵	149	10	20	解放战争游击根据地	
		社山	294	13.3	30	解放战争游击根据地	
	仓前村	石叟	417	21.6		解放战争游击根据地	
		广文	183	4.4		解放战争游击根据地	
		石乔	237	22		解放战争游击根据地	
		福庆	109	10.8		解放战争游击根据地	
		中心	178	9		解放战争游击根据地	
		冲边	102	8.1		解放战争游击根据地	
		仓前	418	26		解放战争游击根据地	
		连仓	81	4.6		解放战争游击根据地	
		仓湾	159	7.6		解放战争游击根据地	
		大湾	120	7		解放战争游击根据地	
		东岸	149	132		解放战争游击根据地	
		南庆	65	8.8		解放战争游击根据地	
崖门镇	龙旺村	旺冲	567	52.8	6	抗日根据地	
	梁黄屋村	黄屋	763	45.2	202.6	解放战争游击根据地	
	田边村	田边	1289	153	333.2	解放战争游击根据地	

（续表）

所在乡镇	所在村委会	老区村庄名称	人口（人）	耕地（公顷）	山地（公顷）	类型	备注
沙堆镇	梅阁村	太康	545	9	1640	解放战争游击根据地	
		太宁	750	12.4		解放战争游击根据地	
		连安	1183	259		解放战争游击根据地	
		大南	736	17.3		解放战争游击根据地	
		五福	405	3.5		解放战争游击根据地	
		南康	967	27.6		解放战争游击根据地	
		东安	1020	81.5		解放战争游击根据地	
		东升	698	37.6		解放战争游击根据地	
		新塘	1220	81.3		解放战争游击根据地	
		庵龙	562	39.3		解放战争游击根据地	
		坑仁	609	44.6		解放战争游击根据地	
三江镇	新江村	新江	5439	31.6	7.3	解放战争游击根据地	
	联和村	联和	7186	41	3.2	解放战争游击根据地	

新会区革命老区行政村 2017 年经济发展情况

镇别	村别	村集体收入（万元）
司前镇	白庙村（行政村）	46.6
	田边村（行政村）	121.1
	石乔村（行政村）	140
大泽镇	同和村（行政村）	83
	五和村（行政村）	471
	潮透村（行政村）	51
	田金村（行政村）	58.3
	张村村（行政村）	84.3

（续表）

镇别	村别	村集体收入（万元）
大泽镇	沙冲村（行政村）	38
双水镇	上凌村（行政村）	150
	仓前村（行政村）	38
崖门镇	龙旺村（行政村）	92
	梁黄屋村（行政村）	26
	田边村（行政村）	94
会城街道	潭冲村（行政村）	144.9
三江镇	联和村（行政村）	63.7
	新江村（行政村）	63.7
沙堆镇	梅阁村（行政村）	260
大鳌镇	新一村（行政村）	446.9
	百顷村（行政村）	429.9
	南沙村（行政村）	526.1
	深滘村（行政村）	660.4
	新地村（行政村）	515.2
	十围村（行政村）	461.9
	三十六顷村（行政村）	433.4
	大鳌村（行政村）	809.4
	新联村（行政村）	635.2
全区老区村		6944

大鳌老区镇 2017 年全年工业总产值 50.38 亿元，同比增长 76.58%；规模以上工业总产值 42.39 亿元，同比增长 108.11%；规模以上工业增加值 10.79 亿元，同比增长 37.15%；固定资产投

资完成 3.01 亿元,同比减少 16.37% ;地方一般公共预算收入 5268 万元,同比增长 22.11% ;限额以上社会消费品零售总额 1484 万元,同比增长 36.27% 。2017 年大鳌镇农业总产值 66442 万元。

第三节 加大扶持力度，支持老区发展

一、努力寻求老区发展的新途径

自从 1957 年和 1993 年、1994 年省人民政府主管部门三次批复认定新会县（市）的革命老区村庄，新会县（市）委和人民政府对老区工作都非常重视。

1993 年，新会市委聘请离休的原新会县委顾问曾光等一批老同志，协助市老区建设办公室开展老区村的工作。曾光同志和他的同事们，都是从革命老区打出来的，对老区感情特别深厚。他组织同志们，深入新会市 2 个老区镇、39 个管理区（即老区村）、103 个老区自然村调查研究，摸清老区的具体情况。回来后，对老区现状进行认真研究分析。他们认为，革命老区为中华人民共和国成立，作出了很大贡献，功不可没，但目前还处在边、远、穷地方，仍然有很多困难。如何解决这些困难？第一，必须依靠老区的党委抓工作，于是由市委明确规定，各镇党委安排一位领导负责抓老区工作。第二，筹集一笔资金，支持老区建设。曾光亲自出马，联系一些部门单位和热心人士拿出资金，成立革命老区建设基金会。基金会放在新会市财政局，由财政局监管资金使用。据统计，从 1993 年到 2014 年，基金会的基金连利息共 1300 多万元。他们每年从中拿出 50 万元，加上市政府每年安排 60 万元，资助老区村的项目建设。但问题还没解决，因为经过多次的

体制调整，部分老区村变成了"空壳村"，行政村的集体经济很薄弱。他们提出，在给老区"输血"的同时，帮助老区增强"造血功能"，支持他们置物业、建市场、建厂房，增加集体收入。他们在多年的深入调研中还认识到，解决老区困难，还要争取有关部门支持。他们争取了供电局、教育局、交通局、农业局、林业局、体育局等有关部门，采取倾斜政策，支持帮助老区村解决用电困难、办学困难，改善生产、生活环境。在党委和政府领导，及社会各界支持下，新会老区的发展道路拓宽了。

二、认真解决老区人民的"六难"问题

经过多年的努力工作，老区不断得到发展，但面临的困难还不少。2008年，市委安排的主持老区工作的退休的副书记卢其本认为，"行路难、饮水难、上学难、看病难、用电难、排灌难"等问题，是当前老区民生的重大事情，牵涉千家万户，必须下大决心，把这些难题解决。他们组织老区建设办公室，深入各老区村调研，对一个一个老区村庄、一个一个项目，都认真了解，核算工程费用。资金不足，他们去找政府求助。新会区政府以往每年安排60万元，从2011年开始，每年安排老区建设资金110万元。

"行路难、饮水难"等问题开始破解了，但其中有些工作"难上难"，如司前镇古猛老区村需要进行电网改造。这个村位于司前镇偏远的群山之中，离司前镇的村庄较远，以前用电的电源还是从毗邻的鹤山市址山镇接过来，用电管理属于址山镇农电所。这个难题一定要解决。卢其本到江门找市供电局，请求联系鹤山市供电局帮助解决这一难题。后来，由江门市供电局、鹤山市供电局、新会区供电局、鹤山市址山镇政府、新会区司前镇政府等齐集现场办公，妥善解决了古猛老区村用电难问题。

事情一件一件地做，解决问题要持之以恒。刚退休的新会区领导黄长盛、李权晃也参加到这项工作上来。2014年4月，他们交出了破解"行路难、饮水难"等"六难"问题的成绩单：

破解"行路难"方面，共完成工程46项，修建和改造道路19.639千米，工程总投资1344.7万元。同时还改造旧桥、危桥、涵洞共14座，改造码头2座。有些工程难度较大，如改造三江镇新江村虎坑渡口码头，从调研到协商谋划，争取各有关方面支持，筹集资金62万元，历时两年多，码头改造才得以完成。破解"饮水难"方面，共完成工程23项，铺设（含更新）自来水管道15.182千米，工程总投资594.5万元，其中区老促会支持资金115万元，使老区群众生产、生活用水得到改善。破解"上学难"方面，为大鳌小学配套校园内设施、南沙小学环境改造、新一百顷小学危房改造以及重修活动场地，添置教学设备，使这些学校师生们的工作、学习环境得到改善，教学质量也得到提高。破解"看病难"方面，得到旅港乡亲黄球夫妇捐赠20万元港币给大鳌镇卫生院，购置救护车一辆，方便当地群众去医院治疗。破解"用电难"方面，得到区供电部门的大力支持，不断改造老区电网，优化供电服务。供电部门历年来投入了几百万元，相继解决了大泽镇同和村与田金村、崖门镇旺冲村变压器增容，帮助司前镇白庙村、双水镇上凌村新建低压配电房，帮助司前镇田边村、石乔村和崖门镇田边村等老区村进行农网改造，等等。尤其对司前镇石乔、古猛自然村电网改造的难题，是在江门市供电局、鹤山供电局、新会供电局以及相关部门的支持下，才圆满地得到解决。破解"排灌难"方面，一共支持帮助老区村进行围堤加固、整治排洪沟、更换维修水闸门、清理河道淤塞等工程18项，在多方面的帮助下，这些老区村在居住、耕作、养殖等方面的防灾减灾问题解决了。

三、积极增强老区的"造血功能"

市（区）委聘请的老领导和老区建设办公室在实践中认识到，在老区的建设发展过程中，政府以及各部门的支持帮助，会起到输送"新鲜血液"，解决一些困难问题的作用，但要做到可持续发展，必须在"输血"的同时，着重增强老区的"造血功能"。大家达成共识，要把这项工作列入重要议事日程。于是向全区老区村作出了全面开展"一村一策促造血，集体群众双丰收"的部署。各老区村都积极行动起来，按照各自的实际情况开展工作。他们有几种做法：

一是建设或改造集贸市场。如司前镇田边村，几年来投入近100万元，把旧茶楼改成小超市，并建一座两层新酒楼；改造旧市场，每年租金可收入30多万元；崖门镇田边村，投入约200万元填塘新建农贸市场，每年村集体增收18万元；司前镇石乔村在石步圩建设占地面积1100平方米的新市场，每年村集体增收约10万元；崖门镇梁黄屋村（黄屋）分三期兴建市场，形成饮食一条街，每年增收20多万元；司前镇白庙村在松山市场旁边改造商铺；大鳌镇深滘村建水乡一条街，都增加了集体收入。

二是挖掘潜力谋求发展。如圭峰会城街道潭冲村冲力老区，投入65万元抓好良马冲改造，既搞好水利，又改善村的交通环境，还增加20亩土地，每年可增收15万—20万元；沙堆镇梅阁村，利用优质水库水，与外商企业合作，解决了自来水厂每年30万元电费，还可以增加土地租金收入。

三是改善生产条件，使集体和村民都增加收入。如双水镇上凌村，2006年更新曾坑低压电网，改造低产鱼塘，养鱼产量大大提高，养殖品种更趋优化，鱼塘每亩承包款提高了400—500元，养殖户收入也大大增加。他们尝到了甜头，又在横坑尾设立鱼塘台区，新建 10kV 架空线路，新装 200kVA 配变一台，并架设低压线路，以解决该地方鱼塘用电问题，提高养殖收益。

李权晃和黄长盛、甘景林每次下乡，都着重了解"造血功能"的情况。李权晃对崖门镇梁黄屋村老区连续抓了几年，对该村的商铺市场建设工程，从第一期到第三期，每期都安排资助资金。2017 年，梁黄屋村第三期商铺建好，形成饮食一条街，生意兴隆，村集体每年增加了 20 多万元收入。几年来，凡是老区村申报"造血功能"的项目，区政府都优先安排资金，积极扶持。大泽镇潮透村、圭峰会城街道冲力村、双水镇仓前村等老区村都有新的发展。到 2017 年底，新会区 2/3 的老区村都有了经营物业，都有了稳定的经济来源，老区经济进入良性发展。

近年来，区政府每年都资助老区村大小项目 30 多个。俗话说，"四两拨千斤"，区政府投入 200 万元专项补助资金，就能带动起村委会及热心人士投资数倍以上的建设资金，做成一批事情。老区的变化日新月异。2017 年李权晃向新会区委书记汇报工作后，区委书记深情地说：你们所做的工作，都是帮区委、区政府做工作，区委、区政府很感谢你们！你们辛苦了！区委书记一席话，给负责老区工作的同志很大鼓舞。前三年，老同志筹集的基金已经用尽，区政府不断增加扶持老区资金，2016 年是 180 万元，2017 年是 200 万元，2018 年是 220 万元。区政府的关爱，更掀起老区建设的发展热潮。

第二章

党组织的创建和大革命时期、土地革命战争时期

中共新会支部的诞生

一、新会社会主义青年团组织的成立

辛亥革命后，新会陷入封建军阀轮流割据统治的时期，政局动荡，社会动乱，匪贼猖獗。辛亥革命时新会的光复并没有触动原有的社会经济基础，农业生产十分落后，土地仍高度集中。地租剥削、商业资本和高利贷资本的剥削三位一体，新会的农民挣扎在死亡线上。商业出现畸形繁荣，带有浓厚的殖民地色彩，而民族资本工业发展极其艰难和缓慢。

1919 年 5 月 4 日，北京爆发了一场规模空前、影响极其深远的反帝反封建爱国运动。它揭开了中国新民主主义革命的序幕，也唤醒了新会人民。五四运动的消息传到新会后，新会县中学进步学生集会游行，反对北洋军阀政府与日本帝国主义签订"二十一条"丧权辱国条约。北街英国亚细亚煤油公司工人举行大罢工。冈中、县中学生联合坤元女子师范讲习所等学校组织新会县学生救国联合会，出版《救国周报》，组织日货检查队，曾查获奸商伦荣春偷运日货 200 匹布并没收，在北较场烧毁。许多商人也纷纷停业酝酿罢市，给反动军阀政府沉重的打击。新会学生的反帝爱国运动，前后持续几个月，影响遍及城乡各个角落，唤起新会人民新的觉醒，为马克思主义在新会广泛传播奠定了群众基础。

经过学生爱国运动，新会的先进知识青年以救国救民、改造社会为己任，努力探索中国的前途，积极寻找救国救民的新方法。1921 年冬，会城进步青年陈日光从外地购买大批进步书刊，在会城象山脚绿云洞办阅书报社，陈列有《共产党宣言》《社会主义史》《马克思资本论入门》《俄国共产党党纲》等马克思主义著作和《新青年》等宣传新文化、新思想的杂志，供青年群众学习。1922 年初，由陈日光倡议，新会协作主义同志研究会在会城象山脚绿云洞正式成立。会长陈日光，会员 37 人。研究会成立后，围绕着发展协作事业，宣传马克思主义，实行社会革命等主题，开展一系列活动。1922 年 3 月 15 日，研究会创办了《新会协作主义同志研究会半月刊》，陈日光、苏钧松等人经常在该刊发表介绍马克思主义学说、抨击时弊、阐述社会革命理论的各类进步文章。与此同时，新会进步知识青年吴剑煌等，也在积极探索救国救民、改造旧社会的方法。他们于 1922 年春，编辑出版了《新星月刊》，每期印发 500 份，努力宣传新文化、新思潮，进一步促进了马克思主义在新会的传播。

1921 年 7 月，中国共产党一大后，加强了对全国各地建立社会主义青年团的领导。同年 8 月，广州党小组扩大为中共广东支部，为适应形势的发展，中共广东支部着手筹备建立全省的社会主义青年团组织，并陆续指派共产党员到全省各地发展团员，加紧组建各地方的社会主义青年团组织。

1922 年初，陈日光等得知《新青年》杂志社已搬迁到广州。春节过后，他便约好友、进步青年李绍勤一起，专程来到广州面见了设在此处的《新青年》杂志社的编辑人员。在这里，陈日光等见到了负责筹建广东社会主义青年团组织的中共广东支部书记谭平山等人。其时，开展筹组全省团组织的工作，已于同年的 1月、2 月先后开过两次筹备会议，进行了"修正章程，分途联络"

等工作。谭平山便给主动找上门来的陈日光等人，赠送了一份《中国社会主义青年团临时章程》，并以"开展新文化，改造旧社会"的赠言勉励他们。从此，以陈日光为首的一班新会进步青年，取得了与中共广东地方组织的联系。

陈日光等将《中国社会主义青年团临时章程》带回新会后，便在协作主义同志研究会里，组织一班执着探索改造社会、追求光明的青年朋友，认真阅读讨论，从中了解认识到社会主义青年团，是进步青年的组织。陈日光、李绍勤、吴剑煌、苏钧松等，纷纷表示愿意加入社会主义青年团组织。于是，新会县被列为省内组建社会主义青年团分团的重点地区之一。

1922 年 3 月、4 月间，广东社会主义青年团执行委员会派人到新会，筹建分团。新会进步知识青年陈日光、李绍勤、苏钧松、吴剑煌等首批加入社会主义青年团，并成立了广东社会主义青年团新会分团，负责人陈日光。这是五邑地区诞生的首个青年团组织，也是全国较早建立的 17 个社会主义青年团组织之一。从此，新会青年团员，在中国共产党的领导下，以团组织为核心，积极传播马克思主义，组织开展青年运动。

1922 年 5 月，陈日光以广东社会主义青年团新会分团负责人的身份，参加在广州召开的全国第一次劳动大会和出席中国社会主义青年团第一次全国代表大会开幕式。会议期间，他与上级党团组织负责人接触和交流，提高了思想觉悟和马克思主义理论水平。7 月 1 日，陈日光、苏钧松、吴剑煌、何海若等人，发起组织了新会有限责任产业协作社。主任陈日光，社员 107 人，合股资金 1740 元。10 月 15 日，协作社在会城南门直街头（今知政中路）开设协作商店，经营大米、文具、日用百货，兼售马克思主义书刊和其他传播新文化、新思潮的书刊。经过一段时间的实践，新会有限责任产业协作社及协作商店都因遇到种种无法克服的困难而解体。社会主义青年团团员陈日光等也在协作事业的挫折与失败中，逐步摆脱了无政府主义思想的束缚，走上了新民主主义革命道路。10 月，《新会协作主义同志研究会半月刊》改名为《觉悟周报》，并就办刊宗旨、内容等进行了调整。《觉悟周报》的发刊词指出："现在我们的头脑，多为陈腐思想所蒙蔽，以故所作所为都是违反世界近代潮流。人家都前进了，我们反而向后退缩。因此，有必要以诚恳的言论，进行鼓吹，促进大家的觉悟，回头一齐向进步的道路走。"但是，由于受到陈炯明部叛变革命、广东政局混乱的影响，新会青年团的工作未能得到正常的开展。

1923 年 5 月，广东团组织经过整顿、改组，成立了中国社会主义青年团广东地方团执行委员会，改变了自 1922 年 6 月陈炯明部叛乱以来的涣散现象，进入新的发展时期，新会团组织的工作也从此重新开展起来。

同年 10 月，广东新学生社新会分社成立，分社社长苏钧松。这是中国社会主义青年团新会支部为动员更多的青年参加反帝反封建的国民革命运动而建立的外围组织。分社通过创办《学生新声》半月刊和工人识字夜校等活动，向青年群众灌输革命思想，培养革命骨干，有效地促进了新会青年运动的发展。

新会团组织建立时间早，活动范围广，加快了马克思主义在新会的传播。同时，在团组织的领导下，一批先进知识青年在革命活动中得到锻炼和提高，为新会党组织的创建做好了干部上的准备。

二、中共新会支部的建立

辛亥革命后，随着外国企业的增加和民族工业的发展，新会工人阶级队伍不断发展壮大。20 世纪 10—20 年代初，新会工人阶级斗争规模不大，且比较分散孤立，他们的斗争也是自发的。

1922 年 5 月，陈日光参加在广州召开的全国第一次劳动大会和出席中国社会主义青年团第一次全国代表大会开幕式后，积极在新会传播马克思主义并付诸实践，领导新会团组织致力于工人运动的宣传发动工作。他在《给何威、海若诸同志的信》中明确指出："真实的社会主义者、拼命的革命方法，要训练工人和农村宣传"，"可喜新会的工会，素不为人所注目，我们又何妨尽力桑梓呢？" 11 月 12 日，《觉悟周报》全文转载了中共北京地委发布的《双十节告劳动者的传单》，号召无产者联合起来，向军阀、外国帝国主义、国内资本主义斗争，在新会工人群众中产生了积极的影响。

1922 年秋，从香港回来的香港茶居工会成员陈康（江门外海人）在江门建立了四邑茶居饼行工会，这是新会最早由工人自己组织、不受资本家控制的工会。此后，在新会团组织的宣传发动下，五邑船艇工会、酒楼茶室工会、广东油业什务工会江门分会、中华海员工会江门分会、宁阳铁路工会等行业工会纷纷成立。1923 年冬，在广东工会联合会的指导和新会团组织的宣传发动下，新会工会联合会正式成立。

同时，新会工人阶级的革命斗争活动也不断兴起。1923 年 5 月 1 日，江门轮渡船务、船艇、辗谷、茶居饼行、油业等行业工人及学界 3000 多人，举行庆祝五一大游行，这是新会工人阶级第一次大规模庆祝自己的节日。11 日，茶居饼行业工人因向资本家提出增加工资和分配"下栏"（茶脚、饭尾等）的要求未能实现而举行罢工。船艇、油业等工会工人积极支援，使罢工取得了胜利，资方无条件答应工人的要求。

工人阶级的力量不断壮大，引起了反动势力的惊恐。1924 年 5 月，江门商团第四分团团总、油业永生祥老板蓄意挑起事端，纠集近百名团丁，趁工人参加五一大游行之机，捣毁油业工会会址，捉走工人 21 名，62 名工人失踪。新会工会联合会一面向商团交涉，一面派代表赴广州请愿，得到广东工人代表会议与会代表的通电声援。几经周折调停，江门商团被迫答应解放被捉工人，补回工资和赔偿损失。6 月，县工会联合会领导改组了葵业联和堂，成立新会葵业联和总工会筹备委员会。该会一成立，便领导葵业工人为增加工资而举行罢工请愿斗争。反动资本家利用商团军，捣毁工会会址，打死多名罢工工人。为此，该会发表《告葵业工人书》，号召工人坚持斗争，船艇工会工人也积极配合，拒运葵类物资，并得到了中共广东区委委员、中国国民党中央工人部干部刘尔崧的支持，经他前来调解，迫使资本家答应加薪 30% 和赔偿损失。

随着新会工人阶级队伍的成长壮大、工人运动兴起和五四运动以后马克思主义在新会的传播及其与新会工人运动结合，新会党组织的产生已是历史的必然。

1923 年 6 月，中国共产党三大确定的与孙中山领导的国民党合作，建立革命统一战线的方针，推动了中国大革命运动高潮的到来，建立和发展地方党组织成为当时的迫切任务。1924 年 1 月，中国国民党第一次全国代表大会，在中国共产党的推动和帮助下胜利召开，实现了第一次国共合作。从此，掀起了轰轰烈烈的国民革命运动，广东成为大革命的策源地。广东党组织积极开展工农群众运动，在推动国民革命的同时，也发展和壮大了自己的组织。

1924 年春，中共广州地方执行委员会派刘尔崧、阮啸仙前来新会发展党员，筹建党组织。在他们的帮助下，青年团员陈日光、李冠南、李绍勤、苏钧松、吴剑煌等加入了中国共产党。当时，他们仍留在团组织内，尚未单独建立党的组织。随着国民革命运动的迅猛发展，这种状况已不能适应形势发展的需要。同年 11 月

14日，中共广东区委、社会主义青年团广东区委召开联席会议，讨论党团组织的工作分工及相互关系问题，对鹤山、广宁、顺德、新会、东莞、香港的党团组织"从实际上整理"，揭开了广东党组织建设新的一页。随后，中共新会支部正式宣告成立，支部书记陈日光，干事李冠南、李绍勤等。机关初设在会城，后迁江门水南祖庙，隶属中共广东区委。

中共新会支部的建立，是新会人民政治生活中的重大事件，是新会近代历史上的一个重要里程碑。从此，在党中央和上级党组织的领导下，新会党组织成为新会人民反帝反封建斗争的组织者和领导者。新会党组织团结带领新会人民为实现民族独立、人民解放和国家富强、人民幸福开始了漫长的征程。

新会农民运动的兴起和发展

一、农民运动的兴起

在中共新会支部创建前，新会团组织和共产党员李冠南等已开始开展农民运动工作。1924 年 7 月，李冠南受新会团组织委派，到广州参加国共两党合办的第一届农民运动讲习所学习，8 月结业，被任命为国民党中央农民部特派员，回到新会从事农民运动。不久，在中共广东区委《群报》报社工作的施展和农民运动讲习所结业的开平籍学员关仲、梁坤也来到新会帮助开展农民运动。他们深入农村调查了解，尤其是在会城近郊一带，采取举办夜校、演讲等多种形式向农民群众宣传国民革命形势，传授文化知识，传播革命思想，培养农民运动骨干，引导农民起来参加革命斗争，并确定着手加紧在县第一区青云乡建立农民协会，同时将筹建县农民协会的事宜，列入议事日程，新会的农民运动初步形成了日渐兴起的局面。

中共新会支部创建后，便以极大的热情密切关注和积极领导农民运动，加快了新会农民群众的觉醒。党员分头深入城镇和乡村，开展革命宣传，培养革命骨干，发展党员，壮大党的组织。不久，先后吸收了一批进步农民加入党组织。新会的农民运动也因有了党组织的领导而得到迅速发展。

1925 年 2 月 1 日，新会县农民协会筹备处和新会县第一区青云乡农民协会同时宣告成立。这是新会历史上最早建立的农民协会组织。成立典礼在会城青云坊紫云洞隆重举行。会场布置简单朴实，门口两侧张贴一副主题鲜明的对联："商人有会，工人有会，我辈劳农岂可无会；军阀越权，财阀越权，吾们志士切勿放权。"会堂内则高悬国民党党旗和农民协会会旗，四周墙壁刷写了"打倒土豪劣绅，一切权力归农会"等革命标语。会上，李冠南作了热情洋溢的讲话，号召新会农民群众参加农民协会和农民运动，为争取自身利益而斗争。会议决定由国民党中央农民部特派员李冠南负责主持筹备处全面工作，选举梁有盛担任青云乡农民协会委员长。会议还发布了《新会县农民协会简章》，明确指出农民协会的宗旨是：联合全国受压迫之贫苦农民同胞，实行互相扶助，共谋农民幸福，解除农民痛苦。《新会县农民协会简章》还就会员条件、会费、会员标志、农会组织、会员权利等作出了详细的规定和说明。

新会县农民协会筹备处和青云乡农民协会的成立，在农民群众中产生了积极的影响，附近乡村的农民纷纷行动起来，要求组建农民协会，有效地推动了新会县农民运动的兴起。但是，新会的地主豪绅却千方百计压制、破坏各地农民群众组织农民运动。为了保护和促进正在兴起的新会农民运动，同年2月，中共新会支部干事、县农民协会筹备处负责人李冠南，以国民党中央农民部特派员的名义，上书国民党中央执行委员会，请求转饬各县政府保护农民运动。国民党中央执行委员会接受了李冠南的建议，很快就批转各县政府要求切实保护农民运动。新会县县长陈永惠随即遵照上级指示出布告，声明保护农民运动。这样，新会农民运动取得了公开合法的存在和发展的权利，有了更快的发展。

1924年冬至1925年春，国共两党一道，在全国范围内发起一场以召开国民会议为中心内容的运动。中共新会支部组织各界民众积极参加，并推选农民代表李冠南、教育界代表吴剑煌赴京出席国民会议促成会全国代表大会。这一运动，同样较大程度地激发了新会农民群众的革命热情。1925 年 3 月，中共新会支部会议还对新会农民运动的开展作了研究和部署，给新会农民运动指明了方向。

3 月初，新会县农民协会筹备处派人到江门水南乡开展农运工作。这个乡人口多，面积大，封建势力强大，封建剥削和压迫十分严重。乡民团团长谭老一与国民党江门二区分部部长、国民党右派分子谭纪三狼狈为奸，横行乡里，无恶不作。农民群众对他们的罪行敢怒而不敢言。同年春耕之际，他们又派出团丁勒收春耕费、水利费，抢劫农户的耕牛和农具，严重破坏农民生产。针对这种情况，县农民协会筹备处一面深入宣传发动群众，迅速培养发展李华、张文照、黄石等一批农运骨干，与谭老一等人展开斗争。另一方面派人与拥护三大政策的江门驻军联系，争取得到他们的援助。经过激烈的斗争，农民群众夺回了耕牛农具，扣押了破坏农民运动的国民党党棍谭纪三，沉重地打击了民团的反动气焰，保护了农民的利益。3 月 23 日，水南乡农民协会和农民自卫军在斗争中正式宣告成立。接着，在县农民协会筹备处帮助指导下，江门近郊的紫泥、白石、石子潭、木朗、麻园、麦园、石头等 10 余乡，相继成立农民协会。

5 月 1 日至 15 日，广东省第一次农民代表大会在广州召开。大会宣告广东省农民协会成立，发布了《广东省农民协会宣言》。新会县农民协会筹备处派代表参加了这次大会，共同讨论和决定全省农民运动的大事。中旬，新会县农民代表大会在江门召开。会议贯彻中共新会支部会议和广东省第一次农民代表大会的精神和决议，讨论通过了呈请国民党县政府废除苛捐杂税、开展"二五"减租斗争、巩固发展农民协会、扩大农民自卫军等决议案。

此后，新会县农民运动在新会党组织和县农民协会筹备处的直接领导下普遍地开展起来。至年底，全县建立了22个基层农民协会组织，会员数千人。

二、支援省港大罢工

1925年爆发的震惊中外的五卅运动，在中国共产党的领导和推动下，以不可遏止的浩大声势席卷全国，各地各阶层群众积极起来参加反帝爱国运动。这场运动以磅礴的气势掀起了中国新民主主义革命时期第一次大革命的高潮。6月初，中共新会支部组织宣传队，深入城镇乡村，介绍五卅惨案概况，控诉帝国主义的凶残行径，宣传发动群众起来参加反帝爱国斗争。10日，中共新会支部书记陈日光和县总工会委员长吕棠，在江门水南乡组织召开新会各界援助沪案动员大会，工农商学界代表数千人参加大会。与会群众高呼"打倒帝国主义""为死难同胞报仇"等口号，会议决定以新会县总工会、新会县农民协会筹备处、广东新学生社新会分社的名义通电全国，强烈抗议帝国主义的残暴罪行。会后，举行示威大游行。县总工会动员全县工人实行罢工一天。22日，工、农、商、学、军、政、报各界组织成立新会县各界沪案后援会，出版发行沪案特刊，成立募捐委员会。数日之内，新会各界就捐集白银5000元，及时寄往上海，以实际行动援助上海的反帝爱国斗争。

6月19日，在中共广东区委的领导和全国总工会的公开指挥下，广州和香港爆发了省港大罢工。中共新会支部认真执行中共广东区委的指示，积极领导新会人民群众支持、配合省港大罢工。

6月下旬，新会县总工会、新会县农民协会筹备处共同倡议，在江门组织成立了新会县各界群众支援省港罢工后援会，推举陈日光为主任。后援会下设宣传队、慰劳队、劝募队、工人纠察队，并根据需要，在北街设立省港罢工工人接待站，专门接待从香港回到内地的罢工工人。省港罢工期间，后援会在中共新会支部领导下，开展活动，发动组织新会民众援助省港大罢工。宣传队采用多种形式，广泛开展革命宣传，不断传播罢工斗争消息，揭露帝国主义及其走狗的反动面目。慰劳队则多次组织民众帮助撤回内地的罢工工人和省驻新会、江门纠察队队员做好后勤工作。劝募队深入城乡，想方设法募集资金物资，共计募集白银约三万元，全部上交省港罢工委员会。工人纠察队在队长李安的率领下，更是坚持不懈地配合驻扎江门的省港罢工委员会工人纠察队第三大队，开展封锁港口、堵截进口违禁物资、查缉走私物品等斗争。8月，新会工人纠察队在江门沙仔尾缉获走私船 2 艘、洋油 195 箱、洋煤 320 吨。1926 年 3 月，查获扣押香港海利公司的煤轮 4 艘，均呈送省港罢工委员会处理。在一年多时间里，为支援省港大罢工作出很大贡献，获得省港罢工委员会给予"饥未闻叹，寒未闻嗟"的评价。同年 9 月，省港罢工委员会还派出工人代表前来江门慰问新会工人纠察队，国民党江门市党部为工人纠察队举行庆功大会。

三、叶挺独立团支援新会农民运动

叶挺独立团（即国民革命军第四军独立团），是在大革命时期以原来的铁甲车队为基础，以共产党员为骨干组成的一支武装部队，由叶挺担任团长，通称叶挺独立团。1926 年 1 月中旬，叶挺独立团第一营在营长周士第率领下驻防新会，有力地支援了新会的农民运动。

1 月 13 日，叶挺独立团第一营进驻会城。当日，就地召集新会工农干部开军民联席会议，详细了解新会革命斗争的形势和情况，共同研究开展新会农民运动的具体事宜。2 月 28 日，协助新会县农民协会筹备处，在三区石子潭村召开新会县第三次农民代表大会。有 26 个区乡农会共派出 64 名代表参加大会。大会推举尹国彦、张文照等为主席团成员，通过了通电声讨吴佩孚勾结军阀张作霖与日本帝国主义用武力进攻国民革命军的罪行，开办军民干部养成所，呈请当局取消民团征收各项苛捐杂税等 6 项决议案。

针对当时新会县县长区灵侠维护地主阶级利益，对农民群众要求废除苛捐杂税、实行减租减息的强烈呼声置之不理的情况，叶挺独立团第一营积极支持县农民协会筹备处，发动农民群众与区灵侠展开斗争。同年春，在县农民协会筹备处的组织领导下，各区乡农民群众代表会集会城，展开了一次大规模的请愿运动。农民群众高呼"废除苛捐杂税""实行'二五'减租"等口号，从四面八方一齐涌向县署大门口，但县长区灵侠坚持顽固立场，拒不接见请愿群众。他一面下令关闭县署大门，纠集全部军警全副武装登上屋顶，威胁请愿群众，阻止群众进入县署大院，一面则派遣官差赶往叶挺独立团第一营驻地，要求派兵镇压请愿群众。营长周士第带两名卫兵轻装来到县署，区灵侠见状十分恼怒，质问周士第："你这个营长，晓得驻防军有保护当地政府的责任吗?"周士第理直气壮地回答："我们奉命前来帮助当地政府，维护社会秩序，开展国民革命运动，但我们保护群众合理合法的斗争!"区灵侠自知理亏，只好屈服，出面与请愿群众对话，并答应开始废除苛捐杂税，实行减租减息。农民群众的请愿运动终于取得了胜利。

叶挺独立团第一营驻防新会期间，还多次帮助农民自卫军剿灭土匪。同年 3 月 20 日，正当县农民协会筹备处组织各区乡农民协会会员代表和农民自卫军，参加东罗宁乡农民协会成立庆祝大会之际，大雁山的土匪趁机窜入三区一带乡村抢劫。叶挺独立团第一营闻讯，迅速派出第一连连长莫奇标率队支援县农民协会筹备处常务委员关仲带领的农军，前往三区剿匪，活捉了 10 多名惯匪交给当地农民协会处理，收缴的枪支弹药则全部用于武装农民自卫军。

5 月，叶挺独立团奉命出任北伐先遣部队，挥师北上，驻防新会的第一营随之撤离新会。叶挺独立团第一营驻防新会几个月，军纪严明、英勇善战，支持工农革命运动，协助剿灭土匪，给封建反动势力以沉重打击，鼓舞了新会革命群众的斗志，促进了新会农民运动的蓬勃发展。

四、农民运动的高潮

中共新会支部创建后，按照中共中央制定的民主革命纲领，认真贯彻"扩大左派、反对右派"的政策，积极帮助和推进新会县国民党改组工作。1925 年初，中共新会支部发动广东新学生社新会分社、县工会联合会、县农民协会筹备处等革命群众组织，团结一切进步力量，与国民党右派力量开展针锋相对的斗争。在中共新会支部的帮助下，1925 年 7 月 22 日，国民党新会县第一次党员代表大会召开。大会正式宣布成立国民党新会县党部，选举产生了县党部第一届执行委员会，选出执行委员 9 人，其中有 6 名是共产党员。中共新会支部旋即着手帮助筹建国民党江门市党部。1926 年 4 月，国民党江门市第一次党员代表大会召开。大会正式宣布成立国民党江门市党部，选举产生了国民党江门市第一届执行委员会，选出的执行委员，大部分是共产党员和各界开明人士。中共新会支部帮助改组国民党县党部和筹建江门市党部取得成功，使新会群众革命运动得到合法存在和发展的权利，激发了新会人民群众的革命热情，群众革命运动日趋高涨，开创了新会国民革命运动的新局面。农民运动方面也不断掀起了反对封建剥削压迫、惩戒土豪劣绅的斗争高潮。

在广东省农民协会和新会党组织的双重领导下，特别是在叶挺独立团第一营的帮助下，新会农民运动得到迅速发展。首先，全县农民协会和自卫军组织迅速壮大。至 1926 年 7 月，全县已建立区农民协会 2 个，乡农民协会 45 个，农会会员达 10910 人，乡农会组织遍及全县 10 个区。其中 14 个乡农民协会组织成立了农民自卫军，共有 279 人。其次，县级农民运动领导机构得到进一步加强。1926 年 7 月初，新会县农民代表大会在江门水南祖庙召开，全县各级农会代表 200 多人出席了会议。大会正式宣布成立新会县各乡农民协会联合办事处，选举李冠南、施展、关仲为常务委员，梁坤、彭业权、张挺生（张培道）、尹国彦、区毛、伍时和等为执行委员。李冠南负责全面工作。大会通过了继续扩大农会组织、有计划地训练农民自卫军等决议。再次，普遍开展减租减息、废除苛捐杂税、改善农民生活等革命斗争活动，全县农民运动形成了高潮。麦园乡农民在县农民协会筹备处的领导下，挫败了乡民团的破坏活动；东罗宁乡农民协会接管公尝财产，开办农民子弟学校，免费招收 60 多名农民子弟入学；江门郊区农民群众取消北极殿瓜菜秤的盘剥；睦洲乡农民协会开展取消"包农制"（即二路地主向大地主承包田地，再转租给无地农民耕种的制度），并取得胜利等等。通过开展革命斗争，新会县农村出现"一切权力归农会"的喜人局面。其中，东罗宁乡农民协会以威信高、斗争全面深入，成为全县乃至广东省农民运动中的一个典型。在 1926 年 5 月 1 日召开的广东省第二次农民代表大会上，该乡农民协会委员长吕炳子，介绍了开展农民运动的斗争经验。最后，积极支援北伐战争。1926 年 7 月北伐战争开始后，各乡农民协会联合办事处立即联合各革命团体，通电全国拥护北伐，并组织新会北伐工农运输队共 300 多人，随北伐军出发，帮助挑担军需物品，为"打倒列强，除军阀"贡献力量。

农民群众还和工人群众并肩作战，一起反对苛捐杂税。1926年春夏间，江门市政厅利用重新"估征警捐"变相加重对人民群众的剥削，与此同时，又出现官商勾结，借"煤油专卖"之机，哄抬物价的严重事件，引起各界群众的强烈不满。1926年5月1日，新会县总工会和新会县农民协会筹备处联合组织2000多名工农群众，举行以"反对苛捐杂税"为中心内容的请愿示威大游行。他们高呼"打倒军阀"、"反对估征警捐"、"取消煤油专卖"等口号，会集江门市政厅大门口，并推举吕棠等4名代表入厅与市政厅长叶显谈判。其间，群众与军警发生冲突，愤怒的群众砸烂厅内的桌椅，烧毁文件，叶显等人见势不妙，在混乱中溜走。自此，"估征警捐"不了了之，市场物价也趋于正常。工农并肩作战，取得了胜利。

随着工农运动形势的发展，党组织自身也得到发展壮大。至1926年7月，党支部成员由原来单纯的知识分子组成，扩展到工人、农民等多种成分，活动范围也由原来的江门、会城扩展到乡村。1926年8月，中共新会支部在会城刘家祠召开全体党员大会。会议认真分析了新会的革命形势，通过三个决议案：一是决定加快扩大农民自卫军和加紧军事训练，提高警惕，随时准备击败国民党右派势力的破坏活动。二是壮大党员队伍，发展党的组织，吸收革命运动中的积极分子入党，扩大党的基层组织，加强政治思想建设，增强党组织的领导力量。三是适应形势发展需要，增设中共江门支部，以领导新会工人运动为主，重点在工人群众中发展党员，在工会组织中建立党组织。而中共新会支部以领导新会农民运动为主，重点在农民群众中发展党员，在农村建立党组织，兼顾会城工人运动。经过这次党员大会，新会的党组织进入了一个迅速发展的阶段。党员人数迅速增加，至1927年初，全县党员发展到 70 多人，建立了 2 个支部，22 个小组。党的组织分布在江门、会城、石子潭、木朗、瑶村、里村、篁村、沙堆、石头、田金、潮连、水南等地。1927 年 1 月，根据中共广东区委决定，中共新会县委在江门成立，县委书记叶季壮。新会党组织的领导进一步得到了加强。

大革命形势的逆转

第三节

一、反对国民党右派和封建势力的斗争

共产党领导的新会群众革命运动的蓬勃发展，极大地动摇了帝国主义、军阀势力在新会的统治，也引起了国民党右派的恐慌。1926 年 7 月北伐战争开始以后，随着革命中心由广东逐步向湖南、湖北转移，新会的反革命势力日益嚣张，他们开始或明或暗地分化瓦解革命群众团体，迫害工农革命干部，组织反革命武装力量挑起事端，破坏群众革命运动，不断地暴露出其反共反人民的真面目。

秋，各地豪绅反扑，农军与民团斗争激烈。礼乐乡武村贫农王子君拒交禾票被拘禁；县农会函请法庭不准再勒收禾票费。睦洲乡农会执行委员李寿，组织农民向二路地主集团——兴农公司林珍提出取消"包农制"，重新议租。林珍勾结睦洲民团局长廖佑派人焚烧农会会员茅屋 10 余间，李冠南闻讯前往解救，并组织农民自卫军围攻二路地主的大本营——睦洲围馆，赶走民团；又发动县农会会员一人捐献一杉，支援被焚烧房屋的农会会员重建家园。

1926 年秋，国民党右派在江门建立五邑联团总局，推举国民党驻军第十三师师长、五邑警备司令徐景唐兼任局长。随后，他们扶持新会的国民党右派势力和地主豪绅建立东北七十二乡联团

局、西南保卫团、城南六乡联团局、航空救国会等反动武装机构，对新会人民严加控制和压迫，镇压群众革命运动。

针对国民党右派及封建势力的反革命活动日益猖獗的状况，1926年10月，中共新会支部在会城刘家祠召开工农干部联席会议，研究对策，号召加强工农联盟，坚决反击反革命逆流，保卫工农群众运动，巩固北伐后方。与此同时，中共新会支部充分利用《四邑平报》等刊物，揭露、抨击国民党右派破坏群众革命运动的种种阴谋行径，动员广大人民群众起来抵制反动势力的破坏活动，并积极组织力量进行直接的反击和斗争。

11月2日，三区土豪劣绅与当地的贪官污吏勾结在一起，诬告三区农民协会副委员长尹国彦、白庙乡农民协会执行委员梁仲廉犯有杀人罪，县法院未调查核实便将尹国彦、梁仲廉逮捕入狱。各乡农民协会联合办事处与三区农民协会多次派人与县法院交涉。在要求放人无果后，即组织革命群众近2万人前往县法院举行示威，最终迫使法院无条件放人。同月中旬，三区土豪又勾结第十三师师长、五邑联团总局局长徐景唐，以"窝匪"为名，扣押三区农民协会委员长兼区农民自卫军队长彭业权，各乡农民协会经多方营救，彭业权很快获得释放。

同年11月初，公益发生国民党右派把持的广东机器总工会宁阳分会勾结台山等地反动商团、收买流氓打手，组成反动武装，殴打宁阳铁路工会会员，捣毁工会会址的突发事件。10日，县总工会、各乡农民协会联合办事处组织工人纠察队、农民自卫军，开赴公益支援宁阳铁路工会工人的正义斗争，并与中华全国铁路总工会广东办事处派出的铁路工人纠察队一道，击溃了工贼和反动武装组织，当场击毙陈式容等"六大寇"。随后，中共新会支部还在公益火车站组织开办了一期有300多名工农军事干部参加的干部训练班，传授政治军事基本知识，培训工人纠察队和农民自卫军军事干部，以提高他们的战斗力。

11月下旬，国民党右派分子勾结地主豪绅，私设烟叶出产税办事处，在新会无理开征烟叶出产税，加重对农民的剥削。彭业权率领第三、五区农民协会代表前往办事处质问征收依据和理由。经过反复斗争，当局最终未敢开征烟叶出产税。12月，贪官污吏借为北伐战争"预征钱粮"之机聚物敛财，随意滥收多收，中饱私囊，鱼肉百姓，引起群众强烈不满。因此，各乡农民协会联合办事处派代表面见新会县县长蒋宗汉，抗议官吏无理勒索，促使县署下令查处贪污舞弊，从而减轻农民负担。

同年底，国民党右派势力和封建地主阶级的反革命活动更加猖獗，第五区七十二乡联团局头目陈炽勾结徐景眉，出动军队捕捉了农民协会干部和革命群众三四十人，并捣毁石头乡农民协会会址。各乡农民协会联合办事处发动农民群众进行抗议，迫使当局释放被捕人员。

1927年2月2日（农历大年初一），为了抗击国民党右派反革命逆流，鼓舞革命人民的斗志，各乡农民协会联合办事处，在江门商团操场举行了农民自卫军检阅仪式。来自各区乡的农会会员和农民自卫军干部近8000人聚集江门。检阅仪式上，李冠南作政治动员演讲，痛斥反动派倒行逆施的反革命罪状，号召全县革命群众团结一致，与反动势力作坚决斗争。会后，组织大规模的示威游行。这次检阅仪式，是对国民党右派及反动势力反革命活动的一次大抗议，是大革命时期新会农民群众不畏强暴的一次壮举。

二、江会"四一六"反革命政变

1927年4月12日，蒋介石在上海发动反革命政变，15日，国民党反动派以"清党"名义，在广州对共产党人和革命人民进行大屠杀，顿时腥风血雨笼罩珠江两岸。这时，在新会的国民党反动派蠢蠢欲动。他们一面加紧部署反革命政变，一面却装出一副慈善的面孔，4月15日，国民党驻军第十三师师长徐景唐以召开江门各界人士座谈会名义，邀请中共新会县委书记叶季壮等人参加，企图借此一网打尽新会地区的共产党员和革命骨干。事发前，新会县委已接到中共广东区委关于革命形势可能发生剧变的情报，并按照上级指示着手做好应变准备，选定机关转移隐蔽场所，要求已暴露身份的共产党员和革命骨干逐步向乡村转移，尚未公开暴露身份的则要提高警惕。徐景唐的阴谋被叶季壮机警识破，叶立即采取紧急措施，派人分头赶赴各地通知已暴露身份的共产党员立即转移，自己也即妥善处理好重要文件后转移。

4月16日，徐景唐眼见自己设下的圈套被共产党人识破，便举起反革命屠刀，出动大批军警兵分几路，同时包围查封了新会总工会、各乡农民协会联合办事处、《四邑平报》报社等组织，拘捕了一些革命群众。由于中共新会县委事前已采取了一系列紧急措施，党组织的主要领导核心没有遭到破坏。

接着，国民党反动派又连续几天出动大批军警在江门、会城大肆搜查学校、商店、民房，肆意捕杀共产党人，并将屠刀指向农村。20日反动军警由反动地方武装引路，包围井根乡，借"清乡"名义逐户搜查民房，洗劫财物，奸污妇女，捕杀革命群众。当日，井根乡就有10多名农会干部遭到杀害，600多名农民被强押到乡公所，逐个进行严刑逼供，有40多名群众被投入监狱。这就是骇人听闻的"井根事件"。随后，反动军警又以同样的手段先后洗劫了篁庄、瑶村、木朗、里村、石头、水南、都会、东罗宁、石子潭、滘头、白沙、荷塘、豸尾等10多个村庄。这次"清乡"，全县有100多名共产党员和革命干部、群众惨遭杀害，数百名干部、群众被捕入狱。

与此同时，新会地方反动势力也开始大搞反攻倒算。他们趁机重新组织反动武装，疯狂地迫害农民协会和农民自卫军干部群众，抢劫百姓财产，加重征收苛捐杂税，农民群众被迫流离失所。当时仅井根就有 100 多个农民被迫流落他乡。

此外，国民党反动派还在城镇乡村中，成立各种改组委员会，对国民党县党部、江门市党部和工会、农会组织实行反革命改组。在国民党县党部、江门市党部任职的共产党员和人士受到拘捕和通缉。至此，国共两党在新会的第一次合作彻底破裂，新会陷入白色恐怖之中。

三、建立农村革命据点

江会"四一六"反革命政变发生后，国民党右派在新会实行反革命大屠杀，制造严重惨剧，轰轰烈烈的群众革命运动受到挫折，转入了低潮。中共新会县委及时采取措施，将县委机关秘密迁往江门郊区滘头乡。同时，通知已暴露身份的共产党员、共青团员和革命干部分散隐蔽，有效地保存党和革命的力量。

5 月初，叶季壮在田金主持召开新会、江门党支部的支委联席（扩大）会议。会议决定新会、江门党支部合并为中共江会支部，会议还根据新会的形势作出以下决定：一是注意保存革命力量，不轻易组织公开的斗争；二是积极巩固和发展革命武装力量，为发动军事反攻做准备；三是加强对工人群众的秘密组织工作，采用多种方式领导工人群众抵抗、反对国民党右派对工会的改组；四是派党员干部深入群众基础较好的乡村，开展革命宣传和组织工作，建立秘密革命据点。会后，与会党员分头奔赴各地，积极开展工作。

共产党员李冠南、关仲、王士烈、彭业权、施展等人按照党组织的部署，深入第二区、第五区、第十区等群众基础比较好的乡村，秘密开展革命宣传和组织工作，相继建立了田金、石头、龙湾等革命据点，随时准备军事反攻。

7月15日，汪精卫召开国民党中央常务委员会扩大会议，正式同共产党决裂，国民大革命宣告失败。国民党右派加紧反革命"清剿"活动。新会的白色恐怖更加严重，为了保存有限的革命力量，中共新会县委作出决定，将县委机关迁往澳门新桥，党组织的大部分领导人也相继秘密转移至澳门。

四、策划江会暴动

1927年大革命失败后，中国共产党领导的人民革命斗争进入土地革命战争时期。江会"四一六"反革命政变后，由于国民党反动派实行残酷的屠杀政策，原来生机蓬勃的新会陷入了一片腥风血雨之中。中共新会组织在转入地下秘密开展斗争过程中，遭受严重破坏。许多基层组织被打散，不少党员与组织失去联系。在严峻的考验面前，中共新会县委和共产党人顶着狂风恶浪，继续坚持战斗，积极贯彻党中央的方针政策，为掀起新会土地革命风暴而艰难探索。

1927年，中国共产党领导的八一南昌起义，向国民党反动派打响了第一枪，使千百万革命群众在经历了一系列严重挫败后，又在黑暗中看到了高高举起的火炬。不久，起义军挥师南下广东。此时，隐蔽在澳门的中共新会县委书记叶季壮主持召开党员会议，研究贯彻中共广东省委关于"全力接应八一南昌起义军"的指示，决定派党员秘密返回新会，发动群众，开展迎接起义军的准备工作。后来由于起义军在途中受挫，县委的接应计划也未能实施。

1927年8月7日，中共中央在湖北汉口秘密召开紧急会议（即八七会议），确定了开展土地革命和武装反抗国民党反动派的总方针，给全党指明了继续革命的方向。20日，中共广东省委在香港召开会议，传达八七会议精神，会议制定了广东各县、市的暴动计划和《关于暴动后各县市工作大纲》。

同年秋，叶季壮从澳门回到新会，在江门白沙龙湾村秘密主持召开中共江会支部党员会议，传达贯彻八七会议和广东省委会议精神，决定以田金革命据点为基础，努力筹建工农革命军，发动秋收抗租暴动。会后，积极开展宣传发动工作，但由于新会敌我力量悬殊，秋收抗租暴动计划没有得到实施。

1927年11月，国民党粤系军阀和桂系军阀之间为争夺地盘，爆发了粤桂战争。张发奎的粤军主力调往肇庆、梧州一带，广州市内兵力空虚。广东省委根据中共中央的指示，成立革命军事委员会，决定利用这一时机和大革命高潮时工农运动基础较好的广州及周围地区，依靠隐蔽在张发奎部队中由共产党员叶剑英领导的教导团为主力，发动广州起义。11月26日，广东省委召开常委会议，部署起义前的准备工作。12月1日，广东省委发出紧急通告第二号，指示各县、市党组织迅速宣传发动群众，开展暴动以配合广州起义。

12月初，中共五邑地委在澳门召开会议，贯彻传达广东省委指示，决定成立五邑暴动指挥部，由叶季壮兼任总指挥，派出共产党员深入五邑地区，动员群众起来暴动，配合广州起义。会后，李安、李冠南等被派回新会秘密开展暴动准备工作。

此时，新会的政治局势也发生很大变化。12月7日，张发奎部第四军副军长兼第十四师师长薛岳率部进驻江会，同来的还有李福林部潘枝的护党军。他们伪装革命，驱赶原驻江门的徐景唐部，借以蒙蔽群众。薛岳在江门黄家祠设立司令部后，派出大部分军队驱赶外窜的徐景唐部队。由于薛岳部刚进驻江会，根基未稳，中共新会县委抓住这一有利机会，积极营救关押在狱中的共产党员、革命干部和群众，并恢复建立工会、农会组织和开展工农运动，恢复出版《江门民国日报》，展开革命宣传，组织力量打击反动势力。但地方封建反动势力并不死心，他们依然顽固地进行反革命活动。8 日，木朗土豪尹朗年带引反动军警，在石湾附近的面食店，逮捕了五邑地委暴动指挥部肃反委员会逮捕队队长彭业权。彭业权不屈，于次日在江门三角塘英勇就义。

同月上旬，中共新会县委在大泽田金乡召开会议，传达广东省委和五邑地委关于开展工农暴动、积极配合广州起义的指示精神。会议根据新会的实际，决定 12 月 13 日发动江会暴动，并制定了"苏维埃政纲和宣言"，还决定在大革命时期建立的工人纠察队和农民自卫军的基础上，吸收工农积极分子组织成立"广东工农革命军中路新会支队"，任命关仲为队长，主要负责指挥工人武装；李冠南为政治领导，主要负责指挥农民武装。又以张村为军事集结点，公坑天成寺为临时指挥部，白沙龙湾村为联络站，石头乡为军事前沿基地。

会后，不论城市还是乡村都加紧进行军事准备和政治宣传工作。如江会工人纠察队，一面集结武器，一面秘密扩大纠察队伍，准备向张村集合的各乡农军先后抵达目的地；根据计划留下来准备配合城市工人暴动的有氹尾、麦园、麻园等乡的工农红军，也都枕戈待命。由于广大人民的积极支持，工农红军的活动地区很快发展到宁阳铁路沿线和江会郊区一带。江门、会城的中心区也经常出现工农红军的布告。肃反委员会逮捕队抓捕了两名破坏革命的顽固地主，并在江门蟹山公开枪决。

12 日晚上，中共新会县委在江门东炮台蓬江江面一艘民船上秘密召开紧急会议，叶季壮、李安、李冠南、关仲、李本华、黄衮华、张挺生等 20 多人参加会议，由五邑船艇工会妇女委员罗掌（李安的妻子）负责做掩护工作。在叶季壮主持下，会议全面研究部署了江会暴动的各项工作。

13 日，广东工农革命军中路新会支队部分指战员和各区乡工农革命群众近万人相继赶往会城，大部分隐蔽在城郊，准备参加暴动。原定在会城北较场召开的誓师大会，为避免暴露目标，只安排六七百人参加誓师大会。由李安主持，李冠南宣读了工农兵苏维埃政权的政治纲领，号召全县工农群众起来参加江会暴动，夺取江会，建立苏维埃政权。与会人员情绪高昂，不停地振臂高呼："中国共产党万岁！""苏维埃政权万岁！"

就在这时，突然获悉紧急情报：广州起义提前于 12 月 11 日举行，且遭到失败。薛岳部正规军 6000 多人已从广州撤回，正向会城进发，前来镇压誓师大会。暴动形势发生重大变化，为了避免不必要的牺牲，李安与李冠南等当机立断，决定取消暴动计划，命令工农革命军撤退转移。

江门方面，原暴动计划在 13 日晚上 9 时，以蟹山顶举火为号，发起总攻，各路革命武装分别攻占黄家祠薛岳司令部、大正庙商驻地、北街等主要军事据点，进而占领江门。但是，由于薛岳率领部队会合反动的江门商团武装，宣布全市戒严，暴动计划被迫取消。

随后，薛岳部连日出动，与地方反动势力勾结，大肆搜捕共产党员和革命分子。刚刚恢复兴起的新会工农革命运动遭受严重破坏，共产党员李怀业、李潮烈和工农革命骨干邓有、夏洪彬、黄保、吴起、龙钜、袁汉、陈江等先后被捕牺牲。

策划江会暴动，是中共新会县委在新会开展土地革命斗争、武装反抗国民党反动派的初次探索和尝试，但由于信息不灵和没有广泛发动工农群众，加之当时在新会的反动势力较为强大，致使江会暴动计划被迫流产。

五、工农运动艰难严峻的局面

江会暴动被迫中止，严重的白色恐怖笼罩新会。1928 年 1 月，省委鉴于叶季壮在江会地区已暴露身份，决定将其调离，安排到别地工作。不久，李安、李冠南等领导人也相继撤离，留下的党员因分散隐蔽而中断组织关系，新会县委及下属组织均遭到破坏。李冠南调任后，在 1931 年到香港参加省委开办的训练班学习期间不幸被捕，于广州黄花岗英勇就义。新会的革命斗争，出现了更加艰难、复杂的状况。

1928 年初，中共广东省委派何潮等到江门开展工作，着手恢复新会组织，何潮为新会党组织的负责人。到江门后，何潮首先设法在江会附近联络到了尚未暴露身份的黄衮华、林振华、黄寿、黄镰等几位共产党员，传达了省委要求加紧恢复党组织的指示，然后分头到潮连、篁边、周郡、大泽、崖西、崖南、棠下石头乡等地暗访、寻找，终于与江会暴动流产后疏散隐蔽在那里的王士烈、陈述、陈绩等领导人和党员骨干取得了联系。于是，经省委批准，正式恢复了中共新会县委，新会县的党组织活动重新恢复。夏初，何潮奉命回省工作。县委由于失去领导陷入涣散，无法开展工作。其间，新会县总工会委员长吕棠、米业工会委员尹钦、潮连乡农会委员区少文等一批工农运动骨干先后被捕牺牲，新会革命力量再次受到损失。

1928 年 6 月上、中旬，广东省委派职工运动特派员程鸿博来新会继续开展恢复党组织的工作。经过多方努力，与失散的 22 名党员、13 名团员取得联系。下旬，即建立了中共江门市委和共青团江门市委，在会城由党团员联合组成职工运动委员会。党、团组织一批党员、团员深入附近乡镇，秘密发动组织工农运动。6 月 23 日，在江门近郊的石头乡，组织工农运动积极分子 80 多人，举行纪念"沙基惨案"3 周年集会，发表演讲，声讨、控诉帝国主义和反动派的罪行。又派人到会城、水南、麻园、外海等地张贴革命标语，散发革命传单。

至 7 月底，全县党员增至 25 人。8 月上旬，发展到 42 人，建立了 2 个区委、8 个支部。为加强领导，广东省委决定恢复建立中共新会县委。新会县委恢复后，加强了对工人、农民的政治宣传和教育，组织成立铁器行业的鲁班先师会、轮渡行业的天后会、茶居行业的忠新馆、饼业的复兴行等秘密工会，进而发动工人开展抗议要钱买工做和恢复原有工资等政治经济斗争。

1929 年 2 月，由于叛徒背叛革命，国民党广州市公安局特别侦缉队到江门搜查县委机关和其他常委的住所。接着，反动派又在江门市区、郊区进行大搜查。在这次事件中，20 多名党团员被捕，其中，正在新会巡视工作的中共六大候补中央委员、广东省委常委甘卓棠和在家的新会党团领导人全部牺牲。新会县委及基层组织受到严重破坏，开平、恩平、台山等县的党组织也受到严重影响。

然而，即使在党组织遭到严重破坏的险恶环境中，新会的共产党人也没有被征服、被吓倒，隐蔽下来的共产党员仍自觉地开展斗争。活动在南洋乡（今大泽田金）的地下党员周达尚发起成立雁桥青年社，组织农民群众开展反对豪绅抽收钉门牌捐、割草捐等斗争，并出版发行《青年月刊》，宣传革命思想，批驳由地主豪绅主办的《南洋月刊》宣扬的反动观点。深受革命熏陶的新会人民仍继续坚持斗争。1929 年 7 月 3 日，新宁铁路工人举行罢工，抗议铁路当局无故开除工人，罢工斗争坚持 10 天后取得胜利。8 月 9 日，第九区沙堆乡农民数十人前往县署请愿，要求裁撤驻该乡的警卫队二中队，查处中队长、佐理员的无理勒索和招赌行为。21 日，会城晒扇工人举行罢工，要求增加晒扇水衫费，最终迫使 29 间扇寮老板签约。9 月 6 日，冈州马路汽车公司的司机要求恢复原有工资而开展斗争，取得成功。

1929 年下半年，中共广东省委决定恢复中共新会县委，并多次派钟炳枢到新会恢复工作。8 月底，在江门组成一个建筑支部和一个打石、酒楼、打桩混合小组，在新宁铁路组成一个铁路支部。在第十区（今大泽）南洋乡和第五区（今棠下）石头乡，也有少量党员恢复了组织联系。9 月 3 日，恢复中共新会县委，钟炳枢任书记。11 月 1 日，新会县委书记钟炳枢调离新会，刚恢复的县委也由于机构和制度都不太健全而随之撤销。

12 月，国民党反动派出动大批军警在新会的大泽、小泽、霞路、深垒、石头等 10 多个乡进行"清剿"。中共新会县委原领导建立在农村的基层党支部被全部破坏。分散隐蔽在乡村的党员和革命群众不得不撤离、转移到其他地方。

1932 年初，在中共广州特支领导下，建立了中共江门党支部，有党员 3 人。3 月，中共广州特支被破坏，江门党支部也直接受到影响而遭到破坏，党组织在新会的活动被迫停止。

从江会"四一六"反革命政变开始，在国民党反动派一次次的疯狂镇压下，新会的革命力量一再受损，工农运动和革命群众斗争处于十分艰难严峻的局面。尽管中共广东省委多次极力试图帮助恢复新会的党组织，挽救工农运动的危机局面，但是，由于敌强我弱的态势和受到党内"左"倾错误路线的影响，新会革命活动转入低潮。

第三章

抗日战争时期

第一节 抗日救亡运动的蓬勃发展

一、党组织的重建及其对抗日救亡运动的积极推动

土地革命战争时期，新会党组织及其领导的革命事业受到严重挫折和损失，1931 年九一八事变后，中共中央多次发表宣言，作出决议，号召全国人民奋起抗击日本侵略者，以民族革命战争，把日本侵略者驱逐出中国。在全国、全省抗日救亡运动的影响下，新会的进步知识青年迅速行动起来，积极投身抗日救亡运动。1935 年北平爆发一二·九学生爱国运动，县立师范学校学生谢燕（谢养）等与广州来的进步学生冲破国民党新会县当局的阻挠，举行抗日示威游行，他们秘密组织成立大家读书会，阅读革命书刊，探讨抗日救亡。此时，广东各地恢复重建中共地方组织的工作正全面展开。1936 年 6 月，党的秘密外围组织——中国青年抗日同盟（简称"中青"）盟员陈翔南、黄文康先后被派到新会工作，他们以江门景贤学校、新会师范等地方为据点，积极宣传马克思主义和中国共产党的抗日主张，引导新会进步青年投身抗日救亡运动。9 月间，陈翔南、黄文康分别被吸收为共产党员，并受广州党组织委派在新会着手重建新会党组织。当月下旬，在中共广东工作委员会负责人麦蒲费（邱萃藻）的帮助下，建立了中共江会小组，成员是陈翔南、黄文康。被迫中断了四年多时间的中共新会组织重新建立。

中共江会小组一建立，即认真贯彻上级党组织提出的站稳脚跟，慎重而又积极地巩固、发展党组织，开展抗日救亡运动的指示精神。党小组成员分头宣传发动群众。同年 12 月，陈翔南在会城、江门分别领导建立了民族解放先锋队（简称"民先"）和迈进社。这两个组织都是中共江会小组领导下的秘密外围组织，并仿照中青制定了严密的组织纪律，以宣传马克思主义和中国共产党的方针政策、开展抗日救亡运动等为基本任务，开展了一系列革命活动。

1937 年 1 月，中共江会支部正式成立，陈翔南任书记。中共江会支部建立后，一方面积极加强自身建设，以民先和迈进社为基础，发展党员和党组织；另一方面把党的秘密工作和群众的公开半公开活动有机结合起来，紧紧依靠群众，加强统一战线，广泛开展抗日救亡运动。1937 年 3 月，中共江会支部建立了春天读书会。这是新会最早建立的党领导下的半公开抗日救亡群众组织，这个组织以迈进社成员为骨干，吸引了上百名进步知识青年，党支部成员也参加这个组织的活动。春天读书会通过组织学习会、报告会、座谈会、文艺演出等多种形式，广泛开展抗日救亡宣传，引导新会青年参加抗日救亡运动，提高青年革命觉悟和革命信心。

1937 年 7 月 7 日，卢沟桥事变爆发，日本帝国主义发动全面侵华战争。在共产党的倡议和全国抗日救亡运动不断高涨的情况下，国民党蒋介石被迫停止内战，中国的抗日战争进入国共两党合作时期。在新的历史时期，中共新会组织在党中央全面抗战路线指引下，始终站在抗日斗争的前线，着力开展筑好抗日民族统一战线的工作，有力地推动群众开展抗日救亡活动。

正当卢沟桥事变爆发，中共新会组织即以民先、迈进社等党的外围组织和春天读书会、妇女问题座谈会等群众团体为基本队伍，争取开明人士的支持，率先组织公开的抗日救亡团体——新会流动剧团,此剧团大张旗鼓在城乡巡回演出宣传抗日,激发人民群众更加热爱祖国、热爱家乡和抗日保家的决心,在宣传抗日救亡的群众团体中起了带头作用。在新会流动剧团的影响下,青青社(后改为青青御侮救亡工作团)、怒吼剧社、前卫社、咱们剧社以及战士剧社等抗日救亡群众团体如雨后春笋般涌现,全县抗日救亡宣传运动蓬勃发展。

1937年10月,战火蔓延到新会,20日,日军4架军机轰炸会城,在东门火车站、县署等地投弹,炸死炸伤群众数十人。在紧张的局势下,为推动抗日救亡运动广泛开展,1938年1月,中共江会支部组织发起成立新会文化界抗日救亡协会(简称"文协"),呼吁全县文化界人士迅速行动起来,运用一切文化工具,发挥一切宣传威力,动员全县民众,拥护抗战,支持抗战,保卫新会,保卫大广东,保卫全中国,争取抗日胜利。文协的成立,在社会上产生了强烈反响,对抗日救亡群众运动起到了促进作用。

为了将抗日救亡运动从知识青年推向工农群众,1938年春,中共新会组织以陈家志、招冠等青年工人为核心,组织了近40人的工人锄奸队,一面向群众宣传抗日,一面监视投机商,防止其偷运钨砂出口资敌,发挥了工农群众在革命斗争中的主力军作用。

为团结更多的青年群众深入开展抗日救亡活动,1938年7月,中共新会组织举办全县性的新会青年暑期训练营。参加训练营的约有300人,并争取了新会县县长李务滋挂名当训练营主任,又得到县政府拨给经费数百元,并借到步枪300支做训练。11月,以新会青年暑期训练营营友会为基础扩大到其他救亡团体的青年、群众,成立广东青年抗日先锋队(简称"抗先")新会县队部。由国民党县党部特派员李淞浦任队长,中共新会组织青年运动负责人李海任副队长。随后,全县各地纷纷成立抗先组织。江门成立了抗先独立中队,大园、荷塘、龙泉、旺冲、田金等乡村也建立了抗先组织。至年底，全县抗先队员达 700 多人，是当时人数最多、分布最广、影响最大的进步青年团体。

在中国共产党全面抗战路线的号召下，新会人民积极为战事筹集军费。1938 年 8 月，新会各界献金救国运动大会筹备会在江门、会城设献金台，发动群众献金抗日，仅 14、15 日两日，即筹到捐款 2 万元。10 月，为响应全国购战机救国行动，新会县中小学校师生成立筹募支会，共筹集 12 万元，缴交国防会，战机被命名为"新会儿童号"。

国难当头，国民党当局对抗日态度也有所转变。此时，官办的抗日团体也相继成立，1937 年秋，国民党县党部成立新会县各界民众御侮救亡会（1938 年初易名为新会县民众抗敌后援会，简称"后援会"）。1938 年 10 月，新会县党政军当局又成立了新会县民众动员委员会（简称"动委会"）。中共新会组织派了大批党员到这些团体中，推动当局开展抗日救亡活动。此外，中共新会组织还派员到国民党地方部队做宣传教育工作，做好统战工作，对推动驻军做好抗击日军入侵江门、会城的准备起了积极的作用。

二、农村抗日据点的建立

随着抗日救亡运动的蓬勃发展，党的组织也逐步发展壮大，1937 年底，全县党员达 12 人。1938 年初，中共江会支部在第十五区（大泽）大园乡（五和）井岗村学校召开全体党员会议，讨论加强党的建设和加强抗日救亡运动领导等问题。会上，宣布成立中共新会区工委，陈翔南为书记。新会区工委根据中共广东省委第一次执委扩大会议关于当前"以建党为中心，切实做好建党工作"的指示，把党建工作作为头等任务来抓。此时，中共新会区工委的工作重点已从城镇向农村转移，陆续派员下乡建立抗日据点，发展党的组织，建立多种形式的人民抗日武装。

1938 年 1 月，在南海县理教乡工作的共产党员梁和洲返回新会，区工委派他到第十五区大园乡井岗村工作。他以教书为业，组织青年读书会，举办农民识字班，团结青年群众开展抗日救亡活动。他根据新会区工委关于做好党建工作的指示，在抗日救亡运动中，培养积极分子，为在农村建立党组织创造条件。同年 5 月，发展了谢柏如、谢悦、谢恩永等 5 名青年入党，成立党支部。它是新会恢复党的活动后最早成立的农村支部，也为建立农村抗日据点积累了经验。

同年夏，新会区工委派党员施展到第十五区田金乡活动，恢复了周达尚大革命失败后中断的党组织关系，随后，又派谢健、巢健到田金乡工作。1939 年 2 月，中共新会县委成立后，武装部部长陈明江也被派到田金加强领导。当时，县委预备江门、会城一旦被日军占领，党的领导机关就撤往田金。田金乡地处新（会）鹤（山）边区，位于新（会）开（平）公路地段，是阻击日军西犯的前沿。该乡在大革命时期，就有党的组织、农会和农民自卫军，群众基础较好。周达尚在乡里有威信，是副乡长兼老更队长，有利于党组织工作的开展。被派到这里工作的同志，经过广泛、深入宣传发动，办青年夜校、妇女识字班，组织妇女会，发展党员，成立和健全党的组织，成立田金乡抗日自卫队，组织了一支党直接掌握的武装，把田金建设成为新会县委的战时所在地。

1938 年 7 月，共产党员陈华钜、李鸣夫妇从延安抗大学习回来，新会区工委派他俩回崖西旺冲乡开辟抗日据点。他们以旺冲图强小学为阵地，团结校友，宣传、引导青年群众投身抗日，陈华钜热心为群众谋福利，组织青年修整村庄道路，大搞环境卫生等公益事业，深受群众拥护，不久被选为乡长。陈华钜掌握了乡政权，更有利于动员、组织群众抗日，很快成立了抗先队和抗日自卫队。自江门、会城沦陷后，新会县委又先后派巢健、吴新、梁和洲、陈锦元、黄芬等到旺冲，加强领导，举办党员对象训练班，发展党员；禁止烟赌，惩办土豪劣绅；组织军事训练，健全抗日模范自卫队，把旺冲建设成党在新会古兜山区的主要活动据点。

1937年秋，中共新会组织派勷勤大学的回乡爱国青年学生容汉勋返回荷塘乡，以三良村小学为基地，团结进步青年师生开展抗日救亡活动。1938年7月，容汉勋与该校青年教师容焕章参加新会暑期训练营，后又加入中国共产党。11月，原在省立女子中学任职时参党的容忍之返回荷塘工作，建立了党支部。荷塘党支部成立了以抗先队员为骨干的群众抗日武装——新会民众抗日自卫团第四区独立第二中队（简称"独二中队"），为抗击日军的入侵做准备。该乡后来成为中（山）顺（德）新（会）边县工委的驻地之一。

1938年间，中共新会区工委先后派共产党员梁绥南、李仲田到龙泉乡工作。同年冬，吸收了张钊、李海怀、戚远等青年入党。毗邻的三江乡也发展了赵梅友、赵启等党员，联合成立三（江）龙（泉）党支部。1939年初，中共新会县委委员赵宝贤被派回三江乡工作，三江、龙泉分别成立党支部。三江的党组织认真做好统战工作，争取地方实力派抗日，推动乡政府成立抗日联防委员会（简称"乡防会"），推举地方实力派赵其休为主任。乡防会下设政治部，赵宝贤、赵梅友等分别任正副主任。乡防会成立后，各村（里）成立壮丁队，为武装抗日做了充分的思想准备和组织准备。

至1938年底，全县党员发展到110多人，建立了11个党支部。在城镇有江门妇女支部、江门机器工会支部、抗先江门独立中队支部、会城学生支部、青青御侮工作团支部、会城秘密支部、抗先新会县队支部；在农村有大园乡井岗支部、三龙支部（1939年初分为三江、龙泉两个支部）、荷塘支部；在驻地部队的有广东省绥靖公署新（会）顺（德）特务大队宣传队支部。此外，田金、旺冲、水南、滘头、麻园、古井等地也有党小组或个别党员。中共新会组织在开辟农村据点工作中，加强党的建设，发挥党组织的核心作用，为动员群众、组织群众抗日打下扎实的基础。

三、配合国民党守军抗击日、伪军

1938年入夏以来，日军飞机疯狂地轰炸广州，江会岌岌可危。中共新会区工委把抗日救亡宣传活动同战备工作结合起来，派员参加民众军事训练，或参加地方部队做宣传教育工作，推动和帮助驻军做好抗击日军入侵的准备。

1938年10月广州沦陷后，广东省抗日民众自卫团第五统率委员会在江门举办社会军事训练班，有男队和女队。新会区工委派人参加训练。参加男队的有冯适甜、杨褄林、谢柏如等，参加女队的有郑惠明、周敏玲、梁玉霞、黄金凤等。派简惠仙任社训队政治教官。社训队结业后，队员被派往江门、会城和农村负责组织民众自卫队，进行军事训练。

同年秋，中共新会区工委派员参加国民党地方部队做统战工作。当时，驻在江门的广东绥靖公署新（会）顺（德）特务大队大队长周汉铃是外地人，他为充实自己的地方势力，自认是大泽田金乡周姓的同宗。新会区工委利用这样的机会，通过田金乡乡长、共产党员周达尚，派青年教师周国仪、周仲荣参加新顺特务大队工作。由与周汉铃有世交朋友关系的田金乡士绅周辑五引见，与周汉铃以叔侄相认，要求安排工作。周汉铃热情接待，答应增加一个宣传队的编制，名额10人，委任周国仪为宣传队队长。之后，区工委选派从延安学习回来的阮克鲁、余皋平以及抗日救亡积极分子冼坚、李克平、张晞、赵根培等到宣传队工作，另派王铧、李华强到新顺特务大队当文书和副官。派进新顺特务大队宣传队的共产党员，成立党支部，阮克鲁任书记。宣传队主要做宣传、文化、教育工作，印发学习资料和宣传品，教唱抗日歌曲，和中下层官兵谈心，激发抗日信心和决心。宣传队还到城区和近郊宣传。新会党组织派员到部队做宣传教育，做好统战工作，对推动驻军做好抗击日军入侵江门、会城的准备起了积极的作用。

广东保安第七团（简称"保七团"）一部也驻在江门。中共新会区工委负责人陈翔南常在后援会出入，有机会与该团的政治部主任邓东航接触，他们经常谈论抗日救国等问题，邓东航多次邀请陈翔南到保七团对士兵进行政治形势教育，作战备动员。同年冬，新会区工委还派容汉勋、黄纪合等 10 余人参加鹤山县民众自卫队第九大队，组成政工队，加强政治思想工作。

江门、会城是广州通往"四邑"（新会、台山、开平、恩平县）、"两阳"（阳江、阳春）和南路的要地，战略地位比较重要。1938 年 10 月，日军侵占广州后，江门、会城受到严重威胁，战火迫在眉睫。在抗日救亡群众运动的推动下，新会县当局作出防守部署，成立抗日自卫指挥部，组编抗日自卫队，其中有新顺特务大队和 4 个自卫大队、3 个独立中队，做抵抗日军入侵的准备。

1939 年 3 月 28 日，日军陆、海、空部队 2000 多人和伪军挺进队 800 余人大举进犯新会，一路攻陷棠下圩镇后向南推进；另一路于 29 日凌晨，分别从北街和外海乡清澜登陆，进逼江门镇。同日，地方部队进行抵抗。30 日，撤至冈州公路段的都会乡一带防守，阻击日军进攻会城。新顺特务大队宣传队的共产党员随军做宣传鼓动，抢救伤员；在江会公路沿线的都会、东甲等乡村发动群众，在挂宝庙以东的公路上设置路障，破坏交通要道，阻拦日军前进。4 月 1 日至 2 日，日军步兵、炮兵、战车、飞机联合进攻。新顺特务大队和广东保安第七团顽强抵抗。后因实力悬殊，终于不敌。2日，新会县政府所在地会城镇沦陷。此时，在会城地区的共产党员、抗先队员，集中会城河南商会，实行统一指挥，统一行动，组织群众疏散，维持城内秩序。当日下午，日军攻到东门火车站，占领了西山公园，他们才最后撤往大泽田金乡，在撤退途中一路救护伤兵。

江会抗战，中共新会组织发动群众，支持和配合驻军作战，发挥了积极作用。广东第一区专员兼保安司令古鼎华对记者发表讲话时指出："此次（江会）抗战中，'抗先'队员异常勇敢，努力发动群众，支援前线抗日。'抗先'队员出入枪林弹雨，与军队一起抵抗敌人，这种精神值得敬佩。"① 这是对新会党组织配合驻军抗击日、伪军所起作用的评价。

江会沦陷后，日军不断西犯。新鹤地区党组织，发动群众，建立人民武装，配合和支持国民党军队作战。1939年5月，国民党第六十四军第一五六师调来新会接防，与广东保安第七团等驻军在大泽一带防守。第十五区各级党组织根据驻军战备的需要，发动群众，沿新开交通线的将军山、学堂山、响水桥一带挖战壕，筑掩蔽所，破坏交通要道，把横越第十五区的新开公路、新宁铁路毁坏，阻止日军前进。在军民的互相配合下，广东保安第七团曾组织反攻会城，与日、伪军争夺大梅山。1939年秋，保安第七团在大园乡井岗村后山阻击日军。井岗党支部发动群众煮粥、烧茶，供应抗日部队；组织抗先队员救伤病员。第一五六师四六八团在学堂山、上沟峰、将军山一带阻击日军西犯，井岗党支部又发动群众捐款购买副食品前往慰劳抗日部队，送上慰问信，"敌

---

① 中共新会市委党史办公室编：《中共新会党史（新民主主义革命时期）》，1996年7月印行，第92页。

人'扫荡'，已到我乡，贵军追击，敌惊遁扬，乡人欣幸，踊跃输将，捐得款项，略表微忱"，给抗日部队很大鼓励，有力地支持和配合驻军对敌作战。

春夏间，中共新鹤县工委和中共江南区工委在各乡村掌握和建立一批民众抗日武装。其中：新鹤县工委掌握新会县国民兵团第十五区（大泽）区队，又以共产党员为骨干，成立新会县自卫大队第三中队；中共江南区工委在荷塘乡以抗先队员为骨干，建立新会民众抗日自卫团第四区独立二中队；在旺冲乡建立旺冲抗日自卫大队（后改为抗日模范自卫队），由中共旺冲支部掌握；在三江乡成立该乡抗日联防委员会及其属下的壮丁队，由共产党员在内负责政治工作。

四、华侨、港澳同胞和侨眷支持抗战

七七事变后，祖国遭受日军进一步侵略，新会的华侨、侨眷、港澳同胞同仇敌忾，新会各级党组织直接或间接地联系华侨、侨眷、港澳同胞，争取旅外乡亲对抗日的支持，同心协力抵抗日军的侵略，扩大统战力量。

抗日战争爆发后，在东南亚、美洲等地的新会籍华侨，纷纷建立各种抗日救国团体，组织华侨进行示威抗议、抵制日货、募捐抗日等活动，声援祖国人民抗战。除每人限额月捐外，每年举行春节献金、七七献金、劳军捐、购机捐、航空建设捐和买救国公债等，遇有吉事丧事或宴会，都进行募捐，救济祖国难民。在捐款活动中，新会籍侨领起了带头作用。在美洲，美国柯省华侨救国统一会主席李廷栋共募捐得 36.3 万多美元。罗省华侨救国会副主席赵宝光募捐得 22.5 万美元。东南亚地区的华侨也积极参加义捐和募捐。其中新会大泽五和乡华侨郑潮炯"卖子救国"的事迹最感人肺腑，被认为是"抗战史上侨胞救国之可歌可泣的一

页"。郑潮炯在南洋北婆罗洲山打根市以卖瓜子为生，他得知父老乡亲遭到日本飞机轰炸，家仇国恨，激于抗日救国义愤，夫妻俩走遍各埠搞义卖活动，募捐得款项 18 万多元交给南洋华侨筹赈总会，救济难民。郑潮炯还与妻子商量，把刚出生一个月的第四个儿子卖去，得款 80 元，悉数捐献抗日。国民政府侨委会为此给予了褒奖。

抗战期间，旅居世界各地的新会华侨还捐献了大量抗战物资，如众多新会华侨参加的纽约衣联会，抗战期间就捐献了救护车、医药、棉衣等救援物资。港澳同胞踊跃献物的事例也不少。七七事变后，陈瑞祺将千吨货轮"黄石公号"无偿应征，北驶自沉，堵塞长江口，阻止日舰进犯南京。

1938 年，广州失守，家乡岌岌可危，侨港新会商会响应号召，由区芳浦、陈硕筹集中央赈款 2 万元，转交县长李务滋带回新会为抗日救亡之用。1939 年日军侵占江会后，连年饥荒，饿殍遍野，侨港新会商会先后拨出 5000 元劳军，21000 元赈济难民。抗战期间，该会除发动会员及旅港乡亲出钱出力外，还派人到美洲、澳洲、南洋各埠向华侨呼吁，筹集港币 10 万元。侨港新会商会又先后协助乡亲归乡避难者数十批，共计 8000 多人，资助归乡者 14 批，逾千人。

全面抗战爆发后，许多新会籍爱国华侨青年回国积极投身抗日救亡运动，在长期的民族解放斗争中，不少华侨青年献出了宝贵的生命。在家乡新会，众多归乡的旅外乡亲以及他们的眷属在日军蹂躏下生活艰难，为了抗战，他们节衣缩食，甚至变卖财产，毫不吝惜地将他们的"血泪钱"捐出来，他们还积极参与中国共产党领导下的地下抗日斗争，开展抗战宣传活动和敌后游击战斗。

印尼归侨陈云英，除了多次献财献物支援抗日外，还写信动员在印尼的父亲捐献，她父亲慷慨解囊，汇款回来支援抗日。江会沦陷后，党组织和抗日先锋队从江会撤到田金，陈云英不仅把家中储备的 500 斤粮食以及油盐、副食品一批运去田金，供地下党员和抗日先锋队队员食用，还把一枚金戒指和伯父给她准备结婚用的价值 30 担谷子的现金，交给党组织使用。其家成为党的地下交通联络站。

加拿大侨眷冯光，1940 年 5 月任中共新会县委委员兼组织部部长。1942 年春，中共新会县委机关搬到江门常安路大井头良记饭店。开办饭店的费用是冯光卖掉了 3 亩多田，从卖田款中支用的。

1944 年初，归侨青年黄佩玲调到中共新会县委临时所在地礼乐。当时党组织正筹集资金，准备开间银铺作掩护。她得知这个消息后，主动动员自己的加拿大归侨老母亲，将江门羊桥市场一间铺子卖掉，将款交给党组织。

双水朗头籍越南归侨陈东米，不但积极支持女儿参加抗日救亡运动，而且长期在经济上支持党组织的活动，她在自己家里设立地下交通站，接待和掩护地下党的同志。1943 年，共产党员黄美英从台山县带来两个烈士遗孤，给陈东米火抚养，她把孤儿当作自己儿女一样照顾。1944 年，党员干部许林彬从新鹤边区到双水等地筹粮，请她为部队提供 3000 斤稻谷。她除了将家里的粮食拿出来外，不足部分，积极向群众筹借，如数送给抗日游击队。

崖西侨眷黄玉卿，其父黄许焜，是江门第七小学校长兼觉觉小学校长，曾任新会县参议会议长，民国初年赴加拿大，是开明人士。1936 年黄玉卿加入中国共产党，入党后她协助组织做父亲的统战工作，黄许焜先后任中共江会支部组织的春天读书会名誉会长和新会流动剧团名誉团长。黄玉卿在觉觉小学任教，不仅成为抗日救亡积极分子，还发动她在七小任教的妹妹黄纪合参加活动。之后，黄玉卿成为江会颇有名气的"妇头"，先后担任新会县妇女抗敌后援会主任和新会县动员委员会第一区督导团团长，她带领郑惠明、黄纪合、周敏玲等女同志在国民政府和军队里做政治工作。

越南青年华侨梁和洲1938年在井岗村建立中共支部，任支部书记。其妹梁月詹回国后，也参加江会的抗日救亡活动，曾在新会妇女抗敌后援会做宣传救亡工作。

侨眷陈华钜于1939年建立中共旺冲支部，任支部书记，并发动妇女成立旺冲妇女抗日后援会。此外，陈华钜还在家里设立地下交通站，安排来往同志的食宿。

地方武装奋起抗日

一、抗日据点建设的加强

1939 年 4 月，日军攻占江门、会城后，同月，国民党新会县党、政、军当局迁往第七区（双水）天亭圩。此时，新会县潭江以北是沦陷区和半沦陷区；潭江以南是国民党统治区。由于日军控制了潭江水域，使潭江南北两岸的交通受阻。为了有利于工作的开展，中区特委决定撤销新会县委，把新会县划为两个辖区：潭江以北与鹤山县的党组织合并，成立中共新（会）鹤（山）县工委；在潭江以南成立中共江南区工委。1939 年 5 月，中共新鹤县工委在大泽田金乡成立，书记先后为陈翔南、陈明江。县工委曾驻田金乡、石乔乡桥下村和鹤山县的云乡、大朗乡等地。1939年 5 月，中共江南区工委在双水上凌乡成立。书记先后为秦一飞、冯扬武、陆华。区工委曾先后驻双水上凌、木江、塔岭等地。新鹤县工委和江南区工委成立后，根据敌占区和国统区的不同特点，发动群众，建立抗日据点，组织人民武装，加强统一战线工作，把全面抗战的方针、政策贯彻到实际中去。

1939 年 5 月，中共新鹤县工委在农村抗日据点的工作中，首要的是建立健全组织机构，加强领导。1940 年初，在大泽成立中共新会第十五区区委，先后由李克平、黄斗桓任书记。区委下辖田金、井岗、聚龙、桥下和鹤山云乡、大朗等地的党支部。同年冬，李克平调往杜阮，建立第三区（杜阮）、五区（棠下）特别党支部，任特支书记。特支下属有杜阮、大井头、里村和鹤山县铁岗、大凹等地的党组织。新鹤县工委为加强妇女工作，于1940年2月至1941年5月，成立新鹤妇女工作委员会，书记简惠仙。妇委会成立后，根据县工委的指示，发动和组织农村妇女，支持抗日，鼓励子弟和亲人参加抗日武装队伍，并在妇女群众中培养、发展党员，发挥妇女的作用。其次是加强群众工作。江会沦陷后，第十五区东面的莲塘、李苑等乡村被日军划为"无人地带"，关卡重重，各乡农民进城购买日常生活物品很不方便。第十五区各级党组织积极想办法帮助群众解决困难，大力发动集资办合作商店，深为群众拥护。1939年冬，开办了三间消费合作社（当时称"开铺仔"）。田金乡的合记是中心商店，大园乡井岗村的合成、聚龙村的合和是分店，供应日常生活必需品和小农具等。那时，在日本侵略者的践踏下，百业凋零，农业失收，粮价飞涨，断炊之家，比比皆是。1940年至1941年间，第十五区的党组织通过统战关系，以区、乡政府名义，向富裕户借粮，发动华侨、港澳同胞捐款赈济，实行"平粜救饥"，帮助群众度荒，设法解决生活困难。从而提高了党在群众中的威望。1939年5、6月间，共产党员容宗英、陈灿等从延安学习回来，被分配到司前石乔乡桥下村和鹤山县大朗、云乡、址山一带开辟抗日据点，他们大力发动群众，发展党的组织，建立人民抗日武装，设立交通站，打下较好的群众基础，成为新鹤县工委和中区特委的活动基地。1940年冬，县工委又先后派程志坚、陈健生、梅重清、林振炽、黄微、陈月等到杜阮工作，他们深入群众，扎根群众，引导青年妇女冲破封建礼教的束缚，同男青年一道，投身抗日，并建立了地下交通站，使这里成为新鹤交通线上的通讯联络点。

　　中共新鹤县工委在抓好发动群众的基础上，把加强统一战线工作，作为巩固抗日据点的重要措施。通过上层人士的举荐，原新顺特务大队宣传队队长、共产党员周国仪被新会县政府委任为第十五区区长。随后，新鹤县工委陆续派黄斗桓、周仲荣、谢章兴、钟兆棠等一批党员到第十五区区公所工作，掌握了白皮红心的政权和人民抗日武装——第十五区区队。周国仪担任区长不久，又通过第七战区挺进第七纵队副司令周汉铃（原新顺特务大队长）的关系，被委任为新会县自卫大队第三中队队长职务，防地在双水圩镇。这个中队空有番号，要周筹组人马和枪支。新鹤县工委在第十五区动员一批青年农民参加这个中队，并在田金乡抽调两挺机枪等一批枪支。同时，又继续派谢鸿惠、李龙英、谢悦、余颂民等党员去做士兵工作。这个中队是中共新会组织掌握的抗日武装，成为后来组建新（会）鹤（山）人民抗日游击大队的基本队伍之一。此时，第十五区区长由国民党党员周达远接任，他是爱国人士，拥护共产党的抗日主张，是新会党组织的统战对象。周达远与共产党人团结合作，共同抗日。

在沦陷区和半沦陷区，建立抗日据点，坚决打击汉奸特务。新会沦陷后，日军在其占领区内，先后成立了"江新治安维持会"、"新会县政务委员会"和"新会县政府"等伪组织、伪政权。在区乡设置伪区长、伪乡长，是日本侵略者"以华制华"的工具。1940年秋，伪县政府派汉奸特务到第十五区大园乡建立伪乡政权。当时，大园乡伪乡长是个破落地主，不务正业，他认贼为父，压制进步力量，横行乡里，群众非常愤恨。大园乡井岗党支部将情况上报，新鹤县工委认为此人不除，农村抗日据点不可能巩固。于是通过第十五区公所召开乡民大会，宣布伪乡长的罪行后，就地正法。严厉打击汉奸特务，确保了农村抗日据点工作的顺利进行。

为加强抗日据点的党组织建设，1940年下半年，中区特委通过广东省救济队第五分队（当时该队在新鹤边区工作，其成员许多是共产党员）队长唐本吾，和在第十区（司前）区公所工作的共产党员的关系，在第十区棠坑乡举办了三期党员干部学习班，每期四五十人，学习时间约一个月。第一期学员主要是中区各县农村基层支部的书记、支委、小组长等。第二期学员主要是在国民党部队、机关、团体工作的共产党员。第三期是妇女干部。学习班设党史、武装斗争、统一战线等课程。学员通过学习，提高了政治觉悟，加深了对抗日斗争长期性、艰巨性、复杂性的认识，也学到了一些开展对敌斗争的方式、方法。

中共新鹤县工委加强边区抗日据点建设，拓宽联系群众渠道，密切党群关系，发展人民抗日武装，为组织群众武装抗日创造良好条件。

二、三江三次血拼日、伪军

日军攻占江门、会城后，在城内和郊区烧杀淫掠，全城处于一片腥风血雨之中。日军为加强其军事设施，在城郊大云山、大小梅山、圭峰山一带建筑碉堡工事，强行将会城西郊大泽莲塘、李苑等乡村划为"无人地带"，设立军事禁区，把数公里的村落夷为平地，房屋被烧毁八九成，村民被屠杀达二三百人，尸横遍野。日军的暴行，使新会人民蒙受空前劫难。接着，日军又不断向四面进犯扩张。在新会党组织广泛发动和组织领导下，以农民为主的各阶层群众，纷纷拿起武器，给入侵的日、伪军迎头痛击，重重地打击了日本帝国主义的嚣张气焰，显示了新会人民的坚强力量。

在三江党支部的帮助、推动下，三江乡政府于1939年初成立了乡防会和壮丁队，群众情绪高涨，在思想上、人力上做了抗日的准备。壮丁队队长由三江支部书记赵宝贤担任，有队员300多人，武器装备有机枪2挺、长短枪400多支。与此同时，上级派赵彬到三江协助党支部开展统战工作，争取了乡自卫队和和记、合德两集团的武装力量，统一了三江民众武装力量。赵宝贤担任总指挥，队员有700多人，武器有机枪十几挺、长短枪900多支。这个早期的民兵组织建立后，曾为抗击日军的侵犯、保卫家乡作出很大的贡献。

三江乡原有乡防委员会（后改为三江乡动员委员会）扩建的壮丁队300余人，由动员委员会主席赵其休率领。日军进犯时，赵其休去了澳门未归，乡长赵其舟闻风而逃，副乡长赵广美兼任第八区联防办事处主任及联防大队长，避居古井、群龙无首。因此，中共江南区工委、中共三江支部组织发动三江乡壮丁队和民众，保卫乡土，齐心杀敌。

三江乡位于潭江下游，扼银洲湖。日军占领江门、会城后，为打通至崖门水上交通要道，三次进犯三江，三江人民武装坚决反击。1939年6月2日，伪军挺进队300余人进犯三江，他们乘橡皮艇在官田村登陆。仁和里壮丁队奋勇抵抗，翌日晨，壮丁队队长赵振图赶往乡公所求援，途中遇见赵梅友，诉说壮丁队队员在山上坚守了一夜，没吃没睡，很难支持下去。赵梅友感到情况危急，马上跑到常利蒸酒铺和兆隆饼铺，发动支前。工人们同仇敌忾，立即将饼食、茶水送上前方。此时，乡政府和乡防会一些负责人听到枪炮声，都回避了。三江乡党组织坚持发动和组织群众抗日，赵梅友以乡防会政治部副主任的身份，把乡公所的20多支步枪发给村里的青年，动员他们参战。伪军因久攻不下，又见三江群众武装陆续增援，便匆忙撤走。壮丁队和群众乘势冲上去，把伪军打得四散逃命，除伪挺进队队长等4人逃脱外，其余全部被歼，壮丁队死伤30人。三江群众首战告捷，鼓舞了斗志。

8月19日，日、伪军800余人再犯三江，兵分两路：一路绕洋美包抄三江，在洋美过路时被打散；一路由官田直扑三江。壮丁队据山顽强阻击，壮丁队牺牲队长赵安、赵敬、赵庚及队员100余人，激战数日，弹尽援绝，防线也被日军突破，壮丁队撤退到古井背坑。这时，赵其休从澳门回来，带回港澳同胞捐赠难民的粮食大米100包及捐款10000元，组织反攻。至22日晚，三江壮丁队和县自卫团大队分五路反击，战至天亮，收复三江。

日、伪军不甘心一败再败，9月2日三犯三江，出动陆海军发起猛烈进攻。在敌人众多、实力悬殊的情况下，三江壮丁队无法抵挡，被迫撤往古井乡。这次壮丁队及群众伤亡有数十人，老归侨赵士上阵杀敌，不幸被俘，被敌人害死；霞路老归侨赵岳云，亲率子弟武装来援，带头冲锋陷阵，身先士卒，英勇杀敌，后因寡不敌众退回乡。日、伪军攻占三江后，大肆烧杀抢掠，屠杀群众400余人，烧毁民房、店铺1600多间，葵寮700多间。日军的侵略暴行，更加激起群众义愤。

日、伪军三次进犯三江，三江人民与之激战，共消灭日、伪军400余人，并缴获枪支弹药一大批。为保卫家乡，不怕流血牺牲，壮丁队及友军殉难百余人，其中第三小队23人在仁和里打巷战时全队光荣牺牲。三江民众的英勇斗争事迹，大大地鼓舞了全县人民抗日的信心。同年10月，三江壮丁队奉县政府命令，改编为新会县抗日义勇游击大队，驻防第八区（今古井、沙堆区）。大队长赵其休积极整编，军威大振。

三、罗坑陈冲、潭冈击溃日、伪军

1939年4月初，江会被日军占领后，新会县政府迁到双水天亭，偏安一隅继续管理未沦陷的区乡。天亭，后枕古斗山，毗连台山，前临银洲湖，而潭江从开平水口经县内陈冲、七堡直通银洲湖出海，是日、伪军水路进犯广东省西南地区的要道。故罗坑、陈冲一带既是天亭左侧的重要屏障，又是防守三埠等地的战略要地。因此，国民党政府一直派周汉铃部驻守。同时，中共新会县党组织派进周汉铃部队政工队工作的中共党员，以合法的身份发动群众组织武装，抗击日军，保卫乡土。当时，当地乡绅也激于民族义愤，支持抗日，所以罗坑各乡群众都组成了抗日自卫队，实行联防，协助驻军，参加战斗，给来犯之敌迎头痛击。

江会沦陷后，驻陈冲一带的中国军队，在陈冲一带的潭江水道布了水雷，封锁通往开平三埠的航道。周汉铃派出一个大队驻守陈冲乡，在狗山挖了防御工事，作为前哨阵地，大队部驻在陈冲中兴里。当时中共新会县委将在国民党新会县动员委员会工作的陈天伟，调返原籍陈冲乡组织群众开展抗日救亡工作。陈冲乡乡长陈卓之，自卫队队长陈沃寿，均是陈天伟的亲属。陈天伟利用这样的关系开展工作，他首先抓自卫队的政治工作，鼓励自卫队员的抗日斗志，同时积极向群众宣传抗日，发动群众做好后勤工作。

1939 年 9 月间，驻江会的日军沿新开线向西进犯，同时派出小炮艇、橡皮艇 10 多只出银洲湖沿潭江直上，配合作战。当这些舰艇驶至陈冲水雷封锁地段时，驻守狗山的周汉铃部队和陈冲乡自卫队立即众枪齐发，向日、伪舰艇猛烈扫射。交火以后，群众知道日、伪军来进犯了，各乡村的自卫队、老更队纷纷抬出土炮"烂肚蛇"、轻重机枪，登上碉楼，扼险据守，严阵以待。陈天伟与乡长商量，为保护群众安全，应立即紧急动员群众向天湖乡撤退。抗日期间，国难当头，一乡有难，四乡支援，同仇御侮，万众一心。天湖与陈冲是同姓，更有兄弟情谊，所以陈冲的群众一到，天湖乡的群众立即烧水、煮饭，热情接待。陈冲乡的群众得到较好的安置，在前线作战的自卫队员减少了后顾之忧，增强了消灭敌人的信心。

日军在沿潭江西进中受到袭击，便停下来，向陈冲进犯，妄图赶走或消灭这里一带的中国军队，于是一场血战立即展开了。日军先集中火力，用小钢炮、轻重机枪向狗山阵地猛烈轰击，然后派出部队强行登陆，占据滩头阵地。但驻守狗山阵地的中国军队与乡自卫队，沉着应战，当敌人向阵地前扑来时，居高临下，枪炮齐发，打得敌人抬不起头，特别是土炮"烂肚蛇"威力更大，弹片像网一样撒过去，打得敌人狼奔豕突，退回艇中。但敌人是不甘失败的，在第一次冲锋失利后，又组织第二次冲锋。就是这样，敌人一次又一次地冲锋，一次又一次地被中国军队和自卫队击退了，并且有一次在强行登陆失败，慌乱爬回舰艇退走时，其中一只橡皮艇为避火力袭击，东躲西藏，触着水雷沉没了。将近天黑，日军的登陆计划始终不得逞而败走了。

这次战斗，是军民合作并肩战斗取得的辉煌胜利，大大鼓舞了人民群众的抗日信心。中国军队仅伤亡数人，陈冲乡自卫队有两名队员为保卫家乡而献出自己宝贵的生命。

1941年3月3日，日军集中力量，沿新开公路向开平三埠进犯，同时也派出一支伪军乘小炮舰、橡皮艇沿潭江直上，配合作战，并派出一支部队在陈冲登陆，企图进攻天亭，这次日伪较大的行动计划，被国民党当局情报部门侦知一二。因此，国民党当局早作部署，加强了天湖一带的防范，调来挺三一个中队和挺七周汉铃部，合计278人，配合潭冈武装壮丁100余人，先行占领高地，掘壕布防。当时，国民党守军作了这样布防：山咀—马山一线，由挺三一个中队防守；筷子路—和谷山一线，由挺七一个中队防守；横岗—狗山一线，由挺七另一个中队防守，成掎角之势，布成袋形阵地。附近各乡群众闻讯，纷纷准备参战或做后勤工作，各乡自卫队纷纷进入碉楼，严阵以待。特别是潭冈乡，正处于作战范围的中心，群众为了抗敌保乡，参战的决心更大，有

100多名群众自动请缨杀敌，或做运送弹药等工作。他们抬着土炮"烂肚蛇"，扛着该乡10多挺轻重机枪，在该乡自卫队队长阮护超的率领下，登上该乡的各个碉楼，与守军并肩作战。

当日、伪军在陈冲登陆后，因这里一带所有的道路和桥梁，早已被群众破坏，没有一条完好的道路可以通行，日、伪军只得沿着山咀的溪流岸边分散向潭冈乡一带进犯。敌向中国军队展开攻击，兵分三路：一路循山咀蒲岗向马山进攻；一路则沿筷子路直扑岭背，攻击和谷山及太监山；一路闯过横岗桥，夹击狗山太监山之线，并配用飞机掩护。罗坑军民枕戈待敌，立即奋起还击，三个阵地配合，以交叉火力互相支援，猛向来犯之敌扫射。这一带的山地、制高点、碉楼，均由中国守军与乡自卫队据守，居高临下中国军队以逸待劳，集中火力，而日、伪军此时正分散在田野中，目标暴露，无障可掩，又在有效射程内，被罗坑军民的枪炮打得抬不起头，他们只好趴到低矮的田埂隐蔽，负隅顽抗。土炮"烂肚蛇"更显出威力，炮炮喷出的铁屑、铁沙，漫天盖地，打得日、伪军血肉横飞，寸步难移。日、伪军为摆脱不利地形，集中兵力冲锋，欲强登山头占据高地。从早到午，经过多次冲锋，均以失败而告终。这时，日、伪军进也不能，退也不得，只好躲在较高的田埂下，等待救兵解围。下午，日军派出3架飞机轰炸扫射，掩护日、伪军撤退。敌机在中国军队阵地上空，乱掉炸弹，乱扫机枪。日、伪军在飞机掩护下，狼狈退出袋形阵地，爬回舰艇，败回江会。晚上，中国守军与乡自卫队为了防备日军卷土重来，严加戒备，彻夜巡逻。潭冈乡的群众为了鼓励士气，杀猪杀鸡，慰劳守军。深夜，还煮了鸡粥挑到各个阵地上，进行慰劳。

这次战斗毙伤日、伪军多人，俘虏受伤伪军2人，中国守军亦有伤亡，一名中队长牺牲。

这次战斗，又奏响了一曲军民并肩战斗的胜利凯歌。国民党县政府为潭冈乡群众和乡自卫队配合中国守军作战，做好后勤，保卫乡土，保卫天亭的事迹向上级机关报功请奖，于 1941 年 3 月 15 日在潭冈乡召开颁奖祝捷大会。祝捷大会由潭冈乡乡长阮护彭主持，由国民党县政府代表上级军事机关向潭冈乡颁发全国抗敌第四十九号英勇奖状。祝捷大会那天，颇为热闹，附近各乡绅，群众敲锣打鼓，向潭冈乡赠送锦旗和金猪，热烈祝贺。

潭冈乡公所在祝捷大会后，根据群众和有关方面的意见，为参加这次战斗而牺牲的一名中队长刘溢新建坟立碑于后山。

四、两次袭击睦洲日、伪军

睦洲位于江会的南边，北接新沙外海，东与大鳌、百顷隔江相望，西邻三江，向西北伸出便是深垒、礼乐，南边是九区的古井。四周河道纵横，但也有很多小山在它的周围，成为天然的壁垒。

江会沦陷后，四邑内地与澳门、香港间的航线已被敌人控制；后来改换了航线，睦洲便成为内地与港澳交通必经的要地。这个地方也是游击队活动的重要地带。敌人企图占领这个地方，曾屡次派舰窥伺，因军民的合力抵御，曾给敌人重大的打击。后在 1939 年 8 月 19 日夜里，敌人以海、陆两方面的力量配合，才占领睦洲。日军因此达到了牵制游击队伍活动，抢掠附近一带财富和粮食，阻塞内地与港澳的交通，为妥协投降派撑腰，加强在江会南边的防御的目的。敌人占领睦洲后，企图固守，在附近山坡建了 8 个据点，建筑机关枪阵地，并四出骚扰，奸淫掳杀。

为了粉碎敌人上述企图，新会县军政当局两次组织武装力量对驻守睦洲之敌伪军进行袭击。

1939 年 10 月 10 日晚上 12 时，游击独立大队，新会第一大队、八、九、十六区团队和保安团等分三路袭击驻睦洲敌伪军，左翼由三江经良德冲直捣睦洲之西，右翼由大沙西进直指大冲，占据了梅冲之虎山，威胁睦洲之敌。这一次出击，中国军队掌握主动权，袭击后全数退出，敌人的浅水舰发炮还击，中国军队只牺牲了1位战士，而敌人则死伤10人，其中1名伪排长被击毙。游击队撤退的时候，在虎山的阵地上散放大量宣传抗日的小册子。敌人以为是六十四军，于11、12日用大炮、飞机轰炸新会九区一带乡村，而敌人始终不敢进犯。

1939年12月10日半夜，游击队对驻睦洲的日伪军又作第二次袭击。当时占据那里的敌人是汪伪军200多人，分别据守睦洲附近的山头据点。参加出击的各个部队在黑夜里同时出发，渡过两条河，到敌人前哨虎山脚，分路登山。部队占领山顶后，很快向左右展开，三个高峰不费吹灰之力就被占领。次日早上向敌人发起攻击，敌人凭着掩体工事顽抗，中国军队的迫击炮也开始向睦洲方面轰击。各方面都同据点的敌人短兵相连，大冲和梅冲两路已攻入敌阵放起火来，打乱了敌人的阵脚。正当中国军队向左翼冲去时，敌人的浅水舰和电船已由北街方面前来增援，中国军队派出左翼的队伍于大冲口截击。接着敌机又前来援助，疯狂地向中国军队阵地上投弹，中国军队在伪装下用机枪射击低飞的敌机，敌人在飞机掩护下向部队反扑，都被大冲方面的队伍截击打退。是役血战7小时，游击队中队副队长陈在民、战士黄少良等7人光荣牺牲，负伤的有6人。敌人数十人被击毙。

敌人被袭击后十分恐慌，入夜便疏散到睦洲圩外住宿，防避游击队的再次袭击。又在梅冲迳、狗尾等构筑工事固守，和游击队隔江对峙。

这两次袭击驻睦洲的日、伪军，各乡都派自卫队参加作战，游击队渡河，也得到了民众的帮助，他们紧密配合打击敌人，保卫家乡。

五、崖西旺冲痛击日、伪军

崖西旺冲，东濒银洲湖，西枕古兜山，南出崖门海，北达双水、天亭圩，是战时新会县国统区的交通要地和西南区的门户。早在抗日战争初期，中共地下党组织就派了从陕北抗大学习回来的共产党员陈华钜、李鸣夫妇回乡活动。1939 年 5 月，建立了中共旺冲支部，陈华钜担任支部书记。陈华钜还被选为旺冲乡长，掌握乡政权。他发动华侨捐款，购买枪支 10 余支。建立乡自卫队和模范壮丁队武装，动员群众抗日救国，保卫乡土。

1940 年春，日、伪军频频向古井、崖西等地侵犯。旺冲党支部有计划地组织群众做好各种战备工作。在原抗先队的武装基础上，挑选了一批骨干和抽调现有乡自卫队的一些队员，组成了旺冲抗日模范自卫队。这是江南地区由中共直接组建和指挥的第一支农村抗日武装。中共江南区工委抽调了武装干部黄芬（党员）到旺冲负责组训这支队伍，又把陈锦元从第四战区第五游击纵队（简称"五游"）政训室调出派回旺冲，担任队长，这支队伍一经成立便立即投入到紧张的战备训练。同时，他们在该乡的猪乸山上盖了多座草棚，作为群众疏散、隐蔽休息的地方，每逢探听到日伪军来犯的消息，旺冲妇女会便组织老、弱、妇、孺上山，抗日自卫队和青壮年农民留在村里做好打仗的准备。

4 月初，旺冲乡党支部接到中共江南区工委关于抗击日、伪军侵犯崖西的通知，立即召开抗日自卫队骨干会议，研究作战方案。全乡加紧备战，并布置新会动员委员会工作团第四分团成员分头深入侨眷和村民家里，动员他们把贵重物品收拾好，并准备好炒米粉、粉印饼等干粮物品带上，以应付紧急情况，随时安全撤退。

4 月 12 日，日、伪军 200 余人，分乘 10 余只橡皮艇渡银洲湖进犯崖西的旺冲和黄冲。上午，日舰发炮轰击双水、横水、横岭、天亭等地，并摧毁凤山防卫工事，驻守凤山的挺进第三纵队 50 多人慌忙撤出战斗，只有旺冲民众武装抗击攻占凤山的日、伪军。下午，日舰又炮轰仙洞、黄冲、三村等乡村，配合陆军攻占凤山，掩护强渡黄冲口，在渔民村登陆。旺冲乡党支部组织抗日模范自卫队，由军事干部黄芬率领，上前线抗敌。当时进驻黄冲乡的动委会直属工作团第五队队长、共产党员樊明，迅速动员该乡自卫队前往支援，在黄冲乡隐蔽活动的共产党员黄志明也发动青云里、文兰里的群众武装前往助战。敌人见势不妙，狼狈败退。日、伪军败走时，把渔民村房子烧光，停泊在冲口的大小船只 200 余艘亦被烧毁。日军的暴行，罄竹难书。是役，自卫队队员陈巧许牺牲。旺冲抗日保乡斗争的胜利，中共江南区工委予以表扬，国民党新会县政府传令嘉奖。

六、大泽、司前顽强反"扫荡"

为了向四邑纵深推进，1941 年，日军向西发动两次大"扫荡"，新开交通线上军民并肩战斗，给西犯日军有力的打击。

1941 年 3 月 3 日，日军板田兵团及二二八、二二九联队向西进犯。水路一股，10 余艘舰艇由江门溯潭江而上，经新会陈冲海面，一舰触水雷，10 余人被炸死；陆路一股，沿新开公路西进，被广东省保安团队和开平、新会县自卫集结大队及田金乡自卫队的抗日武装阻击于大小学堂山一带。8 日，西进三埠的日、伪军返回，经陈冲、笋岭、潭冈等地，复被到广东省保安团队、自卫团队阻击。经两天战事，敌军才闯过陈冲。

9 月 20 日，日、伪军第二次大举西犯。由江会出动的日、伪军，兵分两路：一路 400 余人向响水桥排哨阵地猛攻；另一路 800 余人，大炮 10 余门，向马鞍山、西坑进犯，遭到第六十四军第一五六师第四六八团刘镇湘部第一营守军抗击。后日军增援，刘镇湘团第一营退至上交峰、中交峰一线至学堂山固守。另有水路敌军500余人在牛勒登陆，一五六师杨团某部转入田金、张村布防。21日，日军进犯田金，因不熟悉地形，被第六十四军一五六师杨团及中共地下党掌握的田金等乡自卫队夹击。田金乡党支部发动群众，设立伤兵收容站，组织妇女帮助伤员敷药、洗衣服；组织青年运送物资，支援前线。抗日部队深受鼓舞，打退日军多次进攻。但日军以优势火力，攻占上交锋、中交峰，继续向学堂山刘镇湘团猛攻。刘镇湘团长亲自督战，打退日军十多次冲锋。后因田金、张村一线被日军突破，留守学堂山的刘镇湘团工兵连在坚守阵地战斗中，全部壮烈牺牲。

9月下旬，进犯开平的日、伪军途经司前田边乡时，又被该乡的党组织领导群众武装截击。当时，日军企图炸毁司前与开平交界的潭江桥，以进一步牵制游击队。民兵队长黎元达带领民兵在潭江桥附近进行顽强阻击，保卫了潭江桥的安全，粉碎了敌人的阴谋。他们借着公路两旁的山势与敌人周旋了一夜，歼敌2人。党小组组长岑玉芳带领妇孺安全疏散，免受伤亡。

七、古井、沙堆殊死抗日

1939年10月，三江地方实力派赵其休将三江失陷后往异乡的壮丁队员收编，成立新会县义勇游击大队（简称"义游"），驻扎古井、背坑、网山一带，是一支较大的武装。江南区工委先后派一批共产党员参加义游，组成政治工作队，加强部队的思想政治教育，推动该部坚持抗日。1940年2月7日，伪军300余人进犯古井，被义游击退。13日，江门日军警备司令泷本，指派伪华南军800余人，分三路进犯古井、沙堆。一路从龙泉正面进攻网山，一路由獭山渡河侵入鹅溪，一路在大环围登岸犯那大。驻大环围的义游特务队长被俘投敌，其他部有部分稍事抵抗即撤往沙堆、梅阁和过银洲湖往崖西三村，古井沦陷。日军指挥官村上监督伪华南军挺进总队司令方正华率部盘踞那伏，义游特务队长被任为伪华南军第一联队队长。

4月5日，退守沙堆、梅阁一带的义游大队部，为保地盘，率部向日伪投降。

面对复杂局面，在义游任政治工作队队长的共产党员何克中，乘夜渡河到崖西旺冲乡，向江南区工委组织部部长阮克鲁汇报，适逢中区特委书记罗范群等领导人从中山到了旺冲。经研究，决定派进义游的共产党员不撤离，坚持做好义游降部的策动反正工作。同时，国民党新会县当局也谋求反攻古井，在江南区党组织的配合下，县动员委员会秘书黄虹（中共党员），对县长林仲葇做工作，策划发动投降日伪的义游官兵反正立功，又由县加派义游政训室主任关宇定、军事部主任叶柏生假投降"华南军"从中进行策反活动。6月3日，义游降部反正，分兵两路进攻那伏方正华总部和古井日伪军。

国民党当局派出的县自卫团第二大队奉命从黄冲渡海至官冲，北袭古井。是日凌晨，反正部队先在官冲捕获伪特务员兼中队长，押至沙堆枪毙祭旗誓师。5时出发，第一路由沙堆直取那伏村，包围伪华南军总部。原义游特务队长联络方正华卫队队长许就为内应，顺利解决司令部，活捉伪司令方正华等军官。第二、三两路于4日上午收复古井。日军指挥官村上窜至龟山下匿藏求救才得以逃回江门。

这次反攻古井，军事布置周密，兵分几路，里应外合，直捣那伏伪军司令部及其在古井的驻地，一举全歼伪华南军，俘虏伪军司令方正华及伪军600余人，缴获了大批武器、物资，大获全胜，开创广东民众武装抗日以少胜多、以弱胜强的范例。

1941 年 5 月 31 日，日、伪军第二次进犯古井地区，出动浅水舰两艘，汽艇、木船 18 艘，载兵 2000 余人，分由慈溪、长乐、那伏、独洲、大环等处登岸。第七战区挺进第七纵队（简称"挺七"）第二支队赵其休部驻大环围，与日、伪军激战一天，小队长黄荣贵等 37 人壮烈牺牲。日、伪军占古井后，又分兵直取官冲和沙堆。挺七第二支队抵抗了一阵，即退守梅阁、沙角候援。6月 1 日，挺七司令彭霖生派其弟彭国彬（连长）率队 100 余人前来增援，在沙堆圩南将军山前哨山嘴獭山布防。日、伪军三面来攻，彭国彬部三面受敌，与敌浴血激战 3 小时，彭国彬等 18 人阵亡，击毙日伪军 8 人。至此，古井区再度沦陷。

抗击国民党的反共逆流

一、抗击反共逆流和积蓄抗日武装力量

抗日战争初期，中共新会组织与国民党新会当局并肩作战，给入侵的日军有力的打击。但进入抗战相持阶段后，日本侵华方针由对国民党政府从以军事进攻为主，政治诱降为辅，转变为以政治诱降为主，军事打击为辅。以蒋介石为代表的国民党当局继而推行消极抗日，积极反共政策。1939年冬开始，国民党掀起了多次反共高潮。许多抗日群众团体被迫解散，停止活动，抗日民主活动受到限制，在新会抗战中发挥重要作用的新会县抗日动委会也因有共产党员在动委会活动而被强令解散。1941年春，中共新会县委恢复成立后，制定了相应的斗争策略和方针任务：依靠群众，反击反共逆流；加强党内思想建设，提高党员素质；建立地下交通站，沟通上下联系；精干隐蔽，派员打入地方实力派部队，进行地下革命活动，伺机建立独立武装，为抗日武装斗争积蓄力量。1942年5月，中共粤北省委机关被国民党特务破坏，广东形势更加恶化。中共新会组织依靠群众，向当地的国民党顽固势力展开了一系列强有力的反击。

1940年秋，反共势力蠢蠢欲动，到处寻衅，破坏抗日民主活动。新会党组织依靠群众，与顽固派势力进行针锋相对的斗争，坚决反击反共逆流。1941年春，国民党新会县第十五区区分部书

记兼田金学校校董周子纯，对本区抗日民主活动日益活跃，人民抗日武装不断发展，极端仇视，竭力进行破坏。一次，他借召开田金乡学校校董会议的机会，当众质问当时的田金乡乡长、共产党员周达尚："周乡长，本校的教师都是外地人咯，为何不让自己的子侄出来见下世面，行得通吗？"周子纯咄咄逼人，妄图把在田金活动的共产党员和进步人士轰走。周达尚毫不退让，他说："分什么外地的本地的，有才学又热心教学的人，难道不用？真岂有此理！"他以长辈的身份，对周子纯训斥了一顿，同顽固分子进行坚决的斗争，捍卫这个建立了多年的抗日革命据点。

1942 年 5 月 "粤北省委事件" 发生后，中共新会县委认真贯彻中央关于 "隐蔽精干，长期埋伏，积蓄力量，以待时机" 的方针，深入群众，扎根群众，同时，利用一切可以利用的条件，派员打进地方实力派的武装部队，进行隐蔽活动，创造条件建立党领导的抗日武装。

1942 年 8 月，新会县委机关迁到礼乐，通过打进 "大天二" 傅华山那里当 "师爷" 的共产党员张晞作掩护，还有党员余皋平在礼乐开办 "银号" 作县委联系点。1942 年秋，新会县委通过第十六区横山乡（今属斗门区）党组织的引线，派原江南区工委副书记赵彬到中山八区斗门淢冲 "挺三" 第七支队第二大队吴全部当文书，之后，又陆续派党员吴新、林振炽、梅重清、李峰、李安明等到该部工作。

1943 年初，建立了一个独立武装小队，由李峰当队长，属新会县委领导。后来吴全投靠日伪，积极反共。当时，打进吴全部的共产党员，同中山八区抗日游击大队取得联系，及时提供情报。因此，吴全部联合日军 "围剿" 抗日游击队多次扑空。后来打进吴全部的共产党员身份暴露，只得迅速撤离。同年冬，梅重清、吴新、李峰等撤到中山五桂山游击区。赵彬带领武装小队 10 余人转移到新会三角沙一带活动，后来发展到一个中队 30 多人，归中山八区抗日游击大队所辖。

1943 年，中共新会县委通过张晞的关系，派黄伟民、黄英等打进外海麦园乡地方实力派伍扑大队，黄伟民还当了中队长。同年冬，李安明、陈仁等从浬冲吴全部撤出，也转移到麦园。条件具备了，他们在伍扑大队建立了一个独立武装小队，陈仁当小队长，李安明当政治服务员。该队后来成为组建新鹤人民抗日游击大队的基本队伍之一。

1943 年 4 月，国民党广阳守备区指挥部设立中新边区运粮护航总队，委原义游大队长赵其休为总队长。该部队下辖 3 个大队，其中主力第二大队（简称"护航二大队"）的大队长赵仕浓，是赵其休的侄子。中区特委和新会县委为团结争取赵部坚持抗日，派出大批党员到护航二大队工作。当时的中共恩平县委宣传部副部长李德光曾与赵仕浓是同学，有校友关系。因此，中区特委李德光参加护航二大队，被任为文书，随后，特委陆续派李如璧、李桂籍等到护航二大队工作。新会县委也派黄虹到护航二大队任副大队长，钟华到护航总队做统战工作。由此，粤中和新会的党组织与护航二大队建立了比较密切的统战关系。赵部曾"借"给在中新边区活动的共产党员赵彬一批枪支弹药，让他在新会三角沙发展抗日武装。

1943 年 10 月，共产党员黎元达积极做司前田边乡乡长的工作，使其转变思想，由不干扰抗日活动到积极支持抗日活动，积极为游击队筹集经费，为游击队购买枪支弹药一批，粮食 8 担，还支持自己的儿子参加抗日。从 1943 年 10 月至 1945 年 1 月一年多时间里，田边的"两面"政权为田边顺利开展抗日活动作出了不少贡献。

1944 年春，珠江三角洲游击指挥部委派副政委兼政治部主任刘田夫到新会参与组建新（会）鹤（山）人民抗日游击队。5月，以新会地下党领导的抗日武装为基础组建的新鹤人民抗日游击大队在十五区田金乡宣布成立。7、8月间，鹤山地下党领导的抗日武装又加入新鹤大队编制。10月，在十区白庙乡松山村公开宣布成立。大队长兼政委为陈明江，副大队长黄伟民（黄国明），政治处主任谭颂华。

二、开展减租减息斗争

在日本侵略军铁蹄的践踏下，新会人民陷入苦难的深渊。江门、会城等主要城镇，由于遭日军的入侵、"扫荡"，工厂停产、倒闭，大批工人失业，市场萧条。在农村，由于战乱，大批农民逃难他乡，致使大片农田荒废、失收，广大侨眷赖以生活的主要经济来源侨汇也因战乱而中断，生活无法维持。1943年，新会发生了历史罕见的大旱灾。农业失收，物价飞涨，加上瘟疫流行，饥荒严重。面对接踵而来的天灾人祸，各地的共产党员、干部深入到群众中去，帮助解决实际困难。

中共新会县委决定以三江为重点，发动群众，进行减租斗争，以此推动全县农民减租斗争的开展。三江乡党支部于1938年冬就成立了乡农会，会长赵锡武，在抗战期间，农会组织群众支援和开展减租减息斗争。1943年三江乡地主恶霸成立"业主团"，把全乡公尝田集中由他们掌握，从中盘剥农民。农会在中共新会县委李发和党支部赵宋的协助下，深入发动群众开展减租斗争。农会组织3000多农民包围国民党伪乡府，迫使"业主团"实行每亩减租45—60斤，从而减轻了农民负担，维护了农民的利益。1944年，在日军的铁蹄践踏下，加上时年歉收，三江农民饿死不少。农会与支部迫使各里在公尝田租谷抽出一部分，连续两年在四五月间施粥，使穷苦农民度过死亡关。

　　崖西旺冲共产党员陈华琪，找乡长陈伯涛商量，从乡中尚有田赋粮中取谷50担，用以煮粥赈济灾民。随后又再按受饥人口发放50担赈济粮。同时提出开展生产自救运动，发动村民在凤山脚下开荒扩种100多亩农作物，谁种谁收，组织群众度荒。

　　大泽田金乡乡长、党支部书记周达尚在困难时期，投了3亩公尝田，交给妇女会钟灶女等人义务劳动，把收获的稻谷全部供给抗日自卫队。田金乡的群众抗日武装，在党支部领导下，在斗争中不断发展壮大。田金乡辖下的桥亭村，于1943年10月在田金党支部的领导下成立了农会，会员有100多人。农会领导桥亭人民开展减租减息斗争，迫使地主妥协，同意农会合理的要求。通过斗争，群众尝到了革命的甜头，亦增加了群众对共产党的信任和爱戴，从而自觉支持党的抗日工作。在农会成立的一年多时间，桥亭人民在农会的发动下，踊跃捐粮支援共产党部队抗日，共计有50多担。农会直至1945年初田金党支部遭到破坏才被迫解散。

　　1943年4月，司前田边乡党小组领导下的农会，响应减租减息的号召，建立了税站。黎元达任委员长，农会会长张永棉在税站负责收税。同月在党组织领导下开展了"二五"减租运动，一直坚持到1944年底，共减租87担。这些粮食绝大部分贡献给游击队，一小部分分给贫苦农民，受到群众的拥护。

　　1943年冬，新会农业失收，各地农民要求减租减息。中共新会县委派共产党员李发到三（江）龙（泉）地区工作，帮助三江支部发动群众，开展减租斗争，每亩公尝田减租15至20斤。

　　大灾之年，无数孤儿流落街头，生命垂危。新会县委派员做地方实力派赵其休的工作，争取他筹集资金，在双水木江乡开办儿童教养院，收养了大批孤儿。党组织派赵梅友当院长。办院时间虽然不长，但做了一桩深得民心的好事。

在反对日本侵略者的斗争中，各级党组织深入群众，关心群众生活，帮助群众解决实际困难，深得群众的拥护。同时，党组织善于因势利导，发动和组织群众开展合理合法的斗争，并取得了胜利，从而进一步提高了党在群众中的威望，增强了党的凝聚力和号召力，坚定了群众抗日胜利的信心。

三、踊跃支援革命斗争

1942 年 5 月，中共粤北省委被破坏后，全省政治形势迅速恶化。此时，新会党组织虽保留党委制，但实际上已完全转入隐蔽活动，互相联系十分困难。针对这一实际，县委采取多种措施，把建立交通站作为沟通联系的主要方法之一。1942 年入冬以来，全县各地建立的交通站，星罗棋布，除江门、会城之外，在农村的田金、井岗、桥下、杜阮、大井头、上凌、朗头、木江、司前、荷塘、七堡、崖西、崖南、小冈、礼乐等地都建立了交通站，组成了纵横交错的交通联络网，联络着新会全境和粤中、珠江地区的各条交通线。其主要任务是：沟通联系，传递信息，收集情报，掩护、接待来往的地下党同志，为部队采购物资、护理伤病员等。

1943 年年初，中共新会县委在江门常安路大井头巷口开设良记饭店，作为秘密交通联络站。县委组织部长冯光隐蔽在饭店活动。在会城，县委派何克中等人在泗冲、濠桥街、高第街设立交通联络站，在炼丹井、莫家大地、大魁里、仁寿路、朱紫路租屋设立机动交通点。

由于国民党顽固派的反共活动愈演愈烈，鉴于局面日益严峻，为保存力量，等待时机，党组织对已暴露身份的党组织领导、干部及家属进行调整、调离，易地安排工作，有许多调入周边的抗日游击区活动，同时，很多伤员也被送往养伤。各根据地进步群众追随和拥护共产党，他们冒着危险，掩护地下党，支持抗日。

1940 年 10 月，中区特委机关转移。中区特委委员陈春霖就住在司前桥下村，由当地共产党员陈灿掩护。1944 年 6 月上旬，中山八区抗日游击大队（代号"泰山大队"）大队长陈中坚（陈忠）在斗门黄杨山与日伪战斗负伤，秘密送到三江治疗，由三江支部掩护到赵启（支书）家中养伤有两个月，愈后才归队。陈中坚家属原在古井，暴露后转移到三江，由三江支部掩护送往礼乐南堡。1944 年 8 月，新鹤人民游击队指导员张峰（张钊）在战斗中受伤，被安排在桥亭的竹全祖（祠堂名）养伤，由桥亭籍的游击队员周兴仔负责护理，到沙湾请了李锦华医生医治。在此期间桥亭人民给予张峰一切方便，在桥亭人民的精心护理下，张峰很快治愈重返前线。

各根据地人民还向党领导的武装部队输送枪支弹药和支援不少钱粮。如大泽桥亭较为偏僻隐蔽，群众基础好，十五区队和新鹤游击队的军粮很多存放在桥亭竹全祖和元庆祖（祠堂名），桥亭自卫队和桥亭人民一起为了保护粮食，防止敌人偷袭，自觉站岗放哨，因而存放在桥亭的军粮从未出事。同时，桥亭人民经常为部队送军粮，共 500 多担，保障了部队的供给，桥亭成为抗日部队的坚强后盾。又如，1939 年春，赵彬到三江协助支部把地方实力派赵其休争取过来后，赵其休从香港、澳门募捐港币 2 万多元支援三江武装抗日。1943 年冬，党员李桂籍打入赵仕浓部后，说服赵仕浓送给三江支部抓武装的赵宋驳壳枪、左轮手枪各 1 支，并支援港币 800 元。1944 年泰山大队经济困难时，曾派员到三江支部求援 6 次，三江支部书记赵启共支援款项折稻谷 3 万多斤。隐蔽在会城的地下党员，经济困难时，派员来三江支部告急，赵启也支援了款项，折合稻谷 1 万多斤。

加强武装斗争夺取抗战胜利

一、新鹤大队的成立和活动

1944 年，世界反法西斯战争处于战略反攻阶段。中国的敌后战场，在中国共产党的领导下，也开始局部反攻，使日军陷入完全被动的局面。日本侵略者为保证海上交通线如被切断时仍能保持其本土与东南亚的联系，1 月 24 日，发出打通中国大陆交通线的作战命令。兵力作了全面部署，日军第二十三军第二十二、一〇四师团部署于广东新会地区和清远至英德一线。9 月，第二十二师团一部由新会沿西江向郁南、丹竹进攻。

1944 年 1 月，中共新会县委根据上级指示和武装斗争形势发展的需要，实行"地（方）武（装）分家"，即地方党组织和武装分开领导。中共新会县委"地武分家"后，武装系统党组织加紧组建新鹤人民抗日游击大队。组建新鹤人民抗日游击大队，首先是培训干部。4 月，在麦园乡举办军事干部训练班，由共产党员黄伟民作掩护，郭大同当班主任，设政治课和军事课。学员来自新会、台山、鹤山等县共 20 多人。其中，新会田金、井岗、聚龙党支部分别派党员参加训练。学习时间一个月左右。学习班结束后，全体学员集中田金乡待命，准备编入部队。其次是抓集结队伍。新鹤大队的组成人员，主要是第十五区队、田金乡队的共产党员和积极分子，麦园的抗日武装，以及挂国民党部队番号的独立武装——新会县自卫大队第三中队的小部分队伍。各地共产党员带领各地武装集结田金，于 1944 年 5 月，在田金乡秘密宣布成立新（会）鹤（山）人民抗日游击大队（简称"新鹤大队"），共 90 多人，编为主力中队。7、8 月间，新鹤大队在第十区石乔乡桥下村扩建了第二中队；在棠下三堡乡大井头村扩建了第三中队。第二中队由新会桥下和鹤山大朗、云乡、南洞以及开平水井等地部分共产党员和老更队的积极分子 60 多人组成。第三中队成员来自新会大井头村和鹤山罗帷洞的共产党员、青年农民共 30 多人。10 月上旬，新鹤大队在第十区白庙乡松山村公开宣布成立，共 200 余人。大队长兼政委陈明江，副大队长黄伟民，政治处主任谭颂华。新鹤大队辖 3 个中队和 1 个直属手枪队。主力中队中队长先后为黄伟民、谢瑞标、曹广，副中队长曹广、李玉泉，指导员先后为黎元达、黄英、梁文华；第二中队中队长陈灿，副中队长李龙英，指导员陈天伟；第三中队中队长先后为李兆培、朱开，副中队长刘南，指导员廖健；直属手枪队队长先后为周复、梁铎。

新鹤大队宣告成立时，发表了《告同胞书》，指出"本队是新鹤人民的子弟兵，是爱国爱乡的青年男女。几年来，我们或则在新会的沦陷区从事抗战活动，或则在南、番、中、顺打游击，与敌伪作了无数次的流血斗争。今天，我们眼见桑梓沦亡，我们的父老兄弟姐妹在敌人压榨下辗转呻吟……因此，我们紧急集合起来，愿站在新鹤同胞的前头，与我们新鹤同胞团结成一条铁的阵线，广泛全面开展游击战争，迎击敌人的回师扫荡，为救乡救国而斗争。"《告同胞书》号召新鹤两县人民，"广泛开展抗日游击战争，粉碎伪政权伪组织，争取新鹤人民的自由解放！"这标志着新鹤地区的抗日武装斗争进入了新的阶段。

新鹤大队成立后，为提高干部素质，增加部队战斗力，举办学习班培训武装干部和妇女干部。1944 年 8 月，原中区特委组织部部长陈春霖在鹤山云乡主持举办武装干部训练班，学员来自新会、鹤山、台山、开平、恩平、高明等县共 40 多人。新鹤大队派朱开、梁文华协助工作，负责上军事课和政治课。10 月下旬，中区纵队司令部派参谋郭彪任训练班军事教官。为粤中地区训练了一批武装骨干。新鹤大队在松山村举办两期妇女干部学习班，周敏玲为学习班党支部书记兼指导员，谭秀华任班长。学习班培训了一批妇女干部，同时，还发展了一批女党员。

新鹤大队成立后，根据南番中顺游击区指挥部和珠江特委的部署，为迎接珠江部队（中区纵队）挺进粤中做好准备工作，首先是拔除驻扎大泽圩的伪军据点。1944 年夏秋间，部署在新会地区的日军第二十二师团一部，正准备物资，待命进犯广西。江门、会城的伪军为配合其行动，伪国民军第七团第三营开进大泽圩，滥征捐税，抢购粮食和农副产品，并监视第十五区抗日游击队的活动。新鹤大队决定歼灭这股伪军，经过缜密侦察，作出作战方案。由副大队长黄伟民任指挥，中队长曹广带领 10 多名有作战经验的队员组成突击队，潜伏在伪军营部附近，乔装农民出售农副产品，与伪军周旋，伺机进攻；同时派出一部占领制高点，封锁要道断绝伪军退路。8 月中旬一个圩期，赶圩群众特别拥挤。伪军气势汹汹地向农民勒索"保护费""圩场费"，把抢购的农副产品，一车车运往会城日军司令部。当日中午时分，赶圩群众逐渐散去。这伙伪军有上茶楼吃喝的，有返营地赌博、睡大觉的。趁此机会，新鹤大队指挥部发出攻击信号，突击队员按计划行事，勇猛地冲进伪军营部和宏利茶楼，伪军毫无戒备，不知所措，各自逃命。新鹤大队在这次战斗中，活捉了伪副营长及 10 多名伪军，其余的被击溃，缴获长短枪 20 多支，一举拔除大泽圩的伪军据点。在此前后，新鹤大队袭击了国民党军统特务西江别动队驻鹤山石塘村的运动小组，击毙执行反共任务的特务组长，组员10余人溃散。还袭击了杜阮伪乡公所，惩办了棠下三堡乡大井头串通汉奸的土豪劣绅梁文沛等，并在周郡、罗江、大井头等地发动群众，认真做好接应珠江部队挺进的一切准备。

二、泰山大队收复天亭和猫山事件

泰山大队在斗门一带开展抗日游击活动，1944年6月7日，黄杨山战斗击退了日、伪军的联合进攻。那时，泰山大队在双方力量悬殊、处境困难的情况下，加速转移。6月中旬，泰山大队撤出中山八区，从马山乡雷珠村用木船渡江过崖南，与赵彬领导组建的三角沙抗日武装会合。通过中新边运粮护航总队赵其休、赵仕浓部的统战关系，挂护航二大队属下一个中队的番号，由泰山大队副大队长林兴华（改名赵仕壮）挂名任中队长。泰山大队进入崖南后，得到新会江南区党组织的支持配合，在旺冲乡等地发动了一批青年参加部队，并帮助该部同新鹤大队取得联系。泰山大队按南番中顺游击区指挥部政治部主任刘田夫的指示，派中队长戴耀带领一个小队前往新鹤边境地区，配合新鹤大队抗击日伪军。1944年9月上旬，日军第二十二师团一部从古井渡河进入双水、天亭，并继续向台山进发，派伪军驻守天亭至双水一线。国民党新会县政府及其部队望风而逃，天亭陷落。此时，泰山大队奉命对敌作战，联合护航二大队，从崖南向天亭进军。当到达天亭时，伪军已撤至双水。泰山大队即以护航二大队名义出示布告安民，通告商店正常营业，并扫荡赌场、赌档。同时派员前往双水侦察伪军虚实。在一天下午4时许，泰山大队一部向双水进军，傍晚进入双水圩，直追至涌口，这时，伪军已乘船撤逃。原中区特委委员陈春霖和泰山大队政委李进阶也到达双水，以双水教堂为指挥部，并派出岗哨。此时，原驻防双水不战而逃的"大天二"陈仕培部 200 多人，又从天马乡回来，强行向双水涌口登陆。泰山大队哨兵扣留了他们的先头部队 4 人，由于陈仕培后续部队众多，全部进入了双水圩，泰山大队多处岗哨被劫持，他们企图把泰山大队赶出去。当时，泰山大队考虑到大敌当前，尽量避免与之发生冲突，便派员同陈仕培部谈判，表明自己是收复失地，不是争地盘。后来达成各自返回原驻地的协议。经请求陈春霖同意，泰山大队主动撤回崖南一带活动。同年 9、10 月间，泰山大队由李进阶、赵彬、林兴华等率领，进入台山，在台南建立新的抗日游击区。

泰山大队挺进台山后，留下大队政训室副主任兼中队指导员赵荣带领一个小队驻崖南，继续做好护航二大队的统战工作。当时，消极抗日、积极反共的广阳守备区司令李江，在 1944 年 11 月，命令其所属部队一部"围剿"崖南猫山、交贝石的泰山大队留守部队，制造了"猫山事件"。因力量悬殊，赵荣等 10 余人被捕，关押在天亭。他们虽遭顽固派军队严刑拷打逼供，但仍大义凛然，守口如瓶，使顽固派军队一无所获。中共新会组织和泰山大队对被捕的同志积极设法营救，派青山交通站的交通员到护航二大队找共产党员李桂籍和李柏荣商量营救办法，争取了赵仕浓、赵其休的支持，赵荣等 10 余人终于获释，返回泰山大队。

三、配合珠江部队横渡西江

1944 年初，南番中顺游击区指挥部根据形势的发展，拟派一部主力挺进粤中，牵制、打击西犯日军。1944 年 8 月，珠江部队挺进粤中拟在荷塘横渡西江。中（山）顺（德）新（会）边县工作委员会和荷塘党组织根据上级的指示，经反复调查研究，确定以塔岗村码头作为渡江地点。而这里是国民党顽固派广阳守备区敌后工作队特务大队李桂元部的地盘，其人思想反动。南番中顺游击区指挥部派侦察参谋马敬荣到荷塘，安排在党组织掌握的三良自卫队，加强对李桂元的监视。同时，为转移其视线，荷塘党支部书记容忍之以德源商号老板、三良自卫队副队长的身份，找到李桂元，以做生意为名，说在鹤山买了一批烟叶，从棠下周郡码头下船，偷运过荷塘，届时务请照应，利钱对分。李桂元觉得有油水可捞，当即应允。中顺新边县工委和荷塘党支部根据指挥部的指示，深入发动群众，加强统一战线工作，组织渡江船只，并控制电话总机等，为珠江部队挺进粤中横渡西江做了充分而周密的准备。

10 月 20 日，由珠江部队（中区纵队）的领导人林锵云（新会罗坑人）、罗范群、谢立全、谢斌、刘田夫等率领主力大队近 500 人向粤中挺进。从中山县五桂山抗日根据地出发，于 21 日天黑时分到达海洲。当地党组织和海洲乡乡长袁世根等派船在渡口接应，布置乡自卫队加强戒备。当晚部队在海洲隐蔽宿营。翌日进入荷塘，途经泰通里受到群众热烈欢迎。纵队领导人听取了中顺新边县工委关于敌情和渡江准备等情况汇报后，决定当晚渡过西江。夜间，部队到达塔岗，准备渡江。侦察参谋马敬荣率领三良自卫队以"押货"为名，守卫塔岗码头。荷塘党组织物色了一位船工作向导，雇请的 50 多只农艇停泊码头等待。当部队陆续到达时，马敬荣对船工们说有人要过江，先载他们过去，然后在对岸运回烟叶，可一举两得。一声令下，众艇乘风破浪前进，挺进部队安全通过了日军的海上封锁线，渡过西江，在对岸棠下周郡乡渡头登陆。当部队过江后，李桂元才接到有部队过江的报告，急忙打电话通报各地拦截。可是，荷塘的电话总机发生"故障"无法通话。其实，电话总机话务员刘姑娘在党组织的教育下，决心为抗日出力，故意断绝李桂元的通话。自此，中顺新边县工委意料到此人不除，必有后患。于是，组织三良自卫队和海洲自卫队，在一个月黑风高的晚上，歼灭了李桂元一伙，确保党组织的活动正常开展。

挺进部队在周郡乡登陆后，陈明江已率新鹤大队一部前来接应。中队长李兆培组织了一批小农艇，帮助部队渡过天沙河。副中队长刘南带领机枪班，登上蟾蜍头山岗，封锁交通要道。部队进入罗江乡稍事休息后，即开赴三堡乡大井头村。大井头党支部书记梁权和新鹤大队中队指导员廖健，组织党员，发动群众，安排挺进部队食宿，当晚开了个军民联欢晚会。部队休整了数天，继续西进，进入鹤山县云乡。在当地党组织的支持下，云乡乡长陈棠动员群众，拿出 4 万多公斤粮食支援部队。之后，挺进部队抵达鹤山县宅梧，以皂幕山区为依托，建立了新的抗日游击区。

四、司前棠坑建立抗日民主政权

1944 年，全国抗日形势发生了深刻的变化，敌后抗日战场节节胜利。广大军民的抗日情绪更加高涨，纷纷要求建立以抗日民族统一战线为基础的民主政权，以巩固胜利成果，进一步加强抗日力量，彻底打败日本侵略者。当时，新鹤地区的抗日武装力量也迅速发展扩大，尤其是珠江部队挺进粤中后，在新鹤地区建立了新的抗日游击区，为建立抗日民主政权创造了有利条件。

新鹤大队成立后，主要在新鹤边的司前、大泽和云乡、大朗一带开展抗日游击活动。为解决军需给养，于 1944 年 8 月，在大泽、司前圩设立了两个税站，征得的税款作为部队的基本供给。10 月下旬，珠江部队挺进粤中后，税收工作由司令部统一管理，成立六邑（新会、鹤山、高明、台山、开平、恩平）税站，林忠任站长。在司前、大泽、址山、宅梧、鹤城、合水、新圩等地设立分站。合理收税，是解决部队给养的主要来源之一。后来国民党顽固派不断制造摩擦，这些税站遭到破坏，1945 年 1 月后相继停办。

1944 年 11 月，新鹤大队为巩固新鹤边区的抗日据点，帮助地方建立抗日民主政权，派政治处主任谭颂华、中队指导员黎元达等组成工作组，到司前等地进行建政工作。在六邑税站站长林忠的协助下，选择棠坑乡为建政试点。棠坑乡有一定群众基础，但反动势力比较强大。该乡有三个土豪恶霸，群众称之为"三蛇"，对他们非常愤恨。建政工作组根据群众的要求，逮捕了"三蛇"，召开公审大会，公布了"三蛇"勾结日伪汉奸、欺压群众破坏抗日等罪行，就地严惩，使建政工作顺利进行。11 月下旬，召开了乡民代表大会，成立棠坑抗日民主乡政府，组织民兵队，参加民兵的青年有 60 余人。会上选举林研为政府主席，林锦为民兵队长，林生为民兵指导员。代表大会还通过没收"三蛇"的财产，救济贫苦群众；清理公尝账目，将公尝枪支归民兵使用；取消农民向地主交上期租，实行减租减息；兴修水利，发展生产等决定。12 月上旬，建政工作组在司前召开第十区各界人民代表大会，成立第十区（司前）人民抗日行政委员会，主席由共产党员黎元达担任，委员有党员梁玉霞、开明人士汤有芳等。该会成立后，积极发动群众，筹款购买枪支，支持抗日游击队。

在此期间，新鹤大队在第十五区也成立建政工作小组，成员有共产党员司徒棠、周达尚、周达标、黄美英和国民党爱国人士周达远等，负责筹建第十五区抗日民主政权工作。后因松山战斗和司前事件发生，建政计划未能实现。

五、松山村战斗和"司前事件"

自新鹤大队成立以来，尤其是珠江部队挺进粤中后，抗日游击区迅速扩大，部队不断发展，抗日民主活动进一步高涨。形势出现的新变化，愈加引起了国民党顽固派的恐惧与敌视，他们虎视眈眈，企图消灭抗日游击队和扼杀新生的抗日民主政权。

1944 年 12 月中旬，中区纵队党委在宅梧召开粤中、珠江、西江等地区党和部队的负责人会议。会后，新鹤大队一部 50 余人从宅梧出发，护送参加会议的梁嘉、冯燊、陈翔南、陈能兴、李国霖、关山等领导回去，途经司前桥下村，31 日进入松山村。当时，中区纵队主力大队副大队长卢德耀执行任务从宅梧到桥下，协助新鹤大队组织新会、开平的情报网，亦随部队到了松山。同日，新鹤大队另一部约 60 人，从鹤山云乡护送重武器前往潮透乡，也于 31 日途经松山宿营。

第二天拂晓，即 1945 年元旦，蓄谋消灭新鹤人民抗日部队的广阳守备区挺进第五游击纵队（简称"挺五"）周汉铃部，出动了纵队的全部兵力，联合伪国民军独立第一师部，以及"大天二"等反动武装共 1200 多人，从东、西、北三面（南面是河）包围松山村，企图一举消灭新鹤大队。是日凌晨 4 时，新鹤大队手枪队政治服务员司徒明和两名队员执行搜索任务，其余队员集中松山村后山操练。晨操完毕，天刚亮，后山第一道岗哨连续传来枪声，这是发现顽固派军队的警告信号。指战员立即进入临战状态。此时，顽固派军队发炮猛击松山炮楼，他们的一些先头部队冲入了松山村。形势险恶，卢德耀立即率领部队加强村口各处险地的防守，并把冲入村内的顽固派军队击退，尽管如此，松山村仍处于顽固派军队重重包围之中。指挥员卢德耀和陈明江迅速登上炮楼观察敌情。经分析，不仅松山村被包围，西面司前等地也被顽固派军队封锁，挺进主力部队难于派兵前来支援，唯有坚守阵地，待机突围。当时顽固派军队虽人多势众，但新鹤大队已控制了制高点和险要地带，对防守有利，顽固派军队不易打进来。于是，决定主要组织好村落防御，赢得时间，坚持到天黑再组织突围。指战员们情绪高昂，勇敢作战，击退顽固派军队无数次进攻，到下午战斗趋胶着状态。天黑后，新鹤大队阵地仍巍然不动，炮楼灯火通明。新鹤大队还向司前方向佯动，以迷惑顽固派军队。下半夜，新鹤大队按计划向南面河口突围，由当地群众梁纪伯做向导，一个排在前开路，一个排保卫特委领导干部，卢德耀、陈明江随后卫行动，安全撤出松山村。此次战斗，新鹤大队机枪手曾惠与一名副射手牺牲；政治服务员朱力、排长谢悦、警卫员黄新负伤。松山村自卫反击战，新鹤大队经受严峻考验，增强了战斗力。部队撤离松山村经潮透石船山转移到鹤山泮坑村进行休整总结，表扬有功战士，鼓励士气，坚定信心，以利再战。

游击队 1 日晚自松山村撤退以后，当地群众并没有将撤退消息透露。国民党军队在 2 日整个上午，还不敢入村，下午，当知道游击队已撤退，便大队入村抢劫，全村所有住户都受到洗劫，损失财物难以统计。

元旦这一天，"挺五"周汉铃部"围剿"松山村的同时，还派兵围攻第十区人民抗日行政委员会和司前税站，制造了震惊新会、鹤山的"司前事件"。当时，该区行政人员和武装人员只有 20 多人，七八支步枪，面对顽固派军队的疯狂进攻，区行政委员会主席黎元达立即组织和指挥行政委员会的同志抵抗，边打边撤。但终因寡不敌众，黎元达和行政委员会委员汤有芳等被捕后遭杀害。翌日，顽固派军队继续进行"清剿""扫荡"，在叛徒带领下，在田金、司前、松山、棠坑、西冲、潮透等地搜捕革命同志，中共田金乡支部书记周达尚、共产党员周达标、黄美英、梁玉霞和进步人士周达远等被捕。他们在顽固派军队严刑威迫下，坚贞不屈，英勇就义。此外，新鹤大队政治服务员司徒明和随他一起去司前侦察的手枪队员，以及往潮透掩埋机关炮后回松山村途中的梁桥丁、梁海棠、林兆鸿等也被顽固派军队杀害。松山村战斗和"司前事件"牺牲共 20 多人。这是国民党顽固派在新会、鹤山犯下的反共血腥罪行。

六、广东人民抗日解放军第二团的建立与发展

中区纵队一部主力挺进粤中，同新会、鹤山、高明、台山等地的抗日游击队和泰山大队会合后，根据中央的战略部署，广东省临委、东江军政委员会的决定，于1945年1月20日，在鹤山宅梧召开大会，成立广东人民抗日解放军。挺进主力大队编为第一团，新鹤大队编为第二团，高明和台山的抗日游击大队分别编为第三团和第四团，后发展到共6个团和1个独立营。第二团团长卢德耀，政治委员陈明江，副团长黄伟民，政治处主任谭颂华，第一连连长曹广，指导员陈天伟、张钊（后）；第二连连长朱开、周复（后），指导员曹孙城、梁美润（后），副指导员朱力；直属手枪队队长周复，指导员梁美润。2月，广东人民抗日解放军在鹤山地区增编一个独立营，营长黄伟民，政治委员李超，政治处主任陈特。该营一直与第二团联合行动，在新鹤边区抗击日军、伪军和国民党顽固派军队，坚持到抗日的最后胜利。

广东人民抗日解放军根据中央和省临委关于"打好中区的基础，向阳江、阳春发展，打通南路，继续向粤桂边推进"的战略部署，1945年2月中旬，司令部、政治部率第一团、第三团和独立营向恩（平）阳（阳江、阳春）挺进，第二团留在后方。第二团在新鹤边区开展抗日游击活动，斗争尖锐复杂，既要打击日伪军，又要对付顽固派军队制造的摩擦，战斗十分频繁。3月4日，第二团进驻鹤山大霸村，旋即转移邓尾坑。岂料大霸村保长连夜告密。次日黎明，挺三一部和鹤山自卫总队共300余人前来包围，第二团迅速抢占了牛牯山制高点，打退了顽固派军队的进攻。为保存实力，第二团撤到皂幕山半山腰马耳山的一个小村。时已下午一时许，部队又累又饿，部队管理员进村筹粮做饭。可是村里群众听到枪声，早已跑光。没办法，部队就在老百姓家里拿了食

物，留下了欠条。数天后，部队再派人上山向群众道歉，把所借的东西如数偿还。第二团军纪严明，秋毫无犯，老百姓十分感动。3月6日，挺三和开平、鹤山等县的地方团队800多人，围攻抗日据点云乡。此时，第二团主力正在外线作战，留在云乡的一个排及云乡抗日自卫队抵抗。坚守张怀楼的战士顽强作战，顽固派军队久攻不下，纵火焚烧张怀楼，守楼战士张帝仁等牺牲。

广东人民抗日解放军主力部队向西推进，为摆脱顽固派军队的追击，司令部决定第三团和独立营转回新会、高明、鹤山一带，并派政治部组织科科长严尚民以督导员身份，统率第二、第三团和独立营进行抗日游击战。为粉碎顽固派军队的"扫荡"计划，3月中旬，第二团奉命转移到高明，在更楼与第三团、独立营会合，先后发动了明城、白水带和鹤城战斗，取得了胜利。

第三团和独立营转回后方后，国民党第一五八师也随着折回新会、高明、鹤山，加紧"围剿""扫荡"。5月11日，国民党第一五八师第四七三团向广东人民抗日解放军第二、第三团和独立营驻地开平水井狮山黄洞坑进攻。战斗十分激烈，双方伤亡较大。为了避免打消耗战，第二、第三团和独立营主动撤退，转移至皂幕山扒齿沥。当晚，严尚民召集团营领导干部会议，总结反摩擦战斗的经验教训。为摆脱顽固派军队的追击，决定实行化整为零，分散活动，由陈明江、卢德耀、李超、黄伟民率第二团、独立营重返新鹤边区；严尚民、陈春霖、黄仕聪等率第三团在高明。第二团和独立营在新高鹤边区活动，战斗频繁，经常处于弹缺粮绝的险恶境地。在皂幕山的一个烧炭窑，第二团召开了党委会议。团政治委员陈明江强调越是困难越要做好政治思想工作。各级干部发扬官兵一致、互相爱护、互相帮助、团结战斗的光荣传统，使部队始终保持着旺盛的革命斗志。

开平狮山战斗后，第二团、独立营于5月13日取道云乡进入司前古猛村宿营。顽固派军队却紧追不舍，14日拂晓，挺五、挺三和鹤山自卫总队共600余人，向古猛进攻。为了保存实力，第二团、独立营部队决定转移。团长卢德耀在掩护部队撤退的战斗中不幸受伤，转到后方治疗，伤愈后重返部队。

古猛战斗后，5月17日，第二团、独立营转移至高明县大田村，时已深夜，部队急于到地方筹粮，找了一户地主，叫他清早将粮食送到部队。这却暴露了部队的动向。18日晨，挺三一部400余人前来偷袭。大田村处于皂幕山主峰之下，顽固派军队占领了制高点，对第二团、独立营不利，形势险恶。在组织突围时，人员伤亡较多，第二团第二连指导员梁美润、连长周复、排长梁铎和7名战士牺牲，12人被捕。在撤退途中，独立营指导员曹孙城、班长黄岑前往茅村筹粮，被地方团队逮捕杀害。第二团、独立营在古猛、大田战斗中，付出了较大的伤亡代价。

七、第二团、独立营进驻井岗、汉塘

第二团在新高鹤边区要对付顽固派军队制造的摩擦，但斗争矛头始终对准日敌，主要斗争目标没有转移。1945年3月上旬，云乡抗日据点遭顽固派军队"扫荡"后，第二团一部转移高明，与第三团会合。攻打了高要县白土圩的一个地方团队和伪军大队的据点后，即移师西江前沿虎坑村，在肇庆羚羊峡伏击日军的运输船，击伤敌船多艘。

第二团、独立营经过连月来的频繁战斗，伤亡较大，给养也不易解决。为摆脱同顽固派军队的纠缠，避免遭受不应有的损失，决定战略性转移。于1945年5月下旬，部队开往靠近会城日伪据点的井岗、汉塘一带，开展抗日游击战争。大泽大园乡井岗村属沦陷区，有伪乡政权。但这里建立了党组织，群众基础较好。第二团、独立营进驻这里之后，发动群众，依靠群众，对伪政权严

加控制，进行改造，使之为抗日部队所用。井岗党支部按第二团、独立营的布置，对伪政府人员严加管教，对能将功赎罪的，一律既往不咎。大园乡伪乡长慑于部队和群众的威力，多次带领抗日游击队员出入会城，采购医药、军用品、刺探敌情等。独立营政委李超在井岗村设立了联络站，组织青年农民为部队做交通工作。部队进村后，依靠群众，进行对敌斗争，进一步把这里建设成坚强的抗日游击据点。6 月下旬，广东人民抗日解放军政治部主任刘田夫和秘书科科长谭桂明带领一个中队 80 余人，代表部队领导机关前来看望第二团和独立营全体指战员，对他们在艰难的情况下，坚持抗日斗争，表示赞扬，给全体干部、战士很大的鼓舞。

此时，抗日形势发生了深刻变化，日军的力量已是强弩之末，面临全面崩溃之势。在江门、会城的日、伪军不断四出侵扰，抢掠民间财物。7 月上旬的一天，日伪军 200 余人，窜入铁岗、大凹、莱苏等村庄大肆抢掠民间财物。第二团、独立营一部迅速前往截击，在铁岗鸡笼山展开激战，毙敌 4 人。日、伪军此次侵犯，一无所获，狼狈败退，当地民众财产得以保全。7 月 22 日，伪密侦队 12 人，打着日军旗号，在大泽圩骚扰后，窜到鹤山民权乡公所（设在大凹村杨氏宗祠），勒索军饷 80 万元巨款，还要当地交出花姑娘，十分嚣张。当地民众切齿痛恨，派人向部队报告。第二团、独立营派出 2 个小分队将伪军包围，毙敌 3 人，其余的全部被活捉，有个伪军乘混乱中逃走，也被群众用石头砸死。

1945 年 7 月 8 日，日军中渠师团由本大队所属 200 余人，从三江出发经水路袭击双水之祝斗、基背乡，被强韧壮丁大队阻击，战至傍晚，日军不能入村。次日黎明，日、伪军增援 400 余人，以猛烈炮火掩护进攻。强韧壮丁队与日、伪军决战，因众寡悬殊，退入村内，又与追来的日、伪军巷战，杀伤大量日伪军。至傍晚，日、伪军退出基背村。第三天，日、伪军再来进犯，强韧壮丁队

50 余人，退守村边的水泥碉楼，居高临下，打退日、伪军数十次进攻。日、伪军死亡甚众。壮丁队与敌军相持三日三夜，终因孤军无援，弹尽粮绝，又被日、伪军诱骗群众打开碉楼门，有 30 余名壮丁从碉楼窗口跳下撤走，其余 12 名壮丁被捉杀害。日军占基背后，继而又占领双水，到附近乡村抢掠。洋美、南岸、龙头等乡自卫武装联合抗日，坚守木江河南岸，日军不能渡河，相持月余。至 8 月 15 日日本宣布无条件投降，日军才退回会城。

1945 年 8 月 15 日，日本天皇裕仁宣布无条件投降，但侵华日军并没有停止作战。16 日，日军大本营仍命令各地日军"在不得已的情况下，为了自卫可采取战斗行动"。由于日军没有放下武器，中国解放区军民的反击仍继续进行。8 月下旬，江门、会城的日、伪军继续四出侵扰。因此，第二团、独立营在刘田夫的参与部署下，决定袭击会城日、伪驻军。中共新会县委书记冯光将会城地下交通员何克中等侦察到的日、伪军在会城的据点、警戒线、哨所和兵力配备等绘成地图，送到部队。第二团、独立营根据敌人的情况，作出作战部署，由独立营营长黄伟民、第二团第一连连长曹广等率部 30 余人，另有桐和乡农民武装 30 多人随部队出发，由会城地下交通员何维忠做向导，入夜攻城。此战，由于部队与地方互相配合，因而战斗很顺利。日军如惊弓之鸟，龟缩据点，按兵不动。第二团、独立营攻城部队转向搜索伪警探的"统一""国际"两个俱乐部，缴获物资一批。同时，在城内大量散发传单和张贴布告、标语，敦促日军缴械投降。

1945 年 9 月 2 日，日本政府正式签字投降，中国抗日战争胜利结束。

在艰苦的抗日战争中，在中共新会组织的领导下，新会各地开辟了抗日游击区和游击根据地，全县老区为抗战的胜利作出了不可磨灭的贡献和重大的牺牲。老区培养了大量的革命骨干，壮大了党领导的抗日力量，他们前赴后继英勇作战，牵制和消灭了大量日、伪军；老区为抗战部队输送枪支弹药和支援大量钱粮，提供了有力的战勤保障；抗日根据地的巩固发展，形成了坚强的战略基地，共产党组织和抗日部队同游击区人民结下了军爱民、民拥军的鱼水关系，为解放全新会铸就了坚实的基础。

4

第四章

解放战争时期

第一节 积蓄力量坚持斗争

一、新鹤边的分散隐蔽活动

抗战胜利后，美国实行扶蒋反共政策，以蒋介石为首的国民党统治集团坚持一党专政和阴谋发动全面内战的方针。中国共产党从全国人民的愿望出发，提出"和平、民主、团结"的口号，反对内战和独裁，有针对性地实行革命的两手策略：一方面与国民党谈判，争取和平民主的发展，力求制止全面内战的爆发；另一方面做好自卫战争的准备，随时粉碎国民党军队的进攻。

1945 年 10 月，国民党执行蒋介石的密电和《剿匪手本》，以"剿匪"为名，把第四十六军、六十四军、新一军等先后从西南后方调入广东，企图在短期内一鼓聚歼中共领导的广东人民武装力量。10 月 20 日至 30 日，国民党广州行营主任张发奎在广州召开"粤桂两省绥靖会议"，把广东、广西划分为 7 个"绥靖区"，同时分区"进剿"，限令至 1946 年 1 月底肃清"奸匪"。与此同时，国民党新会县政府配合中区的国民党军队，对活动在鹤山、新会的广东人民抗日解放军第二团和独立营加紧"清剿"。为配合"清剿"，新会县、各乡镇的绥靖委员会相继成立。县政府还大肆网罗地方武装乃至绿林草寇，重组新会县自卫大队，下统三个中队和一个独立中队。各乡村的联防队、自卫队、民团等亦为国民党所用。

　　蒋介石坚持一党专政的同时，还施放和平烟幕，愚弄国人。广东各县的地方政府也照此办理，采取各种手段，强化地方统治。新会县政府在各种报刊和公开场合，大肆诋毁共产党，对民主进步力量加以压制和打击。在江门镇成立所谓"中国新建设协会新会分会"，该会的宗旨是"协助政府动员戡乱建设"，实则是政府的情报机关。县政府还在农村推行保甲制，加强户口控制，并巧立名目，搜刮民脂民膏，农民强烈不满。

　　抗战后期和抗战结束后，国共关系日趋紧张，新会党组织的活动受到极大的抑制，为保存力量，党组织的活动转入地下，并且有相当数量的党员在抗战后期就进入新高鹤游击区从事武装斗争。1945年9月，全县保留农村党支部仅有7个，特别支部1个，全县党员约60人。比国共合作抗战前期党员人数高峰期时减少一半之多。在新会的重镇——会城和江门，党员人数不超过10人。党组织力量薄弱，而且分散，开展活动困难很大。

　　当时双方力量悬殊。为保存力量，中共中区特委根据两县的党组织和武装力量的状况，决定1945年9月，撤销中共新会县委，新会和鹤山两县的党组织合并，成立中共新鹤县委。1945年10月，中区特委作出工作部署：一是把工作重点由山区转向城市及平原、交通要道地区；二是把武装部队由集中活动转为分散活动；三是地方党组织和武装部队由自成系统转为地武统一领导。这是带战略性转变的工作部署。中共新鹤县委执行中区特委的指示，把工作重点由农村转到江门和会城；做好第二团和独立营在新鹤边的分散隐蔽工作；从思想上组织上做好巩固全县党组织工作，保存力量，在艰苦的环境中，开展新的斗争。

　　活动在新鹤地区的广东人民抗日解放军第二团在抗战结束后，即开始实行分散隐蔽活动的方针。1946年上半年，国民党军队和地方保安团队对中区人民武装的"围剿"不断升级，形势日益恶化。

广东人民抗日解放军第二团和独立营执行中区特委 1945 年 10 月会议有关决定和 11 月关于停止新高鹤地区公开武装斗争的指示，部队停止公开活动，实行精简和分散活动。留下 30 余人由连长郑扬奇、指导员张钊（张秀峰）带领，分散隐蔽在新鹤边几个党群基础较好的乡村活动。其中在鹤山县汉塘、大朗村有 20 余人，在新会县大井头、井岗、同和村有 10 余人。隐蔽活动人员归中共新鹤县委领导，具体联系工作由县委武装部部长赵彬负责。

隐蔽在新会棠下区桐井乡的有梁祥、梁冲等人。早在抗战时期，三堡乡的大井头和牛轭村已建立了大井头党支部，支部书记梁权。他的家是个安全的地下交通站，负责传送情报，掩护隐蔽人员等。他的二弟梁祥（共产党员）、三弟梁冲，都是第二团的机枪手。梁祥于 1947 年初归队后，在一次战斗中牺牲。隐蔽在大泽区井岗村的有谢悦、罗纯祥、黄晚、萧华、罗广、黄满、曾华、陆付等。在同和村的有杨金连、陈高、钟开等。隐蔽人员把枪支掩藏好后，有的上门修补农家具；有的上街卖肠粉糕点；有的帮田工、抬担等。

在此期间，郑扬奇、张钊、赵彬、关立及新鹤部队干部李鹤超、梁志云等也在井岗分散活动了一段时间。这些同志到井岗后，先找到党支部书记谢柏如，有的直接住在他家里。井岗支部是个坚强的战斗堡垒，全体党员发扬艰苦奋斗精神，紧密联系当地群众，千万百计为分散活动和隐蔽人员解决食宿及其他困难。谢柏如的家也是个地下交通站，负责情报、联络、掩护部队和地方党组织的干部等任务。郑扬奇、张钊等按照中共新鹤县委指示，在井岗党支部的协助下，于 1946 年 4 月 1 日油印出版了一期《新民主报》。该报宣传中国共产党和平民主的主张，抨击蒋介石企图发动全面内战的反动政策。同时，还结合本县情况，揭露国民党政府的贪污内幕及其内部钩心斗角的派系斗争等。《新民主报》出版后，邮寄给国民党县政府机构的军政要员、社会上一些开明士绅和民主人士等，起到了一定的宣传作用。

1945 年 10 月 10 日，国共双方代表签订《政府与中共代表会谈纪要》（简称《双十协定》），1946 年 1 月，达成广东省东江纵队北撤山东烟台的协议。4 月，中区临时特委执行广东区党委北撤会议的决定，选定了中区各县随东江纵队北撤的武装干部和地方党组织的干部名单。其中广东人民抗日解放军第二团和独立营的干部有卢德耀、肖敏、郑扬奇、张钊、谢悦、陈月、陈金星、陈强、吴勇等。新鹤县委书记谭桂明、武装部部长赵彬亦随队北撤。参加北撤人员于 1946 年 5 月间秘密分头赴香港，然后转惠阳县沙渔涌，6 月 30 日乘船北撤山东烟台。第二团和独立营留下的人员仍继续分散隐蔽在新鹤边界。1947 年初，新高鹤地区恢复武装斗争，他们又拿起武器，战斗在新高鹤各地。

1945 年 10 月至 1947 年初，在这段艰苦的日子里，分散隐蔽在新会的战士，没有发生被捕事件。这是因为有群众的掩护。人民子弟兵来自人民，隐藏在棠下、大泽的战士，大多是本乡的青年农民。亲人回故乡，乡民全力掩护。再者，有坚强的农村基层党组织的支持。大井头党支部、井岗党支部不愧是坚强的战斗堡垒。党员依靠群众，为隐蔽人员解决衣食住行的各种困难，就是一种强有力的支持。还有，隐蔽人员具有顽强坚忍的精神。他们紧密地依靠当地党支部，扎根于群众之中，以各种方式谋求生存，吃苦耐劳，坚持斗争，为日后新高鹤恢复和开展武装斗争保存了力量。

二、基层党组织的巩固

1946 年 6 月 26 日，蒋介石撕毁停战协定和政协决议，大举围攻中原解放区，全面内战爆发。自东江纵队北撤后，国民党广东当局背信弃义，变本加厉推行"清乡"计划，对东江纵队、珠江纵队复员人员及其家属大肆捕杀，并限期各地肃清"匪患"。在政治上则加紧迫害爱国民主人士和进步学生、镇压民主运动。中区保安司令兼八县"清裁委员会"主任张平在中区召开八县"清剿"会议，布置各乡联防办事处施行"联保连坐"法。五户联保，一户不报，罪及其他。在各乡悬红赏缉，强迫"自新"等。国民党新会县政府召开各乡联防治安会，设立西南、东北指挥所，划分江会、银洲湖、两崖、江北为四个联防地区。一时阴霾密布，白色恐怖笼罩广东各地。

为适应形势变化，保存革命力量以利长期斗争，中共广东区委及时作出决定，各地党组织立即由党委制改为特派员制，实行单线联系为主的活动方式。1946 年 7 月，撤销新鹤县委，新会、鹤山各自设立特派员。新会特派员下辖的基层党组织，除新鹤县委后期所辖的外，1947 年 2 月，还增设了三江教师党支部，书记曾国棠。同年夏，恢复旺冲党支部。1947 年 7 月，根据形势的变化，一些基层支部负责人调整变动后，里村、龙泉、三江教师支部相继停止活动或撤销。

新会特派员设立后，根据中共广东区委的有关指示，分析了东纵北撤后新会的形势，确立工作重点由城市转向农村，并着重做好几方面的工作：加强干部教育和巩固基层党组织；重建旺冲据点；适当开展学运工作；建立多层次的交通联络点；引导农民群众反"三征"（征兵、征粮、征税）等。在白色恐怖的环境中，改变斗争方式，坚持长期斗争，争取最后胜利。

1946 年下半年，中区各县党组织实行"隐蔽精干，长期埋伏，积蓄力量，以待时机"的方针。为保存力量，各县的干部有所调整和调动。中区特派员把在新会活动的一些容易暴露的党员、干部调往外地。由于新会历来武装斗争规模较小，影响面不大，因而除少数人员撤走外，大部分仍稳定下来。同时，中区特派员又先后从台山、开平、阳江、高明、广州等地调来一些干部。新会党组织为调来的人员安排了适当的职业以作掩护。从外地调来的干部加强了新会党组织力量，对巩固和发展新会农村基层党组织和开展各项工作起了重要作用，有的还成为新会党组织的领导成员。

在调整干部力量的同时，新会特派员又对农村基层党组织进行巩固和对党员、干部进行政治思想教育工作。全面内战爆发后，国民党军队在广东各地大搞"清乡""扫荡"，形势日益恶化。不少党员、干部对这种急剧变化的形势认识不清，看不到坚持斗争的有利条件和前途，特别是听了上级有关广东"准备十年黑暗"的传达后，感到前景渺茫，产生悲观情绪，有的农村党支部，组织涣散，党员长期不过组织生活；有的党员因调动到了新环境，工作、生活碰到困难，思想上也有不同程度的动摇等。为了克服这种现象，新会特派员根据中共广东区委关于加强对党员干部的政治思想教育，克服悲观情绪，增强斗争信心的指示，于 1946 年秋至 1947 年 7 月，先后在江门水南乡、北街村、小冈仓前村、崖西旺冲乡举办党员干部学习班，参加学习的有 17 人次。学习内容主要有三方面：一是教育党员干部正确理解"隐蔽精干，长期埋伏，积蓄力量，以待时机"的工作总方针，克服对"准备十年黑暗"的片面理解而带来的悲观情绪。二是学习上级下发的整风文件，提高党性。三是研究蒋管区政治形势和结合实际部署新会的工作。每期学习班结束后，参加学习的干部分别到各基层支部对党员进行教育。新会党组织通过举办学习班，巩固了基层党组织，使党员、干部克服不安心工作、个人打算等思想情绪，提高他们对形势和斗争前途的认识，增强了革命信心。

三、旺冲据点的重建

1946 年 11 月，广东区党委根据党中央的指示，作出恢复公开武装斗争的决定。1947 年 3 月，中区特派员向中区各县传达了广东区党委关于"恢复武装斗争，实行小搞，准备大搞"的决定，要求各县党组织紧密围绕恢复武装斗争这个中心环节来开展各方面的工作。新会是国民党在五邑地区的统治中心，在当时的条件下，难于恢复和开展公开的武装斗争。为此，新会党组织决定在农村中采取隐蔽的活动方式，为开展武装斗争做好各方面的配合和准备工作。基于这一指导思想，选择了崖西区旺冲乡作为党组织发展秘密武装和掌握"白皮红心"乡政权的重要据点，为日后开展新会武装斗争做准备。

旺冲乡在抗战时期的 1939 年 5 月就成立了党支部，先后有不少党员在那里开展抗日救亡运动。1941 年下半年，国民党反共逆流刮到新会，旺冲大部分党员撤走，个别留下隐蔽，支部解散。解放战争时期的 1946 年秋，党员陈华琪在新会一中毕业后，新会党组织派他回乡重建旺冲据点。回到家乡后，群众推选他当旺冲小学校长。当时，到旺冲小学任教的还有党员陈高、谭星越。三人组成党小组，陈华琪任小组长。党小组利用学校这个阵地开展活动，恢复了旺冲校友会，吸收回乡华侨和知识青年加入校董会，发动华侨捐款办学，让家境贫困的学生免费读书；恢复和发展青年读书会、妇女识字班，开展读书、扫盲活动；搞好村容村貌，打击歪风邪气，树立新风正气等，受到乡民的称赞和支持。

1947 年春，旺冲有三户华侨被土匪洗劫，乡民强烈要求武装自卫。党小组向新会特派员作了汇报，随即发动乡民及时召开民众父老大会，共商保乡大计。会上，公推陈华琪为乡长，并作出各房卖公尝田，购买枪支以作自卫的决定。会后，购买了 5 挺机枪、32 支步枪和一批子弹，重建旺冲自卫队。陈华琪还对自卫队进行改组，先后起用陈华遇、陈社壮两位原抗先队员担任自卫队队长。自此，党小组掌握了旺冲的乡政权和自卫队。1947 年夏，谭星越、陈高调离旺冲，为巩固这个据点，新会特派员先后派共产党员曾国棠、邓悦庄、谭兆铭等到旺冲，以教师身份开展党的工作。这样，曾一度中止活动的旺冲党支部又重建起来，陈华琪任支部书记。

为了更好地领导反"三征"斗争的开展，旺冲党支部团结本乡归国华侨和进步人士，更好地开展统一战线工作，决定成立旺冲乡务委员会。党支部有计划地做好乡民工作，改选思想进步的归侨任乡长。

1947 年 10 月，党支部决定陈华琪主动辞去乡长职务，成立旺冲乡务委员会，推举民主人士、归国华侨陈礽栋为乡长，乡委成员 7 人，陈华琪任主任。此委员会是该乡的最高权力和决策机构，乡长负责一切对外事务，特别是对国民党政府派员下乡催收田赋或抽壮丁，采用回避、拖延或稍予缴交大部拖欠的策略。

旺冲乡务委员会成立后开展了一些活动，对推动旺冲的统战和群运工作起了积极的作用。

之后，新会特派员先后派多名共产党员到旺冲活动，并吸收 5 名农民入党，巩固和发展了这个据点。解放战争时期，旺冲成为新会党组织在农村的一个强有力的据点。

四、农民群众反"三征"

蒋介石发动全面内战后，陷入人民战争的汪洋大海中。其兵源不足、军饷缺乏、财政拮据等问题接踵而至。为摆脱困难，便加紧进行"三征"。征兵以解决兵源，征粮以解决军饷，征税以解决财政。尤其是苛捐杂税，名目繁多。"三征"所到之处，民怨沸腾。反"三征"的吼声，响遍大地。

国民党新会县政府打着"清剿""复兴"的旗号，实行横征暴敛，包括联防费、乡自治费、修公路费、复员建设费、员警被服捐、壮丁安家费等等，无所不有。大小官吏则乘机贪污舞弊、中饱私囊，民众怨声载道。当时，国民党县政府为增强"清剿"实力，还收编了一些地方豪强武装和草寇。对这些乌合之众，只给部队番号，不给粮饷和枪械，让其自筹自给。这些杂牌军打着维持地方治安的旗号，乘机向农民摊派各种费用，敲诈勒索，农民叫苦不迭。因此，农民群众公开自发的反"三征"斗争时有发生。中共新会组织采取灵活的斗争策略，适当地领导和推动反"三征"斗争的开展。

1947年底，新会县政府派督征队到第八区（当时包括古井、沙堆、睦洲和大沙）催壮丁。区长赵梅友在区指导员曾国棠的协助下，采取回避的策略使之不能达到目的。一天，国民党师管区有个团长领着两个卫兵到第八区公所，叫赵梅友带他们去古井催壮丁。赵梅友、曾国棠已事先通知所有乡长在这几天借故躲避。赵梅友带着他们到古井慈溪、文楼、霞路等村，都见不到乡长，只好作罢，国民党团长憋着气空手回城。

1948年2月，新会县政府派督征队到崖西区各乡催征。召集乡长开会，强令签字具结，限期完成"三征"任务。乡长们十分愤怒，不肯接受，但不具结就不放人，后来敷衍签字，回去后束之高阁，拒不执行。3月间，保警督征队又到旺冲乡催征。一到乡公所，就对乡长施加压力，威胁限期交丁交粮。旺冲党组织早做准备，发动群众，先让适龄壮丁躲藏起来，再让一批老年人和妇孺涌入乡公所办事处，围着督征队指骂。不久，村民出动，越聚越多，你一言我一语，跟督征队论理，并大声高喊，叫乡长不要签字。督征队见势不妙，只好悻悻而去。4月，新会县政府军事科保警队到崖西洞南乡催壮丁，强迫中签壮丁到乡公所报到，准备把人带走，激起群众的愤恨。洞南乡民和本乡自卫队 40 余人包围了乡公所，抢回准备被带走的 3 名壮丁。

在农民群众反"三征"的斗争中，新会党组织讲究策略和方法，不公开提反"三征"口号，共产党员也不公开露面，而是视其情势，因势利导，推波助澜，采取适当的方式领导和推动斗争，使之取得成效。

大搞武装斗争与游击根据地的巩固和发展

一、新开鹤部队的活动

1947 年 6 月 30 日，中国人民解放军强渡黄河，揭开了从战略防御转入战略进攻的序幕，全国解放战争形势发生了新的转折。为配合全国军事形势的发展，1947 年底，中共中央香港分局向华南各省发出"放手大搞武装斗争"的指示。新高鹤地区从 1948 年 3 月起，进入大搞武装斗争阶段。为适应新的斗争形势和任务的需要，3 月，成立中共新高鹤区工委（6 月改称中共新高鹤地工委，1949 年 7 月改称中共新高鹤地委）。

为加强新会、开平、鹤山三县边区的武装斗争，1948 年 3 月，成立中共新开鹤县工委（隶属新高鹤区工委领导），书记杨德元。新开鹤县工委管辖和活动范围包括鹤山县第一区、第三区及第二区部分地区，新会的司前、大泽、杜阮、棠下一带和开平县的东部地区。新开鹤县工委领导下的武装称为新开鹤部队，属团级建制，团政委杨德元（兼），副政委关立（后为政委），未配备团长，副团长汤平。建队初期只有武装基干队（代号"西江队"），人数较少。1948 年秋，在鹤山先后建立南星、金星、铁星、绿星、青州等六个区队，纳入新开鹤部队编制，力量随即扩大。与此同时，1948 年 8 月初，新高鹤地工委根据新会县的实际，撤销特派员制，成立新会区委，书记曾国棠。

为方便工作，新高鹤地工委委托新开鹤县工委负责领导新会区委。

为适应新高鹤地区大搞武装斗争的需要，新开鹤县工委执行关于"大胆放手发展，一切为了发展"的战略方针，新开鹤部队及其武工队积极活动在新开鹤边区。他们分散以发动群众，集中以打击敌人，在艰苦的斗争中不断壮大自己。这是恢复武装斗争以来，新高鹤地区游击战争的主要方法和特点。

1948年，新高鹤地区不少农村遭到严重的自然灾害，国民党地方政府仍在横征暴敛，地主豪绅亦照常收租，农民苦不堪言。为解决群众的生活困难，新高鹤地工委及时提出"开仓分粮、借粮救荒"的口号。新开鹤部队迅速行动起来，深入发动群众，在新开鹤边区开展斗争。1948年10月，新开鹤部队属下的址山区队30余人，发动新会县古猛村和鹤山县址山、大朗等地农民300多人，于一天夜间，砸开了国民党设在新会司前石步圩的粮仓，将5000多公斤稻谷分给贫苦农民。新开鹤部队还抓住有利时机，主动出击，打击国民党地方的反动武装。1948年下半年以来，国民党在新会县棠下、大泽等地驻兵联防，企图阻止新开鹤武工队渗入新会境内活动。新开鹤部队为搬掉阻碍活动的绊脚石，同年11月25日晚，由杨德元带领西江队和南星队等150多人，从鹤山县小官田牛山村出发，是夜11时到达棠下，深夜零时向棠下守敌新会县常备自卫第二大队第五中队发动攻击，经过10余分钟战斗，胜利结束。此战，伤敌3人，俘28人，缴获轻机枪1挺、步枪20多支。新开鹤部队无一伤亡。棠下战斗给敌人沉重的打击，给游击区军民极大的鼓舞。

活动在新会西北部地区的新开鹤部队，除了开展一些武装斗争外，还在当地党组织和进步群众的掩护配合下，开展各种活动。如宣传党的方针政策，建立和推动农村统一战线，组建农会，控制当地的老更队、自卫队等。这些活动，为日后开展新会公开的武装斗争积累了经验和力量。

二、进步青年投奔新高鹤游击区

1948 年 3 月，新高鹤地区进入大搞武装斗争阶段。新高鹤地工委指示新会党组织，配合山区武装斗争，除了物资支援外，还要在适当时机动员和组织进步青年投奔游击区参加武装斗争。为此，新会党组织加强学运工作，发展新会人民解放大同盟组织，积极做好团结和争取青年的工作。一旦时机成熟，即动员和组织他们投奔游击区从事革命工作和参加武装斗争。据不完全统计，1948 年下半年至 1949 年上半年，新会先后有 80 多名进步青年投奔新高鹤游击区。

1948 年 4 月下旬，新会一中举行学治会主席竞选。一中党组织争取了广大师生的支持，使党员学生周煜南当选为学治会主席。一中进步力量的增长引起校方的恐慌，校长借故阻挠，使周煜南未能上任。校方还勾结县警察局逮捕了两名进步学生。5 月初，一中党员徐效鹏、刘元兴、周煜南撤离一中，先后进入新高鹤游击区。这期间，校方开除、警告几十名进步学生，还开列黑名单，伺机日后抓人。新会一中学运虽遭挫折，但已培养了一批学生骨干，为日后大批学生投奔新高鹤游击区打下基础。1948 年 5 月初至 9 月，自新会一中发生两名进步学生被捕事件后，一中先后有 10 多名进步师生进入新高鹤游击区。

同年 12 月，已进入新高鹤游击区的一中党员教师徐效鹏派交通员周洪到会城，指示一中进步女教师莫世光"凡进步青年送来"。莫世光不辞劳苦，先后发动和组织了三批进步青年约 30 人送入新高鹤游击区。

1948 年 8 月，赵梅友出任新会三中校长。不久，共产党员黎明起到三中任教，学运工作比较活跃。三中邻近鹤山县，新鹤部队经常派出武工队活动在棠下，并与三中党员联系。1949 年 4 月开始，三中分期分批组织进步师生共约 30 人进入新高鹤游击区。

1948 年冬，新会区委调党员陈云英到棠下桐井小学任教，开展地下活动。1949 年 6 月，陈云英得到国民党军警准备到桐井学校逮捕进步师生的情报后，向新会区委汇报，区委及时将桐井进步青年约 16 人送入新高鹤游击区。

进步青年进入新高鹤游击区，受到部队的欢迎、关怀和培养。在革命实践中，他们不断提高政治思想觉悟和工作能力。有的担任连队的文化教员，有的当战士，有的当政工员、卫生员等。在党的领导下，他们坚持艰苦斗争，不惜牺牲个人的一切，其中陈沃、周悦琼在战斗中英勇献身。

三、解盟支援游击区

1948 年 8 月初，在全国解放战争将要进入战略决战的大好形势下，新会党组织为壮大新会反蒋民主统一战线，经新高鹤地工委批准，成立了"新会人民解放大同盟"（简称"解盟"），这是新会地下党直接领导的由社会各阶层进步人士所组成的秘密群众组织。负责人先后为冯光、曾国棠。解盟的宗旨是：把一切同情和赞成人民解放事业的各阶层人士、进步青年团结在党的周围，在党的直接领导下从事各种革命活动。解盟成立后，首先在会城、江门两地发展盟员，随着形势的发展，扩展到农村。盟员中有教师、学生、报社职员、工人、农民乃至县政府机关人员。至新会解放前夕，全县盟员发展到 170 多人。新会解盟在宣传党的政策、团结知识分子和各阶层人士，在动员人力物力支援新高鹤游击区和输送情报，在迎军支前和迎接江会和平解放等方面，都发挥了积极的作用。

协助新会党组织做好交通联络和情报输送工作是解盟的一项任务。1948年11月下旬，新开鹤部队夜袭驻守棠下的新会县常备自卫队取得胜利。战前，棠下解盟成员承担侦察地形、输送情报等任务。1949年9月，国民党驻军保二师和地方军警企图进犯新高鹤游击区。会城解盟得知情报后，派盟员梁其苏在情报纸上写下"加急"符号，交给江门仁仁金铺交通站陆其俭转交棠下交通员解盟成员陆贞勤，再转送到新高鹤游击区。会城解盟成员陈仲衡利用工作关系，对县政府秘书梁正做好转化工作，通过他搜集县府内部情况。一次，县长张寿叫梁正写信给礼乐恶霸曾焕，要他派兵去百顷捉拿邓强，梁正即告知解盟，解盟再转告党组织，通知百顷做好防范。

从人力物力上支援新高鹤游击区是解盟的又一项任务。在新会党组织的动员和组织下，从1948年下半年到1949年5月间，投奔新高鹤游击区参加武装斗争和从事革命工作的解盟成员有30多人。1949年下半年，会城解盟按照新会区委关于筹集物资支援新高鹤游击区的指示，千方百计募捐物资，送医送药。葵风小学解盟发动教师捐得一批衣物交给党组织送往新高鹤游击区。桐井的解盟多次帮助新高鹤部队购买粮食和军用物品。解盟成员梁其苏是个医生，在解盟组织的动员下，奔赴新高鹤游击区为伤员治病，给部队赠送医疗器械和药物。她返回会城后，继续为部队秘密购买药物、培训医护人员和医治伤病员。

新会各地的解盟在迎接解放中，也做了不少工作。外海解盟在新会区委和外海党组织的领导下，积极参与做好陈照微的统战工作，促使他召开外海陈氏家族委员会，交出外海自卫队武装，确保外海的和平解放。同时，还积极配合新会独立团新生连做好外海的和平解放和接管工作，促使陈照微等人出面，组织外海公尝统管会，将钱粮收集起来支援解放军。

四、新鹤部队的活动

至 1949 年 1 月 31 日，辽沈、淮海、平津三大战役先后结束，全国处于革命胜利的前夜。中共中央香港分局向华南发出通知，指出人民解放军已准备横渡长江，向全国胜利进军。在这种迅猛发展的大好形势下，各地要采取"全面发展，重点巩固"的方针来完成大块根据地的建立，以迎接南下大军解放华南。新高鹤地区自大搞武装斗争以来，形势发展越来越好，至 1949 年 2 月，各个老游击区扩大并联结成片。为进一步实行"巩固老区、发展新区"的战略方针，新高鹤各县、区的党组织机构和部队编制作了一次较大的调整。同年 2 月，撤销中共新开鹤县工委，成立中共新鹤县工委，书记关立。辖区为新会县全境和鹤山县第一区、第三区。新鹤县工委隶属新高鹤地工委领导。新鹤县工委领导下的武装称为新鹤部队，属团级建制，团政委关立，未配备团长，副团长汤平。

中共新鹤县工委成立后，一方面大力巩固老区。1949 年 3 月，鹤山县第三区的政权已为新鹤县工委所掌握，并与邻近的游击区联结成片。新鹤县工委在第三区进一步加强党的建设、武装斗争、统一战线和群众工作，逐步建立了区、乡、村的民主政权。另一方面，抽调大量的人力，安排到发展新区上。根据新会县平原多、丘陵少，鹤山县丘陵多、平原少的地理特点，把"巩固老区，发展新区"的方针化为"背靠鹤山，面向新会"的具体行动。1949 年 3 月，新鹤县工委派出 4 支武工队活动在新会西北部地区。红海区武工队，背靠鹤山址山乡，面向新会司前等地；东西洋区武工队，背靠鹤山民族乡，面向新会大泽及会城附近村庄；中州区武工队，背靠鹤山民权乡，面向新会杜阮和江门附近村庄；青州区武工队，背靠鹤山南靖乡，面向新会棠下等地。武工队的主要活动是打击国民党征税，保护农民利益；打击驻守新开公路西北边的国民党地方部队，防止其西进，使新鹤部队在新鹤边区能正常开展活动。

1949年3月，中州武工队夜袭杜阮井根税站，没收该站的全部税款，把地籍税本当众烧毁，并打电话到新会县地征局，警告其今后不得再派人下乡催征。自此，国民党在新会西北部地区的征税减少，农民负担有所减轻。4月，新鹤部队调集主力红星队和若干区队、武工队共200多人，由关立率领，夜袭驻守大泽圩的国民党联防队。当先头部队摸上大泽圩后山时，被换哨的敌兵发觉，枪声一响，惊动了40余敌兵，敌兵慌乱中把枪支丢弃到池塘，惊惶逃跑。6月，新鹤部队调集武装人员数百人，从鹤山县松塘出发，埋伏于司前石步圩敌碉楼四周，半夜向守敌发起攻击，把敌碉楼炸开一个窟窿，楼梯也炸断了，因无法登楼歼敌，遂撤出战斗。此战，关立的警卫员李增牺牲。为打击国民党保安队在新鹤边的谍报活动，中西洋区武工队于7月的一天，乘夜袭击了驻守大泽圩的一支10多人的谍报队，仅用7分钟，毙敌1人，缴获驳壳枪5支和一批谍报文件。7月，国民党保警队把强征的一批粮食囤放在杜阮南芦村粮站。中州武工队夜袭了该站，俘虏保警队员2人，打开粮仓，把粮食分给当地群众。10月3日晚，中州武工队袭击了驻守杜阮井根楼山村的国民党保警队，经过10多分钟的激烈战斗，伤敌1人，俘20多人，缴获步枪20支及港币2000余元。武工队轻伤1人。1949年下半年，青州区武工队以新会大井头、牛轭等群众基础较好的乡村为依托，其活动越过江佛公路，迫近西江边，发展新区。

同时，中共新鹤县工委还派出一支由县工委委员冯志谦带领的江南武工队，活动于新会潭江以南地区，以双水的上凌、龙头村和崖西的旺冲、洞南村为立足点开展工作。武工队员化装成从香港回乡的客商，渡过潭江，先到七堡。在七堡开了个会，由冯志谦布置工作。七堡、小冈由谢柏如、梁杜检负责；双水由周琳负责；崖西洞南由杨绮云负责；冯志谦带曾胜负责江南地区的全面工作。武工队在双水、崖西等地先后组建了一些武工组和农会，并进行了一些有效的统战工作。对上凌乡联防处及联防队，采取"一拉一打"的策略，一方面向其进行形势和政策宣传，另一方面对他们的为非作歹给予警告和打击，迫使他们保持中立，为武工组的活动提供方便。江南武工队活动两个月后撤出。

由于江南地区的西部与台山县毗邻，中共广南分委为更好地发展横跨新会、台山两县的古兜山游击区的武装斗争，1948 年 5 月成立台（山）新（会）赤（溪）县工委，书记李安明。把新会的崖西、崖南等地划归滨海总队台（山）新（会）赤（溪）独立大队管辖。滨海总队派党员李文等到新南地区，接收旺冲党支部 10 个党员和组织关系，成立中共新南特支，书记李文。新南特支隶属中共台新赤县工委领导。新南特支属下 8 个武工组，70 多人，合称为新南武工队，队长李文，副队长朱江。新会解放前夕，新南特支基本控制和掌握了崖西、崖南的乡政权和武装。同年 7 月，新鹤县工委派出由副团长汤平带领的江东武工队，活动在新会江东地区的百顷、荷塘等地。江东武工队成员由蔡启、陈能植、陈英、廖胜等军事干部组成，各人到新会的时间不同，其组织关系属中共新会区委领导。1949 年 7 月，新会区委改编了百顷自卫队，成立中新边十一沙人民武装第一大队。江东武工队到百顷后，加强了该队军事领导力量。第一大队大队长黄社根，参谋长汤平，军事指导员黄彬、蔡启、陈英。第一大队下设 3 个中队，其中 1 个常备中队，有 50 多人，2 个后备中队，全大队约160 人。同月，第一大队集中整训，开展政治教育和军训，提高了部队素质。9 月，粤中纵队新会独立团在百顷成立，第一大队归入独立团编制，命名新生连。在荷塘，早在 1948 年 8 月，中共新会区委委员邓瑜碧在塔岗立本小学任教，与泰通里农民陈能本开展地下活动，组建了解盟和农会，为建立荷塘人民武装打下基础。1949 年 8 月，陈能植到荷塘，重建荷塘党支部。党组织在掌握和控制一定数量枪支的条件下，同年 9 月建立荷塘人民武装队伍。中共新会区委派陈英、陈国荣、黎洪润等军事干部到荷塘，加强该队的领导力量。10 月中旬，荷塘人民武装队伍归入新会独立团编制，命名黎明连，全连 50 多人，机枪 3 挺，长短枪 30 多支。

中共新鹤县工委自 1949 年 2 月成立后，以三分之一的力量巩固老区，三分之二的力量发展新区。发展方向是鹤山县第一区和新会县，重点放在新会县。"背靠鹤山，面向新会"的 6 支武工队，先后插入新会西北、江南、江东地区，发展新区。武工队根据新会各地的特点，采取灵活多样的活动方式，既有公开的，又有半公开和秘密的。新会西北部地区丘陵较多，且与鹤山县境接壤，活动在该区的 4 支武工队，在需要的情况下，配合新鹤主力部队，开展公开的武装斗争。新会江南、江东地区，大部分是平原水网地带，交通方便，经济文化比较发达，是国民党统治力量较强的地区。因此，江南、江东武工队主要是进行半公开或秘密的活动。活动在新会的各支武工队，在当地党组织和群众的密切配合下，深入乡村，宣传和发动群众，开展各项工作。如组建农会和本地武工组，建立人民武装队伍；做好乡村上层人物的统战工作，进而控制和掌握乡村政权和地方武装；对国民党地方部队和乡村敌对势力，视情况给予打击等。武工队的这些活动，对积聚新会农村力量，迎接解放起到了重要的促进作用。在人民解放军百万雄师横渡长江，向全国胜利进军的形势下，新会农村已从东南西北逐步形成向江门、会城包围的态势，为迎接南下大军，解放新会做了准备。

五、百顷据点的建立与发展

百顷乡位于新会县东部边境的大鳌岛上，是个沙田区，绝大部分的田地为邻近的外海乡地主所有。百顷名为一个行政乡，实则受制于外海的封建势力。控制百顷乡政的人物之一是外海地主陈照微，他是新会县参议会参议员。百顷乡黄社根是陈照微的代理人，搞了一支自卫队，拥有几十支长短枪，成为百顷乡的实力派。他不是乡长，但乡里的事听从于他，而他又听从于陈照微。

1947年间，国民党统治区一些受共产党教育和影响的进步知识青年，纷纷到农村去，宣传和发动农民，开展农民运动。1948年春，广州艺专学校毕业生陈冠芳（陈照微之子）、余克正、姚耀和等七八个进步知识青年，得到陈照微和黄社根的支持，到新会百顷乡开办学校和任教。他们通过讲故事、教唱解放区流行歌曲和办农民识字班等形式，对学生和农民进行启蒙教育和宣传，影响较大。这些进步活动引起国民党新会县政府的注意，并扬言要到百顷"捉拿共产党员嫌疑犯"。陈冠芳等不得不撤离百顷，他们通过广州地下学联负责人之一的广州艺专学校同学沈重（共产党员）搭线，于1948年6月下旬进入东江游击区。陈冠芳离开百顷之前，要求沈重找一些思想进步的知识青年到百顷接替他们的工作。沈重把情况向广州地下学联党组织作了汇报。1948年7月，中山大学党组织指派毕业生邓强（共产党员）带领广州地区和粤北地区连县、翁源县的一些党员和进步青年共10多人，到百顷学校任教。他们以学校为基地，宣传和发动群众，在做好上层人物统战工作的基础上，开展筹组农会、妇女会等工作，建立了百顷据点。百顷据点的建立，为党组织日后控制和掌握百顷乡政权和自卫队打下基础，也为开展武装斗争创造了条件。

1949年5月，为适应斗争形势发展的需要，中共新会区委按照中共新鹤县工委指示，在百顷先后接收了邓强、吴庄、吴志平、黄明湘等人的党组织关系，建立党支部。7月，中共新会区委（9月改称为中共新会直属区委，直属新高鹤地委领导）机关转移到百顷的桃荫别墅，百顷成为中共新会区委领导新会人民开展革命斗争的基地。为巩固和发展这个基地，中共新会区委开展了各方面的工作。

一是做好外海、百顷上层人物的转化工作，掌握百顷乡政权。中共新会区委进一步加强对陈照微和黄社根的思想转化工作，专门布置陈佩珊（陈照微的儿媳，1949年6月到百顷参加革命工作）做陈照微的工作。这期间，陈照微提供了国民党政府、参议会的一些情报。对黄社根的转化工作，由邓强负责。另外，在百顷乡公所当文书的吴建业（共产党员）负责做两个副乡长的工作，后来两个副乡长都参加了解盟组织。这样，中共新会区委把外海和百顷的上层人物争取过来，控制和掌握了百顷的乡政权。在这个基础上，改编了百顷自卫队，成立中新边十一沙人民武装第一大队。

二是发动农民开展减租减息和反"三征"活动，改组自卫队为党掌握。百顷乡自1948年夏开始成立秘密农会后，农会会员在百顷乡党支部领导下，发动广大人民群众开展减租减息和反"三征"活动。经过斗争，农民租耕的稻田，由原来交租80%减为70%，共减租谷1200多担，免交每亩稻谷5斤的"泵水费"，并取消地主"拾禾"（拾捡禾穗）要招标，收入归地主的规定，从而维护了农民的利益，得到群众的拥护，有力地打击了地主阶级。为进一步扩大党的武装力量，1949年3月，百顷党支部改组百顷自卫队，自卫队除维护当地治安外，积极搜集敌人的情况，为地下党传送情报，掩护游击队员的安全，做了大量工作。1949年7月，自卫队编入中新边十一沙人民武装第一大队，黄社根为队长，汤平任参谋长，邓强兼政治指导员。大队下设三个中队。其中一个常备中队有 50 多人，二个后备中队共 100 人，拥有长短枪 100 多支。同年 9 月，编入粤中纵队新会独立团，称为"新生连"，连长黄社根，副连长黄彬，政治指导员邓强。新生连下设三个排，一个机枪班，一个手枪班，共有 160 人，拥有 5 挺轻机枪，长短枪 100 多支。

三是加强党的自身建设和开展宣传工作。中共新会区委为提高党员干部的政策水平和工作能力，以适应形势迅猛发展的需要，于 1949 年 7 月，首先在百顷举办学习班。学习内容以新烽出版社编印的《群众斗争与组织问题》和《学习与工作——研究提纲》两本小册子为主。并学习《改造我们的学习》《反对党八股》《整顿党的作风》《将革命进行到底》《向全国进军的命令》等文章。在学习过程中，理论联系实际，对提高党员干部的思想水平和工作能力起了促进作用。学习班结束时，还吸收了两人加入共产党。8 月，为配合形势发展，中共新会区委以新烽出版社的名义印发大量的传单、布告、书刊等宣传资料，通过各个交通站，分发到全县各地。其中新会县长周天行署名的布告、新会县人民政府关于早造减租减息条例和早造征收基本公粮条例、新会县人民政府关于坚决抵制国民党"银圆券"的传单等，人民群众争着看，起了很好的教育和鼓舞作用。新会区委在大好形势下，加强党的自身建设和宣传工作，为新会的解放做了组织上和舆论上的准备。

四是巩固百顷，开辟外围，打击敌对势力。中共新会区委根据新高鹤地工委关于"巩固老区，发展新区"的方针，结合形势，制订了"巩固百顷，开辟外围"的策略措施；大力做好群众工作，建立和发展农会、解盟、妇女会等群众组织，并开办医疗室，为群众医治疾病。1949 年 7 月，中共新会区委为加强百顷外围的交通联络工作，建立了外海交通站，负责人陈占勤（共产党员），参加交通站工作的有解盟成员和进步青年 10 多人，外海交通站的设立，沟通了百顷与江门、潮连等地的联系。8 月，新会区委先后派周琳、吴志平、邓仕源、刘毅等 10 多名干部到中新边外围的崖东地区（包括大沙、五权、三角、睦洲、龙泉、那独、岭东、沙堆、梅阁、古井等乡）开辟新点。工作进展较快，三角沙的二隆、三隆和三角村及上横的灰炉冲（围头）、耕管冲、广丰冲等地都分别组织起农会，发展会员四五百人。掌握了二隆、三隆村的更夫队和三角村的自卫队。8 月下旬，新会区委为开辟新会和中山县边界的新点，成立了中新边区武工组（对内称大鳌武工组）。武工组在中山、新会边界的大鳌、特沙、上横、石板沙、竹马银等地活动，宣传发动农民参加农会，打击乡村敌对势力等，取得一定成绩。中共新会区委在开辟百顷外围的同时，对反动势力予以打击。9 月，大鳌、三江等地土匪筹划成立所谓"中国人民解放军中新边区司令部"（简称"中新边区司令部"），企图浑水摸鱼，继续作恶。新会区委派周琳以粤中纵队第六支队的名义，带着警卫员杨进喜去大鳌，利用土匪头子之间互不信任的弱点，做分化瓦解工作，使这个所谓"中新边区司令部"无法成立起来。9 月，盘踞古井的土匪林飞龙（化名林子瑜）打着"广州外围人民武装总队"的旗号，扬言要接管古井。新会区委驻古井的党员邓仕源立即组织解盟成员，把编印的共产党和人民解放军的政策法令张贴出去，并且投递到区乡政府和土匪队伍中。与此同时，在三角沙活动的党员吴志平到古井中学召集文洲、霞沙、慈乐等乡村的地方实力派人物及宗族父老开会，宣讲全国形势及人民解放军的"约法八章"，揭露林飞龙队伍是冒牌军这一真相。在强大的政治攻势下，林飞龙再不敢胆大妄为，只好把冒牌军解散。

百顷据点能够建立和发展，成为中共新会区委领导新会人民进行革命斗争的基础，取决于多种因素。进步知识青年到百顷办学，开展宣传活动，为百顷据点的建立打下一定的群众基础；广州中山大学党组织派党员到百顷开展革命活动，使百顷据点得以建立。更为重要的是，中共新会区委能够正确地执行党的统一战线方针，把一切可以团结的力量，争取过来，开展了各方面工作，使百顷据点得以巩固和发展。在这里，国民党政府的政令已经起不了一点作用。1949 年 10 月 1 日，毛主席在北京天安门城楼宣告中华人民共和国成立后，中共新会特区工委在百顷桃荫别墅升起新会的第一面五星红旗，同时还举行了大规模的庆祝活动和有武装队伍参加的大游行。

六、成立新烽出版社

为了加强党员的党性教育，做好巩固和发展农村基层党组织工作，以及做好统一战线和群众工作，在适当时机开展政治宣传攻势，1948 年 9 月，新会区委成立自己的出版机关——新烽出版社，由区委书记曾国棠任主编，社址设在旺冲（1949 年 6 月转移至潮连，不久又转移至百顷）。

旺冲是抗日战争时期党建立的一个重要据点，在解放战争中，村政权、武装和学校都掌握在党支部的领导下，又有深厚的群众基础。因此，新会区委把组建出版社的具体任务交给了旺冲党支部。旺冲党支部指派支部宣传委员李海怀负责该社的具体业务工作，党的发展对象陈国俊和高年级的学生、解盟成员陈华勒协助其工作。出版社的工作间就设在旺冲小学的后楼里。1949 年春节后不久，陈国俊因为工作上的需要调到新高鹤游击区汉塘工作。党支部又调派了陈取甜、陈淑芬两个解盟成员到出版社，协助李海怀从事刻写蜡纸、油印、装订、分发等业务。

根据党的工作和斗争的需要，出版社曾先后编印了《团结》

《怎样做一个民兵》等内部教育和学习小册子，并以《文摘》的形式刊登中国人民解放军向江南进军命令和解放军总部颁发的《约法八章》等文告、华商报刊载中共中央华南分局发表阐明目前时局及有关政策的文章。还印发中区党委和新高鹤部队发来的有关《中区人民解放大同盟宣言》和周天行以新高鹤部队发言人发表的《指斥蒋宋阴谋出卖新宁铁路断送华侨权益》两份传单。

1948年9月以后，新高鹤地委指示新会区委要在农村重点做好农民工作，以便开展地下农会和将来配合形势开展武装斗争；在城市重点做好争取团结知识青年、教师，以及国民党内部开明人士的工作。新会区委根据指示，为了使党的农村支部、小组、解盟成员，都重视做农民工作，同年12月间，新烽出版社编印了《群运手册》第一、二集——农村工作专刊。内容是：1. 农村调查序言二（毛泽东同志为《农村调查》一书所写的序言之二）。2. 怎样接近农民。（1）几种不正确的态度。（2）建立正确的群众观点。（3）了解农村情况和农民特点。（4）接近农民时应注意的几件事情。3. 农村武装斗争几个问题。4. 略论当前农村武装斗争的几个问题。印发这份《群运手册》，就是为开展新会武装斗争做思想准备。

1949年1月1日，毛泽东为新华社写的新年献词《将革命进行到底》一文发表。在人民解放军即将渡江南进的形势下，越来越多的人背向国民党而面向共产党。建立、巩固和发展广泛的反蒋统一战线，就越来越显得迫切和重要。1949年初，中共新高鹤地工委指示新会区委要加强江会地区的反蒋统一战线工作。一方面要大力宣传党的政策，开展政治攻势；另一方面要加强社会各阶层进步人士，特别是较开明的县参议员的争取团结工作。为此，新会区委决定在1949年春节期间发动一次政治宣传攻势。其方式是以新烽出版社的名义，翻印《将革命进行到底》一文，附上自编文章《论新会的形势》，投寄给较开明的县参议员及县政府机关的开明人士。不久，又以新烽出版社的名义，用书信方式对个别顽固分子作批评和警告，劝其认清形势，争取将功赎罪。这次政治宣传攻势，取得明显的效果。收到贺信的人认为看得起他，有的就与共产党搭线找出路。国民党新会县保安营营长邱中焕，收信后动了心，有心投诚；双水、崖西、古井等地农村的上层人物，收信后也有所震动。

1949 年 5 月下旬，中共新高鹤地工委根据中共中央香港分局1949 年初对各区党委关于"各县政权，拟普遍从形式上建立，以便对敌人作政治斗争"的指示，先后在新会、鹤山、高明、高要四县成立人民政府。新会方面，以粤中人民解放委员会的名义，委任中国人民解放军新高鹤总队政委周天行兼任新会县人民政府县长。新会人民政府未建立办事机构之前，政府工作由新会区委负责。新会人民政府从形式上建立，有利于对国民党县政权开展政治斗争。与此同时，中共新会区委以新烽出版社的名义，油印新会县人民政府县长周天行署名的布告，通过打入国民党县政府机关工作的会城解盟成员，秘密地直接送到各个科室，引起较大震动。此后，新会区委又不断以新烽出版社名义印发各种传单、标语、布告等宣传品，通过地下交通站，由党员、解盟成员张贴、散发和投寄，使政治宣传攻势持续下去。

第三节 组织力量迎接解放

一、加强农村工作

1949 年 4 月 21 日，中国人民解放军百万雄师强渡长江天堑，23 日解放南京，乘胜向南推进。中共中央华南分局于 5 月 7 日发出指示，要求各地加快步伐做好各项准备工作，迎接南下大军解放华南，并强调华南各地要加强农村工作。"南下大军是攻打城市。因此，在大军未到之前，我们必须将农村完全解放，控制在我们手里，以便到时大军可集结力量解放城市及追歼残敌，不必分兵帮助我们下乡肃清残匪。"①

新会按地理环境划分为江会区、新鹤边区、江东区和江南区。江会区（江门、会城及近郊）以城市工作为主，其他三个区以农村工作为主。新会的农村据点有 10 多个。1949 年下半年以来，新鹤边区是新鹤县工委派出的新鹤武工队的主要活动范围；江东区是新会区委和江东特支的主要活动范围；江南区是台山滨海总队新南特支及新会区委江南特支的主要活动范围。为实现农村包围城市的战略方针，新鹤县工委、新会区委、台山滨海总队新南特支紧密配合，加强农村工作，为解放新会做准备。

---

① 中共新会市委党史办公室编：《中共新会党史（新民主主义革命时期）》，1996 年 7 月印行，第 201 页。

一是建立和发展群众组织。据不完全统计，从 1949 年春至同年 10 月，全县成立农会有 33 个，会员总数约 2700 人。其中江东区农会 13 个，会员约 700 人；江南区农会 16 个，会员约 1880 人；新鹤边区农会 4 个，会员约 100 人。从 1948 年 8 月至 1949 年 10 月，全县发展解盟成员约 170 人。成立解盟小组 6 个，建立外海、简师、桐井 3 个解盟支部。1949 年 8 月开始，新会发展新民主主义青年团组织，至同年 10 月下旬，全县发展团员 14 人，其中双水上凌、基背 8 人，七堡 3 人，荷塘 3 人。建立荷塘团支部 1 个。在党组织的领导下，农会、解盟、青年团等组织积极参与各项工作。

二是掌握乡政权和地方武装。在各个农村据点中，党组织做好乡村上层人物的统战工作，逐步掌握乡政权。通过派农会会员打入老更队、自卫队的方式，逐步控制和掌握地方武装。1949 年 6 月，中国民主同盟南方总部江门支部派员到双水达仁乡基背村小学任教，开办夜校，对农民进行宣传，打下一定的群众基础。7 月，新会区委委员岑莉清到基背小学任教，开展革命活动，建立了基背据点。8 月中旬，中共新会区委委员、江南特支书记冯志谦到双水达仁乡活动，把基背村作为江南特支的机关驻地和活动基地。江南特支在做好乡长林善慈统战工作的基础上，逐步掌握了乡政权，各村的工作也迅速发展。由女共产党员陆英负责的楼墩村，群运、武装等项工作取得成效。10 月初，江南特支分别组建了基背、楼墩武装集结队，并控制了达仁乡联防保卫队。七堡、梅阁和崖西的地方武装亦为当地党组织所掌握。

三是建立党直接指挥的人民武装。随着全国解放战争形势的发展，中共新鹤县工委、新会区委、台山滨海总队新南特支互相配合，进一步巩固和扩大人民武装力量。除了将原来由地方实力派掌握的武装改编为由党直接指挥的人民武装外，还发动和组织群众，建立了 11 个武工组，总人数约 100 人。计有：双水上凌武工组，组长周琳、朱江（中）、陈华琪（后），组员 6 人；双水龙头武工组，组长黄社、黄兆棠（后），组员 9 人；七堡武工组，组长李胜，组员 7 人；旺冲武工组，组长陈巧廉，组员 11 人；三村武工组，组长李发、李康宁（后），组员 14 人；横水武工组，组长朱江（兼），组员 6 人；洞南武工组，组长杨绮云，组员 5 人；崖南武工组，组长李海怀，组员 9 人；四乡武工组，组长梁毅，组员 3 人；三江武工组，组长赵宋，组员 6 人；中新边武工组，负责人黄明湘、蔡启，组员 3 人。由于国民党在新会的统治力量较强，新会的武工组基本上采取隐蔽方式进行活动。结合本地区实际，发动农民组建地下农会，做乡村上层人物的统战工作，控制和掌握地方武装等。1948 年 5 月，省府民政厅厅长带领 1000 多人的部队，准备"围剿"三江。三江农会在党支部的领导下，党支部书记赵启，立即指示乡长赵长春组织乡防会布防，配合人民武装力量，随时抗击敌人。由于三江严阵以待，敌人不敢冒犯而撤走，三江人民得以免受劫难。

1949 年 10 月新会解放前夕，江会的西北、西南、东南部广大农村已不同程度为党组织所控制，基本形成农村包围江（门）会（城）的格局，为迎接南下大军，解放江会做好了准备。

二、配合南下大军解放江会

1949 年 10 月上旬，为配合中国人民解放军南下部队迅速解放粤中各地，粤中纵队司令部通知曾国棠赴鹤山县选田村参加有关江会工作的会议。会上，粤中纵队司令部对江会工作作了若干决定：第一，组成江会区军事管制委员会，设主任 1 人、副主任 2 人，委员若干人，在新会解放之日起行使职权；第二，立即筹建粤中纵队新会独立团，以配合新会的解放；第三，由台山滨海总队接管的新会县崖西、崖南、双水等地，划回新会，该地区武装编入新会独立团建制；第四，派出若干干部从事接管新会工作。

选田会议结束后，曾国棠于 10 月 18 日在双水基背村召开江南特支扩大会议，研讨新会独立团的筹建和接收崖西、崖南等地及迎接新会解放的各项工作。原计划将新会江南地区的人民武装编入新会独立团的编制，但由于接收有困难，这个计划未能实现。21 日，粤中纵队新会独立团在百顷宣告成立。团长兼政委吴枫（暂未到任，由曾国棠代指挥）。新会独立团建制包括新生连和黎明连。新会独立团成立后，立即投入解放江会的军事行动中。同日晚，新会独立团新生连指战员通宵达旦研究和部署"解放外海、进军江会"的军事行动计划。22 日晨，新生连从百顷出发，在外海党组织的配合下，当日和平解放外海。紧接着，做好向江门进军的准备。

10 月 22 日，国民党南逃部队的海军舞风号炮舰、38 号炮艇、40 号巡逻艇，与广州市军事管制委员会取得联系，在舞风号舰长李皋等率领下，三舰艇 45 人在江门宣告起义。23 日晨，"坚忍"部队全体官兵 1800 多人，在代司令云汉的带领下，在江门宣告起义。随即分兵江门、会城布防，维持社会治安。

23 日，黎明连从荷塘出发，在潮连党组织的配合下，当日和平解放潮连，并在江门城工小组配合下，下午进抵江门北街。同日下午，新生连从外海出发，向江门进军。在江门城工小组的配合下，当晚 7 时到达江门郊外，在明善医院驻军，随即派出政治宣传工作队乘三辆汽车开入江门市区，进行宣传。24 日上午 8 时，新生连开进江门北街，与黎明连会合，将窜入北街海关企图劫收江门的所谓"广州外围人民武装总指挥部第六总队部"的土匪队伍打散，活捉匪首等 5 人。下午 1 时，粤中纵队新会独立团在江门贴出安民告示。是日傍晚，中国人民解放军第十五军第四十五师先头部队在关立、李光中的引导下，从南海县九江乘船至北街登岸，跑步进入江门，群众夹道欢迎。部队的一个营直抵国民党新会县政府驻地会城。10 月 24 日，新会解放。

10 月 25 日，粤中纵队开进江门，正式成立江会军事管制委员会。军管会成立时贴出布告："现奉中国人民解放军粤中纵队司令部 1949 年 10 月 17 日发字第 11 字号委令，兹委派欧初同志为江会区军管委员会主任，莫怀同志为第一副主任，吴枫同志为第二副主任，此令。"江会区军管委员会成立后，立即在全县开始进行各项接管工作。其中"坚忍"起义部队交由粤中纵队接收，等待改编。

为维持江门、会城等地治安，江会军管会通知粤中纵队第六支队十九团温流从鹤山县调兵进驻江会两地。温流即率领十九团第一营 3 个连开到江门，留下 1 个连驻江门，2 个连共 100 多人，由一营长郭忠、教导员徐效鹏带领，10 月 26 日进驻会城。部队在会城的主要路段放哨和巡逻，还积极向群众宣传，做好安定人心的工作。

三、追歼国民党残部

中国人民解放军第四十五师在地方党及人民武装的配合下，兵分两路，追歼新会境内负隅顽抗的国民党残余部队。一路从开平县三埠乘船到新会牛湾登陆，再沿途直下双水、崖南。10 月 29 日，逃至沙富附近的国民党警察大队 126 人见势不妙，无路可走，缴械投降。30 日，从沙富逃到古井的县长张寿和主任秘书李朝彦等 200 余人束手就擒。解押途中，张寿跳水潜逃。国民党广东省保安第二师六团三营百余人，乘船逃至崖西，窜入横水长岗村等地抢劫，被人民解放军围歼消灭。另一路由江门乘船到礼乐、梅阁、古井等地追歼残敌。30 日，新会独立团配合人民解放军在礼乐全歼国民党广州卫戍司令部独立团邓汉垣营及与其勾结的土匪，俘获敌官兵 250 人。同日，人民解放军在梅阁附近的骑门迳地方围歼国民党保二师二营，敌死伤数 10 人，全营缴械投降。此时，国民党保二师一、三营也被全歼。这次战斗，毙敌团长曾崇山等官兵 100 余人，俘 800 余人。保二师四团负隅顽抗企图反扑，在古井一带也被歼灭。31 日，驻司前一带的国民党保安营 300 余人，逃窜途中遇解放军，走投无路，摇白旗投降。至此，新会境内的国民党残余部队基本肃清。

11 月 1 日，庆祝新会解放的军民联欢大会在会城体育场召开。党、政、军、群 5000 多人怀着兴奋的心情参加了大会。大会主席赵梅友致开幕词，吴枫代表江会区军事管制委员会在大会上讲话。赞扬新会人民在党的领导下，经过长期艰苦的斗争，终于迎来了新会的解放。指出当前新会的主要工作，一是继续肃清匪特，保卫人民政权；二是维持和巩固地方治安，严防敌人破坏；三是恢复和发展生产，改善人民生活。接着，各界代表先后在大会作了热情洋溢的发言。会后，在热烈的气氛中，举行庆祝大游行。

在解放战争中，中共新会党组织能正确贯彻执行党中央关于"隐蔽精干，长期埋伏，积蓄力量，以待时机"的方针，在农村工作中，坚持党的群众路线，坚定地依靠群众，放手发动群众，开展反蒋爱国民主运动，不断取得新的成绩。在武装斗争中，积极配合和支持新高鹤武装斗争的同时，新会逐步控制和掌握一定数量的地方武装，组建人民武装力量。新会解放前夕，基本形成农村包围城市的格局。最后，在全国解放战争大好形势的推动下，迎接人民解放军南下大军，解放新会全境。新会的解放，标志着新民主主义革命时期光荣而艰巨的历史使命在新会基本完成。从此，在中国共产党的领导下，新会进入了人民当家作主的新时代。

第五章

社会主义建设的艰辛探索时期

第
一
节
建立政权，恢复生产

1949 年 10 月 31 日，新会全境获得解放，随后全县各级人民政权相继建立，新会的历史从此揭开了新的一页。

一、人民政权建立

新会解放后，遵照《中华人民共和国政治协商会议共同纲领》（简称《共同纲领》）和中共中央、华南分局、粤中地委及上级人民政府关于开展人民建政工作的指示精神，视新会实际情况，相继采取了实行军事管制，接管旧政权，建立和健全基层政权组织，召开各界人民代表会议等措施，建立和巩固了新会人民政权。

（一）实行军事管制，接管国民党政权

解放初新会干部力量缺乏，群众基础薄弱，刚获得解放的广大农民群众对党和人民政府的政策了解不多，认识不深。面对这种情况，中国人民解放军粤中纵队根据中共华南分局的指示精神，决定成立新会军事管制委员会，机关驻江门镇（1950 年 4 月迁至会城镇）。

军事管制委员会成立后，即设立秘书科、军事科、公安局、司法科、民政科、财经科、社会科、交通管理处、文化教育委员会、宣传事业委员会、会城办事处等机构，按照接与管相统一的原则，积极开展接管工作，积极实行各项政务管理，大力宣传组织群众，恢复生产，继续支援前线，肃清匪特，维护治安，建立

革命秩序，稳定群众情绪。

江门、会城解放前夕，国民党县党部和县政府各机关及其人员，已大部分逃散，重要物资及档案均已转移或销毁，实际上可接收的东西不多。中共新会组织及其领导下的群众组织在解放前夕已调查掌握了国民党县党部、县政府人员情况，整个接管工作进展较为顺利。军管会按照先接管好城市，然后迅速转向乡村的工作计划，实行重点接收，把必要和立即要展开的工作部门先接管起来。军管会相继接管了国民党新会县警察局、江门警察所、江门常备自卫队、县党部、县政府、县参议会以及报社、学校等。接管的方法是按系统，先接收人员、资产、档案，然后继续追查，对原有工作人员进行思想教育和改造工作。

随着接管工作的完成，国民党新会县政权体制彻底摧毁，军事管制工作宣告结束。

（二）建立各级政权组织，实行人民政府办公制度

江门、会城解放初，新会县人民政府尚未有正常办公驻地和办事机构。新会实行军事管制后，县人民政府与江会区军事管制委员会合署办公，县以人民政府名义设立粮征科、税务局、邮政局。随着接管工作的顺利完成，全县政治局面日趋稳定，县人民政府着手建立和健全办事机构，相继设立了秘书室、公安局、民政科、财政经济委员会、财政科、工商科、建设科、文教科、粮食局等机构。1950年5月，新会全面实行人民政府办公制度。

中华人民共和国成立之初，新会全县一共有8个区，68个乡。新会全境解放后，江会区军事管制委员会和新会人民政府，通过委派区长和工作队，积极筹建区、乡政权机构。1949年12月，第一区、第七区先后建立区人民政府，会城镇成立了临时镇务委员会。月底，全县8个区均成立征粮委员会，凡没有委任区领导人的区，由区征粮委员会行使区级行政职权。1950年1月，县人民政府分别向第一、三、五、六、八区委派出区的负责人，建立或筹备建立区人民政府机构。至 7 月，县内 8 个区和会城镇先后建立了人民政府机构。

（三）召开各界人民代表会议，加快民主建政进程

新会解放初期，遵照中共中央的决定和中央人民政府颁布的《县各界人民代表会议组织通则》，采取民主推荐、选举等办法，产生县各界人民代表会议代表，召开各界人民代表会议，1950 年 3 月 25 日至 28 日，召开了新会县第一届各界人民代表会议，选举产生了第一届各界人民代表会议常务委员会，开创了新会历史上民主建政的新时期。

各界人民代表会议成为新会人民建设新社会的组织形式。县各界人民代表会议的召开，充分发挥了人民群众的创造性和积极性，在全县各级党组织和人民政府的领导下，形成了改天换地的巨大力量，保证了抗美援朝、镇压反革命运动、土地改革和恢复国民经济等各项工作的完成，巩固扩大了人民民主统一战线，为后来的政权建设积累了宝贵的经验。人民代表会议制度也在实践中不断完善，逐步发展成为代行人民代表大会的职权，推进了民主建政的进程。

二、清匪反霸斗争

新会解放初，中共新会组织配合人民解放军追歼国民党残余部队，1949 年 10 月 31 日新会全境解放基本肃清。但由于解放前受国民党统治，封建势力顽固，匪患猖獗，礼乐、古兜山等地成为土匪的巢穴。新会解放初，残留县内的土匪特务不少，他们坚持反动立场，与人民为敌，已逃亡海外的匪特也趁南下大军向南进军、地方军事力量一时不足和群众基础薄弱，各级人民政权还没有全面建立的情况下，不断寻找机会，潜回内地，组织队伍，

勾结土匪、恶霸，制造谣言，恐吓群众，进行各种破坏和颠覆活动。如军统特务李和在崖西一带组织"解放人民军"；特务头子陈炽在新会组织"反共人民救国军"；礼乐的陈鹏匪徒，袭击抢劫支前军粮船，杀害运粮干部；古兜山的匪首钟立，多次袭击征粮工作队，杀害征粮干部，劫持轮奸女干部，迫害农会干部和民兵。另外，分散潜伏在农村各地的土匪，大都以掳掠为业，四处行凶，有的还与地主恶霸勾结在一起，在政治上严重压迫人民，在经济上则仗其势力进行非法掠夺、压榨人民血汗。由于匪患不断、恶霸横行、反革命猖獗，造成社会秩序不稳，使刚解放的新会农村建政工作和各项社会改革难以开展。

根据中共中央华南分局、广东省军区和省人民政府关于中华人民共和国成立初期全省各地必须把肃清匪患斗争作为中心工作的指示，江会区工委（1950 年 4 月成立中共新会县委）、江会区军事管制委员会和新会县人民政府把剿匪反霸作为头等大事，大力开展清匪反霸斗争。1949 年 11 月 7 日，江会区军事管制委员会发布公告，宣布解散中国国民党、三民主义青年团、中国青年党和国民党特务机关组织，查封没收其一切公产、档案，限令上述人员自公告之日起，20 天内向公安局进行自新登记。11 日，又公布了反动党团组织及国民党特务人员申请悔过自新的登记办法，取缔各类反动组织，全面展开清剿国民党残余特匪及为害民众的土匪武装。3 月中下旬，先后召开了新会县第一届农民代表会议和新会县第一届人民代表会议。在清匪反霸问题上，要求配合支持人民解放军对反动组织和土匪武装采取"政治瓦解，军事围剿，打击首要，分化爪牙，争取群众"的斗争策略。

在新会党组织和人民群众的大力支持下，先后奉命进驻新会的中国人民解放军广东军区台山军分区第二十团、广东军区独立第二十团积极开展清匪反霸斗争。1950 年 1 月初，在大沙、白沙、陈家湾、下栏、鱼山以及七堡汤东村一带剿匪，俘获土匪 81名，活捉惯匪周浓盛、张桂、周容等人，缴获轻机枪 4 挺、长短枪及子弹一批。2 月中下旬，解放军在三江乡捕获土匪 40 余人，缴获轻机枪 4 挺、长枪 40 余支。3 月下旬，解放军在县公安干警和当地民兵的配合下，经过两天的围剿，古兜山匪首钟立等一批匪徒被击毙，土匪赖北祺等 10 余人被活捉，匪巢被端掉。4 月，公安机关破获"广东省人民反共救国军第三军独立第十二团"（代号"重光"）的特务组织，至 5 月 8 日，匪特全部落网，捕获包括匪团长袁海、副团长洪雄等特务分子 50 人。7 月 12 日，当礼乐匪首傅传友在三沙通渡行劫时，解放军迅速展开围歼，当场击毙 3 人，余下跳水逃跑，解放军穷追不舍，傅传友等匪徒终于被擒获。至 1950 年 10 月底，全县共歼土匪 1374 人，缴获各种炮 5 门，各式机枪 127 挺、各式长短枪 1893 支及弹药一大批。近一年的剿匪斗争，给县内公开活动的土匪歼灭性的打击，全县常年的严重匪患基本解决。

1950 年 7 月，政务院、最高人民法院发出《关于镇压反革命活动的指示》，新会县委随即成立清匪反霸委员会，区成立清匪反霸领导小组，大力开展镇压反革命运动，重点清查和打击土匪、恶霸、特务、反动党团骨干及反动会道门头子。新会县委与驻县人民解放军一起，在区、乡及时召开土匪家属会，阐明党有关"镇压与宽大相结合"的政策，动员其家属配合做好自新登记工作，在社会上广泛发动群众，检举揭发反革命分子。至年底，全县自新登记的国民党骨干分子有 254 人，三青团骨干分子 28 人，青年党骨干分子 7 人，区（尉）级以上分子 84 人，反动党团一般成员 587 人。

1950 年 10 月 14 日，中共中央发出《关于纠正镇压反革命活动的右倾偏向的指示》，华南分局、省政府向全省发出一系列文件，要求各级组织在开展镇反斗争中，坚决纠正"宽大无边"的偏向，正确贯彻党的"镇压与宽大相结合"的政策，并指出：不杀恶霸，则农会不能组成，农民不敢分田。对匪首、特务（重要的）必须采取坚决镇压的政策，群众才能翻身、人民政权才能巩固。1951 年 2 月 2 日，中央人民政府公布《中华人民共和国惩治反革命条例》，规定处理反革命案件的原则和方法，使镇压反革命运动有了法律的武器和量刑的标准，推动了运动广泛深入地开展。新会县委、县政府认真总结前段工作的经验教训，认识到在清匪反霸斗争中，要正确理解和执行党在镇反斗争中实行的"镇压与宽大"政策，纠正右的倾向，对罪大恶极的反革命分子必须严厉镇压。1951 年 3 月，新会县人民法庭成立，下设 8 个区分庭。县人民法院依照《中华人民共和国惩治反革命条例》，审理全县的反革命分子案件。至 5 月，全县扣押了 2486 人，其中土匪 482 人，特务 9 人，恶霸 75 人，嫌疑分子 430 人，不法地主 66 人等，收缴武器弹药一批。到 6 月止，经县人民法院审理批准，全县处决了反革命首恶分子 369 人。由于杀、关、管了一批匪首、惯匪和恶霸等反革命分子，清除了公开的敌人，为即将在全县开展的土地改革运动铺平了道路。

解放初期，新会在追歼国民党残余部队、清匪反霸和镇压反革命的斗争中，正确贯彻中央和上级党委关于"军事进剿，政治瓦解"的剿匪方针和"镇压与宽大相结合"的政策，广泛发动群众，沉重地打击了国民党残余势力和农村封建地主阶级的反动气焰，使人民群众真正得到翻身解放。通过这一斗争，不仅初步建立革命秩序，稳定社会治安，保卫和巩固了新生的人民政权，还在农村通过组织农会，实行退租退押，斗争地主恶霸，将农民群众进一步组织起来，从中锻炼和培养了一大批农民骨干，为全面实行土地改革运动创造了有利的条件。

三、抗美援朝运动

1950 年 6 月 25 日，朝鲜半岛大规模战争爆发。美国随即打着联合国旗号进行武装干涉，同时派遣第七舰队入侵台湾海峡。10 月 2 日，美国侵略军悍然越过"三八"线，战火蔓延到中国东北边境。在这种严重的形势下，中共中央根据朝鲜劳动党和政府提出出兵援助的请求以及祖国安全的需要，作出了"抗美援朝，保家卫国"的战略决策。10 月 19 日，中国人民志愿军以全国人民的热烈拥护为坚强后盾，跨过鸭绿江，入朝作战。在国内，中共中央领导全国各族人民开展了大规模的抗美援朝运动。刚刚获得解放的新会人民热烈响应党和政府的号召，踊跃参加志愿军，踊跃捐献飞机大炮，努力发展生产，巩固人民民主政权，以实际行动支援抗美援朝战争。

1950 年 8 月 9 日，新会县第二届各界人民代表会议发表"拥护世界和平，反对美帝侵略台湾、朝鲜的通电"，揭露美帝国主义侵略阴谋，严厉声讨美国侵略者的罪行。与此同时，旨在增强保卫世界和平力量，制止帝国主义挑动和扩大战争企图的和平签名运动，在新会迅猛发展。全县各区乡、各阶层和各种不同信仰、不同职业的人，纷纷参加签名运动。据不完全统计，至 1950 年 11 月 14 日，全县参加签名的干部、工人、农民、商人、医生、教师和学生等达 33 万多人，占当时全县总人口的 60% ,[1] 充分表达了新会人民拥护世界和平、保卫祖国的坚强意志。

中国人民志愿军入朝作战后，中国共产党和各民主党派等发布联合宣言："誓以全力拥护全国人民的正义要求，拥护中国人民在志愿基础上为着抗美援朝，保家卫国的神圣任务而奋斗。"

---

[1] 参见新会市档案馆全宗 23 号目录 1 号案卷 6 号第 43 页。

从此，一场轰轰烈烈的抗美援朝运动在全国各地迅速展开。11 月7 日，新会县各机关团体在会城太平戏院举行庆祝苏联十月革命32 周年纪念大会，与会代表纷纷谴责美帝国主义发动侵略战争的罪行，并发表《新会人民对美帝侵略朝鲜的抗议书》。11 月 11 日至 14 日，在会城召开的新会县第三届各界人民代表会议，成为新会抗美援朝运动的总动员大会。"会议自始至终流露着新会人民爱国的热心，援朝的意志，抗美的力量"。① 会议推选李光中等 39人，组织成立新会人民抗美援朝委员会，开展大规模的抗美援朝、保家卫国宣传教育运动。11 月中旬开始，全县各区（镇）和各单位相继召开抗美援朝动员大会或群众集会、报告会、座谈会，组织成立宣传队、学习小组、读报小组等宣传队伍，形成一个遍及全县城乡的宣传网络。

这种遍及城乡的宣传教育活动，一直持续了半年多时间。据不完全统计，1950 年 11 月至 1951 年 4 月，全县举行示威游行100 多次，参加游行人数达 30 多万人次；举行群众性大小集会、座谈会、控诉会 40 多次，全县接受过宣传教育的人数达 51 万多人。② 经过广泛深入的宣传教育，新会人民群众反帝斗争的爱国热情空前高涨，他们热烈响应党和政府的号召，踊跃报名参军和捐献飞机大炮，以实际行动抗美援朝。1950 年冬，中国人民志愿军入朝参战后，新会众多热血青年纷纷写信给《南方日报》《粤中人民报》等新闻单位和有关部门，要求参加志愿军赴朝支援朝鲜人民抗击美国侵略者。1950 年 11 月 14 日，26 位热血青年志愿参军赴朝的决心书在县第三届各界人民代表会议宣读之后，在全县引起很大反响。据统计，在抗美援朝运动期间，全县征集兵员

① 《粤中人民报》1950 年 11 月 21 日。
② 《粤中人民报》1951 年 4 月 21 日。

共 4 次，参加志愿军的有 1337 人，其中复员归队重返前线的有 30 人。全县在抗美援朝作战中英勇献身的战士 49 人，涌现出一批英雄人物，其中突出的有中国人民志愿军战士陈德生（新会县外海人，今属江门市），他在朝鲜战场上负伤后还勇敢地炸毁美军 3 辆坦克车，获得"孤胆英雄"称号；王桂琴（王坚），她志愿参加空军，成为新中国第一批女飞行员，全县有史以来的第一个女飞行员，曾在天安门庆典表演中飞行，两次受到毛泽东主席接见。其次，各行各业开展了热烈的捐款运动。新会葵业工人自发发起 1000 元（旧人民币）捐款运动，很快就捐出 135 万多元。不到半年时间，会城镇工人就捐出 4600 多万元，全县工商界捐款达 9600 多万元，其他各界群众纷纷捐款捐物，均先后转送到抗美援朝前线。1951 年 6 月 1 日，中国人民抗美援朝总会向全国人民发出开展捐献飞机大炮运动的号召。接着，新会县委和新会人民抗美援朝委员会分别发出指示和通知，要求全县人民迅速行动起来，响应号召，在全县范围内迅速掀起捐献飞机、大炮的运动。提出在全县以完成一架"新会人民号"战斗机和一架"新会工商号"战斗机（每架约 15 亿元）的努力目标。据新会人民抗美援朝委员会 1952 年 1 月的统计，1951 年 6 月 1 日至 1952 年 1 月 19 日，全县共捐献出钱物（折钱）32.79 多亿元，[①] 超过了捐献"新会人民号"和"新会工商号"战斗机的目标，表现了新会人民对抗美援朝热情的高涨。此外，新会的党政组织和新会人民积极为志愿军筹集军需物资。1952 年初，上级指定新会特产大头菜为军需品，要求收购运往朝鲜战场，给志愿军食用。为此，新会县委、县政府十分重视，把完成收购大头菜作为一项政治任务来抓，立即组织人员到盛产大头菜的荷塘、潮连（今属江门市）协助当地

---

① 新会市档案馆，全宗 6 号，目录 1 号，案卷号，第 24 页。

政府做好加工收购工作，并制订出切实可行的措施。荷塘、潮连等地人民群众表现出高度的爱国热情，积极配合当地政府做好加工收购工作。经过几个月的紧张工作，依时保质完成了收购任务，顺利运往前线。①

　　中国共产党在国内领导的大规模的抗美援朝运动，成为中国人民志愿军入朝作战的坚强后盾。新会人民积极参加抗美援朝运动，以实际行动支援了抗美援朝战争，为抗美援朝战争的胜利作出了应有的贡献。同时，抗美援朝运动以高度的爱国主义和国际主义精神教育了全县人民，极大地鼓舞了全县人民的革命热情和劳动热情，成为新会恢复和发展国民经济、推动各项社会改革的巨大动力。

---

　　①　林仟：《新会大头菜与抗美援朝》，新会市政协学习文史社会工作委员会编：《新会文史资料》选辑第48辑，1994年8月印行，第67—68页。

第二节 农村土地改革与国民经济的恢复和发展

一、土地改革工作

新会县在土地改革前，土地所有制是封建土地所有制。大部分耕地都在地主、富农手上。全县农村 114947 户 418911 人，耕地面积 1014266 亩，其中农民（贫、雇、中农，下同）102907户，376076 人，占有耕地面积 217551 亩；地主、富农 12040 户、42835 人，占有耕地面积 375692 亩。占全县总人口 73.70% 的农民，只占耕地的 21.45%；占全县总人口 8.4% 的地主、富农，却占耕地的 37.04%。再加上公堂、庙会的耕地，地主、富农所控制的耕地实际上占全县耕地的 69.34%。（以上资料来源于中华人民共和国成立初期县土地改革委员会的统计表。含今划给斗门县的西安、上横区及大沙农场，划给江门市郊区的外海、潮连等区乡）。新会县经过清匪反霸、退租退押运动以后，开展土地改革工作。1951 年 5 月 16 日，中共中央华南分局派来了首批土改队。5 月 28 日，中共新会县委根据地委指示，因土改工作需要，吸收中共中央华南分局等上级土改团的部分同志参加县委会，组成了新的县委会（又称临时县委），加强土改工作领导。5 月 28—30日，召开县第四届各界人民代表会议，动员全县人员，集中力量，消灭封建土地所有制，分好田地。会议决定成立新会县土地改革委员会和新会县城乡联络委员会，全面开展土地改革运动。同时，县委召开干部动员大会，组织了1240人的土改队伍奔赴农村。按照上级部署，全县土地改革工作，分3个阶段进行：第一阶段开展清匪反霸、退租退押运动，打倒地主阶级的政治优势；第二阶段划分阶级，没收土地重新分配，第三阶段结合发土地证，进行复查及系统的翻身教育，转向大规模生产运动。全县127个乡，除杜阮、龙榜、楼山、大鳌、上凌、塔岭等6个先行试点乡外，分3批进行，第一批39个乡，在1952年夏收前完成；第二批33个乡，在1952年秋收前完成；第三批49个乡，1952年底完成。

二、"三反""五反"运动

1950年5月，新会县人民政府成立工商科，针对当时社会上出现的抢购物资、囤积居奇、哄抬物价的现象，采取了加强金融管理、禁止金银外币的自由流通、取缔地下钱庄、控制主要商品、管理市场价格、法办扰乱市场的奸商等措施，打击市场投机，稳定物价，为私营工商业的发展创造良好的社会环境。同时，积极帮助私营工商业户解决经济上的一些困难，如调整批零差价、地区差价，保证私商的合法利润，给私营工商业户发放贷款。1950年县向私营葵类加工业、供电、米机、糖厂等企业提供贷款，帮助私营工商业户解决资金周转困难；恢复原有圩市贸易，组织国营、私营商业代表参加华南物资交流会等，开辟商品流通渠道，推销工农业产品，活跃城乡经济。

随着经济的发展，一些私营工商业者唯利是图的本质也逐渐暴露出来。他们一部分或消极经营，制造条件停业、歇业，或造谣破坏，歪曲党的政策，或抢购物资，破坏国家的收购销售计划，或偷税漏税，或偷工减料，欺骗国营公司，非法牟利。

为有力打击违法经营行为，新会县委和人民政府在1951年至1952年，结合全国党政机关工作人员开展"三反"（反对贪污、反对浪费、反对官僚主义)、私营工商业中开展"五反"(反对行贿、反对偷税漏税、反对偷工减料、反对盗骗国家财产、反对盗窃国家情报)运动,在全县不断开展限制私营工商业消极作用的斗争。依靠工人阶级、发动群众揭发不法分子的破坏阴谋,制止私营工商业者的不法行为;运用中央制定的一系列宽严结合的政策,与违法经营者展开斗争,使他们坦白认错,补交税款,合法经营;组织私营工商户学习、讨论,交代政策,解除顾虑,帮助他们提高觉悟,促进他们自觉守法经营。这些限制和利用的过程,也是对资本主义工商业改造的过程。

三、社会主义改造

(一)对农业的社会主义改造

土地改革后,大部分农民生活得到改善。为克服农民在分散经营中的困难,加快农业发展,支援国家工业化建设,1953 年 12月,县委开展过渡时期总路线教育运动,对农民进行"两条道路"教育,引导农民走农业合作化道路。是年底,全县组织了常年互助组 223 个 1309 户;临时互助组 2065 个 7547 户。到 1954 年夏,全县互助组发展为 10504 个,51041 户(其中常年互助组5011 个,27325 户),占农业总户数的 34. 4%。

新会第一个初级农业生产合作社,是三区(棠下区)桐井乡第一农业生产合作社,该社原是农民朱沃江于 1953 年 4 月自发组织起来的"埋产组"(即土地入股、统一经营),初时只有 12 户,后扩大到 25 户。"埋产组"初期即遇上大旱,桐井乡农民普遍减产,唯独该组增产,显示了农业合作社土地入股、统一经营的优越性。在朱沃江"埋产组"的示范带动下,全县有很多互助组都纷纷要求转为土地入股、统一经营的初级农业生产合作社。1953年秋后,县委采取重点示范办法,在全县试办起第一批 10 个初级农业生产合作社。初级社土地入股，统一经营，分配形式除以按劳分配为主外，还有土地分红。劳动分红占当年纯收入（总收入扣除成本及公积、公益金）的60%，土地分红占40%。土地分红按查田定产的产量计算，劳动分红通过按件计工，评工记分计算工分，按工分计算。分配形式是夏收预分，年终结算。经一年实践，全县第一批初级农业生产合作社都取得了增产增收，显示了优越性。1954年底，又试办第二批合作社，由第一批10个社发展到24个合作社。1955年春耕，发展为422个，20746户，占全县农户的15.4%。1955年秋，在毛泽东主席发出《关于农业合作化问题》的指示后，县委立即召开扩大会议，学习省委、区党委文件和毛泽东主席《关于农业合作化问题》的指示。会后，全县互助合作运动立即迅猛发展。是年底，全县初级社由春耕前422个，20746户，发展到1856个，88345户，参加农户由春耕前15.4%发展到65.7%，另渔业生产合作社6个207户。

在大办初级农业合作社的同时，还试办高级农业合作社，实行取消土地分红，耕畜和大型农具都折价入社。当时，以龙榜一社、雄乡社、桐井一社、中心红旗社、基背一社、北洋二社、新沙二社、那伏一社等8个基础较好的初级农业合作社作为办高级农业合作社试点，并全面推行初级农业合作社的升级并社。到1956年春，全县建成高级社285个，64257户，占总农户的47%。对暂不升级的初级社，同时进行合并，由1500多个小社合并为925个大社72317户，占总农户的53%。1956年秋，原来的925个初级社、285个高级社，又合并为536个高级社，入社农户141034户，占农户总数的99.1%。6个初级渔业生产合作社也合并为4个高级渔业生产合作社，占总渔业户的100%。1956年实现农业高级社化，农业总产值14079.14万元，比上年增长12%。

新会农业互助合作化运动，是县委在党的农业合作化路线、方针、政策的指引下，在特定的历史环境中，带领全县人民建设社会主义新农村的一次探索。首先，通过农业互助合作化运动，使全县农村完成了生产关系的变革，建立了生产资料的公有制，在没有引起社会动荡的情况下，把全县农民引上了社会主义道路。其次，农业合作化运动显现出来的优越性是显而易见的。它使全县分散、落后的个体农业经济变为社会主义性质的合作经济，激发了广大农民的生产积极性和创造性，使农业生产力进一步解放，从而促进了农业增产，增加了农民收入，增加了集体积累，大大地改变了农村的落后面貌。再次，合作化加强了农村基层组织的基础，培养了一批基层经济和行政管理人员。他们在各个时期忠实地执行党的路线、方针和政策，为全县农村的经济发展和社会进步发挥了重要的作用。

（二）对手工业的社会主义改造

1949 年全县手工业 2464 户，3238 人。其中铁、木、竹、制鞋和缝纫业人数占 70% 以上。按经营形式分，大体有 3 种：一是单纯加工修理；二是前店后场，独立经营；三是农民兼营手工业。为了帮助手工业发展，把个体手工业者组织起来，1952 年，采取"教育引导"和"积极扶助"的方针，在国营公司和供销合作社的支持下，按照自愿互利原则，在会城镇和杜阮区先后建立了铁、木、竹 3 个手工业生产合作社，共有社员 149 人。仅 1 年多时间，这 3 个手工业生产合作社不但解决了社员的生产和生活问题，而且还积累了大量生产资金，添置了生产设备，对全县个体手工业具有很大吸引力。1953 年秋，全县 13 个区的铁、木、竹、绳、造船、葵业、鞋、帽、毛巾、饼食、酿酒等 11 个手工业行业，建立起 4 个生产合作社，49 个生产小组，共 1672 人，占手工业总人数的 14.62%。

1955 年冬，在农业合作化高潮的推动下，县委组织了 5 个手工业社会主义改造工作队，到各区开展宣传发动，到 1956 年底，全县手工业者 2596 户，4509 人，纳入改造的 2366 户，4180 人，入社户数占总户数的 91.14%，人数占 92.7%，入社资金 323489 元。按照有利生产、方便群众的原则，组成生产合作社 101 个，1843 户，3401 人，资金 300729 元，供销生产社 1 个，3 户，10 人，资金 80 元；生产组 86 个，520 户，769 人，资金 22680 元。单干手工业者 230 户，329 人。基本完成手工业的社会主义改造。

（三）对资本主义工商业的社会主义改造

1953 年党在过渡时期总路线的颁布和广泛宣传，加速了整个私营工商业的改造过程。1953 年至 1956 年春，新会私营工商业改造工作也随之稳步前进。在恢复和发展国民经济中，如何对待在全县国民经济中占相当大比例的私营工商业，是一个至关紧要的大问题。为此，新会县委和人民政府认真贯彻中央"发展生产，繁荣经济，公私兼顾，劳资两利，内外交流"的经济政策。县成立对资本主义工商业社会主义改造领导小组，派出工作组到各行业开展宣传发动、普查登记、清产核资和处理债权债务。一方面全心全意依靠工人阶级，通过没收地主、官僚资本家开办的发电厂、糖厂、粮食加工厂等工业企业，建立地方国营贸易公司、供销合作社、国营工厂等，不断建立和发展国营、集体经济。另一方面，大力扶助和发展有利于国计民生的私营工商业。

1. 对私营工业的社会主义改造

1949 年，全县主要工厂 279 家，职工 2558 人。其中发电厂 1 家，葵类加工 141 家，大米加工 22 家，制糖 5 家，酿酒 44 家，制调味品 18 家，烟草加工 44 家，印刷 4 家。中华人民共和国成立后到 1954 年，政府先后没收了官僚、地主经营的糖厂、粮食加工厂、电力厂 16 家，将其改为国营企业，并新办了地方国营新会贸易公司葵类加工厂。全县有 10 名工人以上的私营工业企业共

61 家，其中粮食加工 12 家，葵业加工 23 家，神香 6 家，酱油、木屐、榨油、竹器、油帽、饼干、服装、制粉等共 20 家。新会认真贯彻中央的决定，结合本地实际，从 1953 年 12 月开始实施粮食统购统销、食油统购统销等一系列政策，全县私营工厂的主要工业行业如米机、酒厂、粉厂、葵业等行业都受到国营的管制，开始实行由国营供给原料。通过加工订货或由政府限量控制生产任务，私营工业的生产在一定程度上纳入国家计划，私营工业的大多数，在各自不同方式下同社会主义经济发生联系和合作而得到逐步改造。

全县对私营工业企业的社会主义改造，以葵业为试点，从 1954 年 4 月起，全县生葵由国营葵类加工厂统一收购，委托私营厂加工，收回成品，付加工费。当时全县私营葵业 102 家，自愿合并为 23 家，1955 年 1 月，再合并为 7 家。1956 年 1 月，进一步实行全行业公私合营，成立公私合营新会葵厂，下设 7 个分厂。工人除部分安排到国营贸易公司葵类加工厂外，其余由政府帮助组成加工葵贝、普通扇、葵扎、荇绳、割生葵等 12 个生产组（1957 年 9 月，全部并入国营葵厂、葵贝厂）。

到 1956 年 2 月，全县私营工业在全国对工商业社会主义改造高潮的推动和本县葵业行业社会主义改造的带动影响下，都自愿从原来的经销、代销、加工、订货的低级形式，走向公私合营的高级形式，全县共组成凉果酱油厂、棚厂、糕粉厂、粮食加工厂、纸扇厂、蚝灰厂及葵厂共 7 家公私合营企业。合营前，各厂采取自报、自评、自核方式，进行清产核算，按赎买政策，分期发放赎买利息，至 1966 年 6 月偿还完成，企业全部归国家所有。原私营企业 943 人，其中职工 772 人，全部留在企业继续工作。

2. 对私营商业的社会主义改造

中华人民共和国成立初期，全县私营商业 5084 户 8155 人，

90% 是小商小贩，资金 92 万多元。1950 年起，国家大力发展国营商业和供销（消费）合作社，打击不法商人的投机倒把活动，稳定市场物价，逐步占领市场。1953 年贯彻中央对私营工商业实行"利用、限制、改造"的方针，私商由归口国营公司管理，从国营单位进货，实行经销、代销。

在全国农业合作化高潮和工商业社会主义改造高潮的推动下，1956 年 1 月 6 日到 10 日，新会县工商联召开第一届代表大会，讨论全县私营工商业的社会主义改造问题。会议选举产生了新会县工商联第一届执行委员会、监察委员会成员，正式成立新会县工商联合会，掀起全县私营工商业社会主义改造的高潮。全县私营商业纷纷递交申请书，敲锣打鼓，举行"热烈庆祝全行业公私合营大会"，要求走公私合营和合作化道路。当时，全县共有私营企业 4974 户，7986 人，其中职工 760 人，资金 916975 元（其中流动资金 559135 元），纳入改造的 3877 户。组成公私合营企业 37 家，资金 299005 元；合作商店（组）469 个，3218 户，4931 人（其中职工 233 人）；经销代销 313 户，代购 13 个 82 户。在对私营企业社会主义改造过程中吸收为国营公司职工的 54 人，吸收为供销社职工的 457 人。

县委和人民政府为行业归口改造做了一系列工作。首先是调查摸底，摸清全县私营工商业的状况，在调查基础上对各个私营工商户提出改造意见。其次是制定行业归口改造规划、全县行业归口安排。再次是搞好试点，有计划有步骤地分期分批实行行业改造。工业方面，选择米机作为全行业合营的试点。商业方面，选择油杂、百货、茶楼三个行业为试点。随后，进行分期分批组织行业改造。

3. 对船民的社会主义改造

中华人民共和国成立初期，全县共有船民 455 户，2829 人，其中船工 185 人。木帆船 451 艘，总吨位 4444 吨，均是私营运输业，主要分布在会城、睦洲、双水、外海、荷塘、黄冲等地。1956 年 11 月，在农业社会主义改造高潮的推动下，分别成立了双水、睦洲、会城、棠下、荷塘、外海、崖西等 7 个木帆船社。1956 年底，成立了新会县木帆船联社，完成了木帆船运输业的社会主义改造。当时联社总人口 3506 人，其中职工 2258 人，有船舶 495 艘，总吨位 5847 吨，总功率 154 千瓦。

新会全行业公私合营的高潮是采取群众运动的方式。县委根据中央的各项方针政策，结合本县实际，首先是根据中央"从宽处理，尽量了结"的方针和"公平合理，实事求是"的原则，在合营企业全面进行清产核资时替私方人员采取"宽私了"的原则，从而私营工商界人士放下包袱，更加积极地参加合营工作。其次是努力做好合营企业私方人员的人事安排。县委按照"量材录用，辅以必要照顾"的原则，分别根据私方人员的工作能力、政治地位、政治态度、原经营企业规模的大小和原任职的高低等方面条件，分别给予适当的安排。此外，在全行业的合营后，为了促进企业内部的改造和发展，还分别进行了合营企业内部制度的改革、合营企业的工资改革和协调合营企业中的公私共事关系等，使资本主义工商业的改造转入到企业内部进行深入细致的改造阶段。至此，新会对资本主义工商业的社会主义改造胜利完成。

四、实施"四变"规划

（一）"四变"口号的提出

中华人民共和国成立初期，全县可耕地 109 万亩，山地 93 万亩，围堤河畔一千公里，都可以发展农林作物。由于气候温暖，雨量充沛，四季常青，具有农林渔牧全面发展的有利条件。但新会解放前，上述的有利条件根本没有得到充分利用，荒山秃秃，围堤破烂，城乡环境恶劣，生产水平低下，粮食不能自给，人民生活贫困。

中华人民共和国建立后，新会县委、县人民政府在带领全县人民开展土地改革、抗美援朝、镇压反革命、民主改革等各项运动中，政权得到巩固，促进工农业生产的迅速恢复与发展，人民生活得到迅速改善，1953 年全县工农业总产值 13851 万元，比1949 年增长了 52%。为新会全面进行社会主义建设和社会主义改造奠定了政治和经济基础。

1953 年，党和国家制定过渡时期的总路线，掀起了大规模、有计划的经济建设高潮。新会农村经过各项社会改革后，生产力得到了解放，生产互助合作运动不断发展，广大干部群众受到党在过渡时期的总路线的教育，社会主义思想觉悟普遍提高，成为建设新会的强大力量。如何带领新会人民用较短时间改变一穷二白的落后面貌，正确选择适合本县经济发展的新路子？根据省委对发展农业的指示以及新会的实际情况，县委、县政府经过反复论证后，确定把发展经济的战略重点放在农业，其工作思路应在"变"字上大做文章。1954 年 6 月 20 日，新会县人民代表大会第一届第一次会议胜利召开。会上，县长党向民在《政府四年工作报告及今后工作意见》中，提出一个建设社会主义新农村的"四变"口号，即"稻田变粮仓，河流变鱼塘，荒山变果园，农村变花园"，作为这一时期建设新会农村的总体规划和带领新会人民奋斗的宏伟目标。

（二）"四变"口号的落实

建设社会主义新农村的"四变"口号，得到了全县干部群众的普遍响应和拥护。为了使"四变"成为现实，从 1954 年下半年起，县委、县政府领导全县人民，紧紧围绕实现"四变"这个宏伟目标，满怀信心地带领全县人民铆足干劲抓生产，取得了显著的成绩。

1. 稻田变粮仓

为了实现这个目标，县委、县政府重点采取"四改、两多、三早、两消灭"的措施。"四改"即改挣稿（挣稿，方言。指双季稻间作）为翻耕（双季稻连作），改单造为双造，改大科疏植为小科密植，改落后田为好田；"两多"即多积肥，多选种；"三早"即早播种，早移植，早管理；"两消灭"即消灭旱灾，消灭病虫害。经过几年的奋斗，全县53万亩挣稿田和5万亩单造田，到1957年全部改为翻耕和双造田，每亩产量增加100斤至200斤；大科疏植每亩原来仅插5000多科的做法，到1956年全部改为12000科。

这项改革，在做好管理和增施肥料的配合下，一般每亩可增产一倍以上；全县平均亩产不超过200斤的落后田38万亩，多是重黏土、沙质土、酸性土、咸矾底、铁锈底、木屎底、沙石底等，从1955年开始改土工作，到1957年进行彻底改良土壤的有13万亩，经过改良的落后田，在1958年都获得显著的增产。如棠下周郡乡将400亩落后田改良后，早造亩产由250斤增到450斤，落后田变为丰收田。在多积肥方面，积极推广用农家肥、土杂肥和商品肥配合制成的混合肥，大力发展养猪积肥和大面积扩种绿肥等方法，解决稻田用肥面积120多万亩。选用良种是提高水稻产量的关键，农业局积极抓好优良稻种的选、育、推广工作，主要采取评选农家良种和引进新品种的办法去劣推优。如1956年评选农家良种早造有白谷糯、新兴白、宣占；晚造有金山占、福建占、一粒种、金红早、金风雪等。到1957年，全县已有90%稻田选用了良种，大大提高了产量。

在消灭病虫害上，采取以防为主和早治、全面治、彻底治的方针，附加进行挖毁稻根、清除田间杂草、深耕晒白、浸冬浸春、种子消毒、消灭庄稼虫、合理施肥、及时防治等综合防治措施，到 1957 年大部分地区消灭了水稻的主要病虫害。消灭水旱灾的措施是大力兴修水利，到了 1957 年，共修建了大中小水利工程近万宗，受益耕地 76 万多亩，基本上消灭了水旱灾对稻谷生产的危害。

此外，为了保证粮食产量不断提高，县委、县政府还先后在各区乡建立农业技术推广站和示范农场，除了在技术上对农民进行指导，帮助农民掌握科学种田的技术外，还利用农场栽培丰产田作示范，使农民真正能看得见，摸得着，增强科学种田的信心，起到以点带面的作用。如县示范农场礼乐分场，1955 年建场后，全场水稻耕种面积 122 亩都是挣稿田，土质黏重排灌不良，之后经过技术改造，采用上述的科学栽培方法，当年早造平均亩产 536 斤，比上年早造增产 37%，效果显著。

全县实施了上述行之有效的措施，大规模推行各种技术改革和先进经验，保证了粮食产量逐年提高，到 1958 年，全县"稻田变粮仓"已初见成效，全县粮食总产量由 1953 年的 152900 吨增加到 1958 年的 249407 吨，比 1949 年翻一番。粮食生产获得大丰收，除了保证全县人民吃粮外，还上调国家余粮 79620 吨，一跃成为全省主要商品粮生产基地之一，受到上级的表彰。

2. 河流变鱼塘

"河流变鱼塘"是大力发展渔业经济的一项有效措施，它有见效快、成本低、收入好等特点，推广起来干部群众容易接受。因此，县委、县政府提出"河流变鱼塘"的口号后，全县广大干部群众热烈响应，积极行动起来，因地制宜地在河道上采取堵塞或安装活闸网的办法，把河道变成鱼塘，大力发展养鱼事业。当时全县水域 20 多万亩，其中有相当一部分河流自然条件很好，水深适中，终年不涸，底土肥沃，又有丰富的水生动植物，对发展养鱼极为有利。在实施"河流变鱼塘"的工作中，主要采取两种办法：一种是对不来往船只的河流，把它围起来变成鱼塘；另一种是对有船只来往的河流，安装活闸网把它变成鱼塘。如棠下周郡社，初时经验不足，只是在一些死水涌小面积养鱼，收效不大。1956年初，他们开始进行活水养鱼试验，用一排密密的竹栅拦着涌口。潮水可以进出，但河口却堵死了，这种办法只能局限于不通行船只的河流，而许多有船只通行的河流没有能够利用起来。为了能迅速扩大河流变鱼塘的面积，他们首先在水流较缓、河面较窄的交通河上安装能浮能沉的活闸网养鱼做试验，一举成功。然后，他们又在较深较宽的大交通河上，装上活动的大铁闸网来拦河养鱼，在短短半年时间，就把630亩水域变为鱼塘，当年产鱼10多万斤。他们的做法在全县起到示范作用。在河涌纵横的沙田地区的睦洲区，过去农民顾虑河面宽、河床深会走掉鱼苗，又怕妨碍交通。干部群众到周郡社参观后，解除了顾虑，纷纷行动起来，仅在1957年就在2500亩水域安装20个活动铁闸网，全部成了鱼塘。

经过全县干部群众的共同奋斗，仅1957年已有16000亩水域改变为鱼塘，当年产鱼98600斤。到1958后又增至26389亩，产鱼115400斤。河流变鱼塘的面积逐年扩大，渔业得到一定的发展。

3. 荒山变果园

造林种果，绿化大地，发展经济，优化生态环境，是县委、县政府提出荒山变果园的战略思路的具体实践。1954年6月，为了能把荒山变果园，县委、县政府根据全县有荒山93万亩的状况，提出了宜林即林，宜果即果，三年绿化全县荒山的奋斗目标。为了使广大干部群众增强信心，提高造林种果的技术，县委、县政府重点抓好大泽五和二社种果和开发绿化圭峰山两个典型示范点。1955 年秋，大泽五和二社试种柑果 40 多亩，由于受传统观念影响，许多群众不相信能在山上种果。为了消除群众疑虑，县委、县政府组织技术干部作指导，将传统的圈枝苗改为嫁接苗，以适应山地水分较少的生长环境。经过科学的栽培和管理，到 1958 年，果树终于结出了甜香的果子。群众看到经过自己辛勤劳动结出的硕果，无不深受鼓舞，前往参观的有 10 万多人。这一示范点的成功经验，对推动全县掀起果树上山运动起到了重要作用。而全面开发圭峰山，起示范作用更大。圭峰山原是一座有 5 万亩面积的大荒山，1953 年在那里建立了农场后，发动工人、干部、学生、居民上山造林、修路，开发山地。1954 年 6 月，县委、县政府提出"荒山变果园"的口号后，进一步加快了建设圭峰山的步伐，在一年的时间里，陆续开发山地 800 多亩，种上各种林木和菠萝、橘橙和荔枝等果树，还种葵树，在山腰筑了一个山塘（人们给它起名"玉湖"），除了灌溉农田山地外，还养鱼 3 万多尾。1957 年 9 月，县委又提出向圭峰山进军，把圭峰山变成"宝山"的号召，干部纷纷要求加入改造圭峰山的行列。几年当中分批组织了机关、企业单位的干部 500 多人参加开发圭峰山，成立机关干部农场，建立一所劳动大学，干部能一边学习政治理论，一边参加生产劳动，既改造了客观世界，又改造了主观世界，得到了很好的锻炼，成为开发圭峰山的主力军。在开发圭峰山的工作中，采取"先近后远，由低到高，全面规划，全面开发，综合发展，综合利用，以短养长，长短结合"的生产建设方针。经过几年艰苦劳动，到 1958 年已种下各种林木 20000 多亩，其中柑子、橙子、荔枝果树 2400 多亩。这个荒山开始成为略有规模的农、林、渔、牧全面发展区。

圭峰山建设的典型，给全县开发山区、繁荣山区提供了榜样。各级干部群众经过参观学习，都鼓起了开发荒山的劲头，向荒山进军的热潮在全县掀起。1958 年，全县已组织 176 个上山队 3500 多人，学习圭峰山的做法，大力开发荒山。除了专业队伍开发荒山外，各社队干部群众也纷纷行动起来，积极开展种果造林工作，如环城区城西乡干部和农民，积极投入改造大云山的工作，他们先后在山顶种下马尾松，在山腰种下青梅果树，在山脚种下柑橘、花和风景树等；杜阮区龙溪在荒山营造近万亩松林；礼乐区在 45 公里的大堤上种葵植树，全面绿化大堤。由于全县各级干部群众齐心合力，艰苦奋斗，到 1958 年底，全县共造林育林种果 68 万亩，基本绿化了全县的荒山，1959 年被国务院评为全国绿化先进县。

4. 农村变花园

变的主要内容，一是搞好以消灭"四害"为中心的卫生运动；二是搞好以美化环境为要求的植树运动；三是搞好以平直方面为标准的修路运动，具体要求是所有的大街小巷、村旁屋边，都经常打扫得干干净净，所有的大小沟渠，都挖净疏通，有条件的都改成暗渠引水长流冲洗，所有的公厕都有专人打扫洗刷，加盖密闭，所有低洼地和死水池，都填平种树或挖深养鱼，人人做好个人卫生。农村建设必须作全面规划，有些地方可设新村，建新房者都到新村去建，做到整齐划一，种好树木，美化环境，逐步改变旧的面貌；还要做到县有公路通社队，队有大道通乡村。为了能够达到上述要求，全县重点抓好以消灭"四害"为中心的爱国卫生运动。中华人民共和国成立初期，为响应毛泽东主席提出"动员起来，讲究卫生，减少疾病，提高健康水平，粉碎敌人细菌战"的号召，县委、县政府动员全县人民群众，开展爱国卫生运动，取得一定成效。1954 年提出了"四变"口号后，各地在实施"农村变花园"的工作中，又抓了除"四害"美化农村等爱国卫生运动，使城乡卫生综合水平进一步提高。但由于农村一些群众对除"四害"讲卫生的意义认识不足，加上受传统的陋习影响，沟渠淤塞、污水横流、粪便垃圾遍地、蚊蝇满天飞等不良的卫生状况未能得到彻底改变。县委、县政府对存在的问题高度重视，为了能够有效地改变这种状况，提高人民群众的健康水平，促进"农村变花园"的工作加大力度，加强组织领导，于1957年成立县"消灭'四害'美化农村委员会"，制订了全县"消灭'四害'美化农村工作规划"，围绕"农村变花园"的工作，在全县城乡大张旗鼓地开展以除"四害"为重点的爱国卫生运动。当时首先以会城、五和、天马为示范点，从各个卫生部门抽出人力组成三个工作组，分头到各个重点协助发动群众，大力开展以保证提高群众健康水平，促进农业增产和"农村变花园"为目的的"消灭'四害'、美化农村"爱国卫生运动。会城镇在"四变"口号鼓舞下，还动员各方面力量，先后建设了一个有800亩面积的大公园，公园内建有可容纳2000多人的礼堂，还有动物园、游泳池、儿童游乐场、农业展览馆、博物馆、阅览室和许多座亭台楼阁。在上述地方种有柑、橙、柚、桃、梅、荔枝、龙眼、沙梨、木瓜、香蕉等20多种果树5680棵，间种菠萝1500棵，还有玫瑰、玉兰、米仔兰、桂花等有经济价值的香花8000多棵，松、柏、凤凰、银桦等风景树2000多株，马路两旁也种上果树或风景树，会城卫生、美化、绿化整体上了显著的变化。1958年，会城、五和二社获全省爱国卫生先进奖；会城镇镇长还出席全国除"四害"、讲卫生经验交流会，获国务院颁发的奖状一面。会城、五和二社的先进经验，对全县的爱国卫生运动起到了推动的作用，许多农村也仿效会城、五和的做法，积极行动起来，开展以除害灭病为中心的爱国卫生突击月运动，并由突击性逐步向经常化制度化转变，还注意抓好卫生基本建设，如建公厕、修沟渠、搞环境绿化、改善各种卫生条件等，使农村在这一时期普遍出现干净卫生的新气象。此外，县委对改变农村村容村貌也采取相应措施，如建房都要凭图纸向所在地政府申请，建委协助农村做好统一规划。同时在都会搞了一个建房样板，给全县干部群众参观学习。为鼓励群众将茅寮改建砖房，加快促进美化农村面貌，对将茅寮改建砖房的群众，在建筑材料供应价格上给予优惠等。

与此同时，还抓好以平直路面为标准的修路工作，重点把公路搞成绿化、美化、生产化的林荫大道，作为实现"农村变花园"的重要一环来抓。1958 年，全县掀起修筑公路热潮。当时，县委决定首先扩建棠下经江门至司前，全长 50 公里的主干公路，作为示范公路，推动全县的修路运动。在这条主干公路扩建和绿化标准的示范推动下，全县各地也按照这个标准，全面开展公路绿化扩建工作，到 1959 年全县共修建、扩建绿化公路 147 公里，同时也全面修整了乡村道路，全县大小道路基本绿荫夹道，景观美丽。

（三）"四变"口号的效果

"四变"口号在特定的历史背景下，成为县委、县政府团结和动员全县人民共同为建设社会主义新农村而奋斗的目标。经过短短几年的实践，不仅促进了新会农村面貌发生显著的变化，而且新会的广大干部群众，在探索建设社会主义道路中，受到了锻炼，积累了许多有益的经验。虽然后来受到"大跃进"运动和人民公社化运动的影响而逐渐淡化"四变"的工作，但它对新会的历史发展所产生的影响却是深远的。一是"四变"的实施为新会工农业全面发展打下坚实的基础。新会在 1954 开始实施"四变"后，到 1958 年，全县农业发展发生了重大变化，粮食等农产品大幅增产，农业总产值 1953 年 1.15 亿元，1958 年增加为 1.5 亿元，增长 30%。农业发展了，从而有力促进了工业和商业的发展，全县工业总产值 1953 年 2397 万元，1958 后达到 5991 万元，增长

150%。二是开创了城乡建设和绿化工作的新局面。中华人民共和国成立初期，新会的城乡还是战痕累累，瓦砾遍地，1954年实施"四变"后，城乡建设和绿化工作得到重视，其中会城镇建设发展速度较快，到1958年，全镇新建房屋345幢，面积162965平方米。同时，新建扩建改建了电影院、人民医院、百货商店、中心大道、大礼堂、动物园、游泳池、儿童游乐场、工农业展览馆、博物馆、阅览室和许多座亭台楼阁，城镇建设粗具规模。不但城镇建设速度快，而且注意美化、绿化、洁化，做到了所有街道、公园绿树成荫、干净卫生，爱国卫生运动获国务院颁发奖状一面。1958年7月，国家建筑工程部在青岛召开全国第一次城市规划座谈会，县长兼建委主任肖辉出席会议并介绍了经验。到1958年，已基本绿化了全县的荒山，特别是圭峰山，因园林化成绩优异，在全国农业社会主义建设先进单位代表会议上获得国务院奖状。三是锻炼和培养了干部。县委、县政府提出"四变"口号的同时，还着重提出要建设一个社会主义的新会，要有党和政府的领导，要培养大批能力很强的干部的要求。

"四变"的实践，除了促进全县工农业和城乡建设以及绿化工作等全面进步外，更重要的是，在实施"四变"工作中，各级干部都能从中学会运用培育典型示范，现场总结推广，领导带头，带领各级落实的工作方法，不仅有效地促进全县人民向"四变"的深度和广度进军，取得显著成绩，而且培养了一大批能带领广大人民群众进行社会主义建设的干部，为新会后来的全面发展提供了重要的组织保证。

第三节 全面建设社会主义的探索

在这一时期，由于农业生产的飞跃发展，又较好地促进了工业发展，工业发展又支持了农业发展，使得新会整个工农业生产以及商业发展形成了良好的互助促进局面。新会的这一时期成为工农业生产历史发展的第一个辉煌时期，在全省乃至全国都产生了较大的影响。党和国家领导人周恩来、董必武、朱德、贺龙等专程来新会视察，对新会在建设社会主义事业中所取得的辉煌成就给予充分肯定。周恩来总理还为新会劳动大学、新会农械厂、废物利用工作、大泽五和二社（现同和老区村）、棠下周郡农业社题名题词，新会的干部和群众从中受到了极大的鼓舞。

新会在 1954 开始实施"四变"后，农业发展了，从而有力促进了工业和商业的发展，尤其是以农业为主要原料的制糖工业、葵艺工业、粮油加工业在这一时期得到迅速发展；手扶拖拉机、刨床、电机、电风扇等工业相继建立起来。商业工作由原来单纯销售商品，改变为支持农业，面向生产，开展废物利用，同时帮助农民建立了瓜子、莲子、茶叶、草菇等 25 个生产基地，帮助农业社开办了砖窑、陶瓷、肥料等 27 个工厂，帮助农民采用种、养、制、挖、捉、采 6 种办法开展多种经营取得显著的经济效益。

一、废旧物资回收及综合利用与全国财政贸易工作现场会在新会召开

新会废旧物资回收及综合利用工作，是在中华人民共和国成立后，中共新会县委认真贯彻党在过渡时期的总路线，以县供销社系统为主渠道兴办起来的行业，服务网点遍及城乡，其宗旨是实行废旧物资回收和就地加工，为经济建设服务。

1957 年底，中共新会县第一届代表大会第二次会议通过了1958 年废物利用规划，提出了"三变、三化、三结合"的口号（即无用变有用、一用变多用、破旧变崭新，美化、经济化、节约用材化和结合生产、结合卫生运动、结合群众需要）；并通过人民代表大会动员全县人民，人人动手，清理和利用废物。县成立了废物利用委员会，各区成立废物利用小组，供销社在各区设有废物利用商店，乡设有废品收购站，队设有废品代购员。1958年 4 月，中共广东省委、省人委肯定了新会县的做法，发出了《关于学习新会县广泛利用废物的通知》，号召全省向新会学习，全面地、广泛地、系统地利用废物，变废物为财宝、为生产资料和工业原料。《南方日报》在发表省委、省人委这个通知时，还报道了新会县几年来废物利用的情况，同时发表了《推广新会县广泛利用废物的经验》的社论，肯定和推广新会县发动群众收旧利废的经验。1958 年 5 月，县委第一书记党向民赴北京参加中国共产党第八届全国代表大会第二次会议，并在会上作了《县的商业工作要成为农业生产的后勤部》的发言，汇报了新会县商业部门在党的领导下，改变单纯做买卖的旧观念，走为生产、为群众服务的新道路，自力更生，就地取材、就地加工，使废物变活宝，无用变有用，一用变多用，破旧变崭新的情况，得到了党中央和毛泽东主席的高度赞扬和肯定。毛主席为此曾作批示："广东新

会商业、工业搞得好，可到那里开一次现场会议。"1958 年 6 月，全国财政贸易工作现场会议在新会召开，县委第一书记党向民在会上介绍新会县财贸工作为生产、为消费服务的经验，中央财贸部充分肯定了新会废物利用的经验，号召全国财经部门学习推广。7 月，周恩来到新会视察时参观了废物利用展览后，挥笔写下了"全国商业部门在党的社会主义建设总路线的光辉照耀下，应该向新会学习，抓紧废物利用这一环节，实行收购废品，变无用为有用，扩大加工，变一用为多用，勤俭节约，变破旧为崭新，把工农商学兵联成一片，密切协作，为全面地发展生产服务，以便更好地实现勤俭建国改造社会的任务"① 的题词。在各级党政的重视和周总理题词的鼓舞下，全县收旧利废工作进入了一个新的高潮。

1977 年，《人民日报》公开发表周恩来总理为新会废物综合利用工作题词，《南方日报》当即转载并对新会的废物利用作了专题报道。县委立即作出部署，发出《关于贯彻落实周总理题词，大力做好废旧物资回收利用工作的通知》；重新成立县废物利用领导小组；召开机关干部及层级组织动员大会，宣传和贯彻。县供销社党总支在召开全系统动员会的基础上，还作出了学习题词、成立机构、扩大网点、修订计划等八项决定，印发了周总理题词 20 多万份，供广大干部和群众学习。

1978 年 5 月，在周总理题词公开发表一周年前夕，县委召开了全县各战线代表参加的落实周总理题词经验交流会议，举办废物利用展览，介绍全县 20 年来废旧物资回收及综合利用的成果，全县及全国 17 个省市 25 个参观团共 7 万多人次参观了展览。县供销社系统为做好废旧物资利用工作，采取四项措施：一是增设

---

① 《周恩来在新会》，中央文献出版社，1998 年 6 月第 1 版，第 34 页。

收购网点，充实收购力量。二是转变收购方法，实行以卖兼收，定点收购与流动收购相结合，常年收购与突击收购相结合，专业队伍收购与群众性业余收购相结合。三是扩大废旧物资的综合利用，实行前店后厂，大办废物利用综合加工场，大办农具维修站。四是改善收旧利废行业工人的福利待遇。

二、周恩来视察新会

1958 年 7 月 1 日下午，周恩来总理抵达新会。随同来的有总理秘书罗青长、范若愚，中共广东省委农村工作部副部长李子元、省公安厅副厅长苏汉华，中共佛山地委第二书记杜瑞芝等。当天在县委会二楼会议室接见新会县委、县政府主要负责人，听取工作汇报。被接见的有县委第一书记党向民，县委第二书记、县长陈江天，县委常委曾发，副县长甘伟光、陆其俭和县委办公室主任薛友悦等。在听取党向民的工作汇报后，周恩来恳切地说："我是来新会工作的，来这里学习的。要像你们一样，到乡里去，到社里去，到街道去，不要给我什么特殊照顾，我不需要特殊招待。我是你们中间的一个人，都是普通劳动者，要平等相待，要造成这个风气。"①

7 月 2 日上午，周恩来视察新会圭峰示范农场，询问了生产、劳动和生活情况，与下放干部、职工学员座谈，为圭峰农场挥笔题名"新会劳动大学"，并题词"工农结合，城乡结合，体力劳动与脑力劳动结合"。

下午，周恩来视察五和农场、大泽五和第二农业合作社，与农场干部亲切交谈，了解农场生产经营等情况。到五和二社社委会，周恩来与30多名社队干部座谈，了解粮食生产、收益分配、

---

① 《周恩来在新会》，中央文献出版社，1998 年 6 月第 1 版，第 13 页。

社员家庭副业等。他称赞："你们的合作社办得好，还要开展多种经营，增加社员收入"，还叮嘱："要给妇女产假，安排劳动要照顾妇女同志的生理特点。"接着，他又走访农户，察看网山"荒山变果园"现场，指示："这里的潜力很大，我们要把山区建设成繁荣昌盛的社会主义新农村。"

傍晚，周恩来乘车前往螺山村访问周汉华。他先到试验田，认真察看周汉华搞的水稻试验田和柑、橘、橙等试验果园；接着，到周汉华家里，爬上阁楼察看周汉华保存的各种水稻良种标本；然后到晒谷场与周汉华促膝谈心，详细询问周汉华开展水稻杂交育种的过程、碰到的困难、取得的成果等。当周恩来了解到由于参观人数过多，对周的试验工作有妨碍时，当即责成县委赶快拟个办法加以解决，以保证周汉华的试验顺利进行。周恩来勉励周汉华"要继续试验，还要培育下一代专家，要巩固试验成果"。周恩来还把一盏空气电池灯送给周汉华。同年 11 月 20 日，他邀请正在北京开会的周汉华到家里共进午餐，亲切询问水稻育种工作的新进展，并在周汉华笔记本上题词鼓励："高举共产主义的旗帜，为培育良种，大搞杂交运动而奋斗。"

7 月 3 日早上，周恩来前往棠下区周郡农业合作社视察，上午 10 时左右抵达周郡码头。上岸后，周恩来即展开调查研究。首先走入粮食加工厂，得知加工厂与抽水站建在一起，称赞这是多种利用；接着走到田间，观看插秧船的操作，了解干部丰产试验情况。经过周郡小学，周恩来走进四年级课室，听教师上课，听学生们回答老师的提问，翻阅学生的课本和作业。他又来到卫生站，了解医务人员的工作、学习、生活等，询问药物够不够用；走进幼儿园，看望园内教师和小朋友们。在社委会，他向华南农科所教授请教科学育蚕知识，并到蚕房实地了解育蚕情况。途中，经过供销社，他详尽了解农村供销合作社情况。在蚕房，他指示说："蚕业工作很重要，要好好地做。"

周恩来与社干部、社员座谈，全面询问基层班子建设、工农业生产、粮食产量、社员收入、群众生活、公共食堂等情况，最后为周郡写了两幅题词："多快好省，鼓足干劲，力争上游，为实现两千斤社而奋斗"。"冲天干劲周郡社，英雄人物数今朝"。

7月4日上午，周恩来从会城乘电船沿银洲湖南下到古井区长烽农业社（官冲）视察，参观了崖山古战场遗址。

下午在长烽社委会，周恩来与干部、社员座谈，询问了生产经营、群众生活、农田基建等情况。随后，他来到崖山，仔细观看碑亭碑文，并向随从人员评说当年战事。他说，陆秀夫不应该跳海死，应该带兵到海南岛去，到台湾去，到那里进可攻，退可守，打下去是有前途的；还说，崖山这个地方的历史古迹，还是有意义的，宋朝虽然灭亡了，但当时的许多人还是坚持了我们的民族气节。

晚上在县委会会议室，周恩来听取了新会劳动大学负责人谢柏如的工作汇报，再一次全面而详细地了解劳动大学的生产、劳动、教学、学员生活等情况，并着重指出：在教学中要提高学员的政治觉悟，要增强学员的群众观点，要让学员多学点基础知识，要搞科学研究。同年底，周恩来邀请正在北京参加会议的谢柏如等到国务院总理办公室，过问新会劳动大学的建设发展情况，并邀请谢到家里共进午餐。

7月6日上午8时，他乘车前往新会葵厂视察。首先参观葵类工艺产品和葵类综合利用成品，然后深入到焙扇车间、剪扇车间、火画车间等生产第一线，与干部、工人亲切交谈，询问葵厂生产、经营、工人生活等情况。在剪扇车间，他看到木制的简单剪扇机械代替人工剪扇，便高兴地说："剪扇开始机械化了，很好。就是要向机械化发展，用机械代替笨重的体力劳动，减轻工人体力消耗。"在火画车间，他说："火画葵扇是优秀的传统工艺品，你们要为社会主义创新。"他看到画扇师傅汗流浃背，便拿起葵扇给师傅扇风取凉。当厂干部向他汇报厂党总支提出"人工变机械，废料变成宝，下扇变上扇，工厂变花园"的口号时，周恩来热情地称赞他们有理想，并说："毛主席讲综合利用，大有文章可做。希望你们利用废料，制造出更多更好的成品。"在参观过程中，他见到葵厂的老工人、女工人比较多，就关心地过问老工人退休、妇女产假等问题，指示说："我们社会主义国家，就要使老工人过好晚年。他们是我们社会主义国家财富的创造者。"他还说："我们做党的工作的同志，要关心妇女的成长。"上午 11 时，他前往参观新会废物利用展览，仔细地参观了展览的展品，详细询问了新会县废物利用工作的情况，称赞废物利用是新会的一种独创精神搞出来的，并说："商业也要破除迷信。……你们组织收购废物，变废物为有用，这证明打破常规，商业也能生产财富。"他还说："商业是要服务的，但本身也要生产。也有的只搞商业，不能生产。""橘、甘蔗、麻类、蚕桑、葵叶、稻草等等，都可以搞综合利用，难道工业、农业不能搞综合利用吗？"参观完展览，大家要求周恩来为废物利用题词，周恩来答应回县委会后再写。

上午 12 时，周恩来参观新会粮食工作展览。在这里，他称赞说："农民办工厂好"，"粮食局干部办农场好！"又指示："要改善报表，来一个革命。""要以革命的精神革掉报表重叠的命。"并为粮食工作题词："厂仓当战场，创造新刀枪，一天当十天，夜间出太阳。——录新会粮食局号召诗。"下午 1 时多，他步行回县委会吃午饭。

午饭后，周恩来在县委会二楼小会议室接见新会老归侨代表陈谋灼、邓龙、谭义阅，还称赞说："华侨是有爱国心的，这是华侨的传统。""新会的侨务工作是做得好的。"

下午4时，他乘车前往新会农具机械厂视察。首先深入车间，一边察看工厂设备、工人操作，一边了解工厂的生产和工人的学习、工作、生活等情况。然后参观陈列在厂内的农具机械产品。又到厂后田间，实地观看手扶拖拉机、插秧机的现场操作。深入工厂厨房，了解职工的伙食情况与厂干部工人座谈。

晚上周恩来听取了江门市委、新会县委、会城镇、中国人民银行新会支行等负责人的工作汇报。他着重指示："发展，协作就发展，就解决困难，要有共产主义精神。"他又谆谆告诫新会县委负责同志："工业是有点落后，这一环还没有抓起来。农业抓起来了，要工业农业并举。"

7月7日凌晨，周恩来为新会农具机械厂题写厂名：新会农业机械厂；又为废物利用工作题词。

上午，周恩来在人民礼堂给新会县2000多名干部群众作了一场3个多小时的重要报告。在讲到实现党的总路线提出的任务时，他阐述了"三个并举"（工农业并举、中央和地方并举、大中小并举）、"两个革命"（技术革命、文化革命），"三个结合"（工农结合、城乡结合、体力劳动和脑力劳动结合）和实现总路线方针的方法——"三化"（革命化、群众化、多样化）。在报告中，周恩来对新会人民在社会主义建设中取得的成绩予以充分肯定，多次称赞新会是模范县、上游县、一类县，并殷切地告诫新会人民不要满足，不要自满，还要前进。上午11时多，周恩来步出人民礼堂与广大群众见面。

周恩来总理粤中十日视察三县两市，在新会县占了7天。他的新会之行，处处以普通劳动者的姿态出现在群众之中。他在工厂、车间，和满手油污的工人亲切握手；在老区村田头、涌边，在社员家里和普通的农民促膝谈心；在养猪场，他和饲养员聊天；

到了小学，他同小学生们一起坐着上课，听教师的提问和孩子们的回答……从干劲十足的工厂到葵林似海的乡村，从铺青叠翠的圭峰山到波涛滚滚的崖门口，处处都留下了周恩来总理光辉的足迹。在 7 天的视察过程中，他轻车简从，进行了广泛深入的调查研究。他热情地赞扬和支持人民群众的创造性和积极性，浓情重墨写下了 7 幅光辉题词、题名。在新会人民礼堂，他为新会 2000 多名干部群众作了 3 个多小时的重要报告。

正如周恩来所说，新会县是模范县、上游县、一类县，新会在广东省乃至全国作为工农商的一个先进典型，引起了党和国家领导人的高度重视，在周恩来之后，朱德、邓小平、董必武、贺龙、叶剑英、罗荣桓、陶铸等先后到新会视察工作。

三、建立农村人民公社

1958 年 8 月，全国各地报纸发表中共中央主席毛泽东关于"还是办人民公社好"的谈话后，县委立即派出考察团到河南省七里营人民公社进行考察，并组织工作队到礼乐、环城两个区办先行点，以点带面，全面开办人民公社。同年 10 月 1 日，全县 13 个区 565 个高级生产合作社均以区为单位，合并建立 13 个人民公社。人民公社建立后，实行政社合一，统一核算，公社成立管理委员会，下设一室（办公室）、八部（农业、财政、林牧、内政、工业交通、劳动福利、武装保卫、文教卫生部）、两委（计划、科学普及研究委员会），管理全社的行政和生产。按原来乡、村设管理区、生产大队和生产队。办社伊始，试行人民公社统一核算，统一分配，推行生产专业化、生活集体化、劳动社会化、行动军事化。取消自留地，办公共食堂。在粮食分配上，实行免费供应粮食的供给制度，推行"三餐干饭不要钱"；在劳动报酬上，实行基本工资加奖励工资的工资制度。另外，还实行幼儿包托、小学包读、疾病包医、五保户包养等等，短期内出现了穷富拉平、平调过多、刮"共产风"现象。1958 年 11 月，中共中央在郑州召开会议，针对当时人民公社存在的问题，开始纠正"左"的错误。同年 12 月，县委在环城区东甲乡召开了县委扩大会议，联系实际，分析当时存在的问题，强调要深入实际做好调查研究，强调学习政策，统一对人民公社的认识；强调迅速建立和健全人民公社的管理制度，贯彻按劳分配政策，努力做好分配工作，对纠正当时刮"共产风"，保证全县农业生产稳定发展起到了重要作用。1959 年 4 月后，县委又根据中央指示，纠正"共产风"，开展整社，对平调农民的物品进行退赔，并实行体制下放，分级管理，改人民公社统一核算为生产大队核算。实行以生产队为综合包产单位，由大队向生产队签订了劳力、土地、耕牛、农具四固定 3 年至 5 年不变的合同，帮助生产队建立健全耕牛、农具和各种劳动生产责任制。至此，人民公社的混乱局面才有所改变。1960 年秋后，县委执行中共中央《关于农村人民公社当前政策问题的紧急指示信》（即"十二条"）和省委"十二条补充规定"，恢复社员自留地，实行大集体，小自由，在实行"三包一奖"到队的基础上，推行"六定到人"（即定地段、定劳力、定任务、定时间、定责任范围、定规格质量）和"死任务、活时间"的超额奖励办法。

　　1962 年 2 月，县委又贯彻中共中央《关于改变农村人民公社基本核算单位问题的指示》，改大队核算为生产队核算，并根据"有利生产，有利经营管理，有利组织生活，有利团结"的原则，在 1961 年由原来 14 个公社细划为 22 个公社的基础上，再划细生产队规模，把全县 3632 个生产队，调整为 4739 个生产队，由原来每队平均 51 户，调整为 37 户，实行生产劳动、财务分配由生产队统一管理，生产队实行定地段管理到组到人，超减产提成奖罚到组到人的生产责任制。至此，人民公社"左"的错误，才得到较为彻底的纠正。人民公社的政社合一体制，到 1983 年结束，人民公社期间，新会各地在党的领导下，发扬自力更生、艰苦奋斗精神，以集体的形式，集中人力、物力、财力，统一思想，统一行动，对兴建道路、兴修水利、改善生产环境和条件、兴办公益事业，都起到很大的作用，城乡面貌不断得到改观。

第四节　各项事业的初步发展

　　在社会主义建设探索中，虽然新会的各项建设遭受到"大跃进"、"文化大革命"等"左"倾错误的干扰和破坏，但是，新会党组织坚持以人民利益为根本出发点，用各种方式对"左"倾错误进行了直接或间接的抵制，力所能及地发展经济，改善人民群众的生活。特别值得一提的是在"大跃进"运动中，以党向民为班长的新会县委敢于坚持实事求是的精神来指导工作，当在浮夸风、密植风大行其道时，新会县委坚持"小面积冒险，大面积稳当"，以"不能拿人民的肚皮开玩笑"的原则，努力发展生产，使全县经济在十分困难的环境中依然保持了一定的发展，从而保证了在三年困难时期新会不仅没有出现饿死人的现象，还调出大量粮食支援其他地区。即使在"文化大革命"中，新会县委、人委和各级组织仍坚持在极端困难的条件下组织指挥工农业生产，抓好基本建设，兴建了古兜水电站，开展了崖南围垦，筑好了银洲湖两岸石堤，进行低产田改造，使"文化大革命"对新会经济的破坏受到一定程度的限制，新会的国民经济仍取得了一定进展，人民群众的生活得到基本的保证。1976 年，全县工农业总产值41381.17 万元，其中农业总产值 22460.94 万元，工业总产值18920.23 万元，分别比 1965 年增长了 63.02%、23.73% 和161.61%。初步奠定了新会进行社会主义现代化建设的物质基础。

一、科教文卫体全面发展

新会解放后，中共新会组织和人民政府在上级党委和政府的领导下，迅速涤荡了旧社会的污泥浊水，消灭了严重败坏社会风气、广泛流行的吸毒、卖淫嫖娼、聚众赌博以及公开猖獗的封建迷信活动，使人们在精神上得到新生，在全社会形成革命的、健康的、朝气蓬勃的道德风尚和文化氛围，为社会主义的新文化建设扫除了障碍。随后，根据党的中心任务从革命到建设的转变，新会文化建设围绕着建设社会主义这一中心任务，在党的"百花齐放、百家争鸣"的方针指引下，坚持"古为今用、洋为中用、兼收并蓄、推陈出新"的原则，坚持以马克思列宁主义、毛泽东思想为指导进行社会主义思想文化建设；坚持用马克思列宁主义、毛泽东思想教育人民，继续批判资本主义思想、封建主义思想，确立了马克思主义在思想文化建设的主导地位，改造了旧中国的科学、教育、文化、卫生等领域的旧格局，重视发展教育、科学、文化、卫生事业，建设社会主义文化。科学技术方面，积极响应党中央提出的"向现代科学进军"号召，认真落实知识分子政策，广泛开展科学技术普及工作，研制出了许多科研产品，有力地促进了新会工农业生产。其中新会农业机械厂研制成功的工农－10型手扶拖拉机闻名全国，产品还远销国外。同时，涌现出李始美、周汉华等在全省乃至全国都有一定影响的"土专家"；医疗产品还远销国外。教育方面，积极贯彻两条腿办学的方针，办好全日制中小学校，1958年基本普及了小学教育、幼儿教育、中学教育、成人教育及扫除青壮年文盲工作均取得初步成效。特别是在60年代，棠下中学全面贯彻党的教育方针，形成革命的、劳动的、艰苦的学风，被评为全省教育革命的一面红旗；1960年5月26日，在广东省文教战线群英大会上，新会县农业专科学校、三江中学、荷塘农业中学被评为先进集体，黄松、李桂梅（女）、陈淑雯（女）、夏惠娟（女）被评为先进工作者，出席在北京召开的全国教育和文化、卫生、体育、新闻方面社会主义建设先进集体、先进工作者代表大会。古井镇崖山农业中学被评为全国文教战线先进单位。医疗卫生方面，深入开展"除四害，讲卫生"运动，会城镇爱国卫生工作被评为全国先进。70年代，村村兴建卫生站，培养一大批赤脚医生，实行合作医疗制度，开展疾病防治工作，服务群众。崖西南合村钟金宝被评为"全国模范乡村医生"，联合国卫生组织曾到该村考察，给予好评。体育方面，积极开展体育运动，增强人民群众体质。50年代，会城已建有游泳场、跳水池、人民球场、运动场。一大批青少年运动员脱颖而出，1959年4月，全省少年田径运动会在新会举行，县运动员龙锦标获男子掷铁饼、100米和跳高三项全能冠军，并打破全国纪录。同年10月，女运动员周月萍参加第一届全国运动会比赛，获得蛙泳100米、200米第一名。

二、兴办以农械厂为代表的支农工业

中华人民共和国成立后，工业获得迅速发展。1958年全县在完成农业、手工业和资本主义工商业的社会主义改造后，大办支农工厂。1950—1977年，全县先后办起规模较大的支农工厂有县葵艺厂、农具机械厂、磷肥厂、水泥厂、糖厂、酒厂、造船厂、钢铁厂、电机厂、汽车修理厂、粮油机械修配厂、农药厂、氮肥厂等10多家。

新会农业机械厂，前身是新会农具机械厂，筹建于1956年初，以生产犁头、双轮双铧犁、打禾机、喷雾器等农具为主。1958年3月，成功地试制出广东省第一台手扶拖拉机，是年7月1日至7日周恩来总理视察新会时，曾到县农具机械厂看了该厂试制的手扶拖拉机耕田表演，并应工人要求，亲笔为该厂题写了"新会农业机械厂"的厂名。以后，手扶拖拉机逐步改进完善，1960 年 3 月，成功试制出第一台圭峰－7 型手扶拖拉机。1963 年 6 月，又成功试制出第一台圭峰－10 型手扶拖拉机。1967 年通过技改，成功批量生产工农－10 型手扶拖拉机。1969 年 12 月，成功试制出第一台小四轮拖拉机，至 1976 年改为工农－12K 型，配有双铧犁、旋耕机、载重 1 吨拖卡等农具，配有动力输出装置，可带动其他机具作业，机型结构紧凑、实用、可耕可运，深受国内外用户的欢迎。

1976—1985 年，共生产工农－12K 型手扶拖拉机 121460 台，除满足本县需要外，有 100117 台供应全国各地，有 13543 台远销泰国、马来西亚、秘鲁等 14 个国家和地区。

后来，新会农业机械厂逐步发展成为具有生产手扶拖拉机、农用车、旋耕机、挂车及批量生产厢式汽车、轻型载货汽车、农具等系列产品能力的国家大型二类工业企业，成为国家机械工业部定点生产手扶拖拉机和农用运输车的专业厂，曾跻身全国 500 家最大型机械工业企业，荣获国家二级企业、国家计量一级单位的殊荣。其主导产品工农－12K 型手扶拖拉机于 1990 年获国家优质产品金奖，1996 年被评为广东省首批名牌产品。

1970 年 9 月至 1972 年底氮肥厂第一期工程大会战，全县 21 个公社，150 多个局级单位，都做到有钱借钱，有物借物，县内自筹资金 4470.56 万元，自行解决钢材 486 吨，占 56.1%，县内自行加工制造设备 332 台，占 76.5%，建筑厂房 3680 平方米。建成第一期工程投产，合成氨年产能力 3000 吨。以后，边生产边配套，到 1973 年 8 月，年产能力增加到 5000 吨，1975 年 1 月继续完成年产 7000 吨，1975 年底再完成扩建年产 1 万吨工程。

三、古兜开山办电

新会在 20 世纪五六十年代就已兴建了一些小型水电站，如沙堆、圭峰山龙潭、罗坑龙门、双水万亩水库等水电站，在工农业生产中发挥了重要的作用。但以上的小水电远不能满足经济和人民生产生活所需。

1969 年，县委、县革委会根据上级学习罗定县大办小水电，促进工农业生产发展的指示精神和新会广大群众全面开发古兜水力资源，缓解电力严重不足，推动工农业生产发展的愿望，经过全面的调研与充分评估，决定开发古兜山水力资源，建设水电站。

古兜山脉总面积 44 万亩，其中古兜山面积达 25.6 万亩，集雨面积为 12 万亩，其流域面积为 64 平方公里。如建成古兜山水电站，可解决全县工农业生产用电的 50% 左右。这么丰富的水力资源，对于当时电力资源十分缺乏的新会来说，无疑是非常重要的。

为此，县委、县革委会先后制定了《古兜山水电测量方案》《新会县古兜山水电工程建设规划报告》《古兜山水电建设的道路工程建设方案》《新会县水电工程建设指挥部和机构组成方案》《古兜水电站建设方案》。县革委会成立了县水电工程建设指挥部，由任成秀任政委，张龙笛任总指挥。县水电工程建设指挥部下设政工、施工、后勤三个组，负责各项具体工作。各公社亦相应成立指挥所，部分水库工地还要成立联合指挥所。在指挥部的统一领导下，各公社、战线干部群众齐心协力，充分发挥共产党员、共青团员核心和先锋模范作用，掀起了一场社会主义建设的群众运动。

1970 年 9 月下旬，古兜山主要上山公路已基本衔接、贯通。工程共开挖 40 多万土方、5 万多石方，开出了上山公路 23 公里、便道 19 公里，新筑了 6 座公路桥梁，结砌了 130 多个涵洞。9 月 25 日，县水电工程建设指挥部在古兜山举行了通车庆祝大会，宣告水电建设第一阶段胜利结束。1970 年底前基本完成清理水库坝底。

1970 年 12 月 24 日，国家大电网线路胜利接通到古兜山的石砝、青水坑水库工地，首期工程线路全长 26 公里。

1971 年从各公社、各部门抽调一批劳动力，由 1 万多人逐步增加至 3.5 万多人。施工实行三班制，大大加快了工程进度。至 3 月 26 日，石砝水库 114.8 米长的防渗墙施工任务完成。

1971 年 4 月 13 日，县电机厂在县铸造厂等单位的大力支持下，终于为古兜水电站提供了首批生产的 250 千瓦、320 千瓦水轮发电机组和硅整流自动恒压装置等配套设备。随后，又试制成功 1000 千瓦的双水内冷水轮发电机组、自动调速器、液压闸阀等成套设备，确保电站顺利发电。

古兜水电工程青石坑水电站第一台机组于 1971 年 5 月 1 日胜利发电后，其余水电站陆续配套，至 1978 年底，古兜全部水电站所有机组，正式实现全面发电。各机组陆续投产后，电力源源不断输送到全县城乡，如雪中送炭，缓解了生产、生活用电紧张的局面，为工业生产的提速注入动力。1971 年，古兜水电站向电网供电 1100 万千瓦时，新会县工业总产值也于当年首次突破亿元大关。

在古兜水电建设过程中，县革委会和县水电工程建设指挥部，自始至终都确立"办电炼人"的指导思想，下决心把水电建设工地办成磨炼干部群众的革命大熔炉，以及培养人才的摇篮。参加古兜水电建设施工共有 22 万人次，其中 80% 以上都是新会解放后出生的年轻人。首先，先后有 102 人在工地上光荣入党，766 人加入共青团，2497 人当上生产队干部，培养了初级电工 266 人、石工 16000 多人、石炮工 9000 多人，为全县农村基层培养了干部，输送人才。其次是使得一大批干部和知识分子得到了保护和使用。古兜水电建设期间，先后从县"五七干校"抽调了105名干部、知识分子，充实到建设施工队伍中。

1970—1971年，古兜水电建设经过一年多的艰苦奋战，22万人次参与了大会战，发出"立下愚公移山志，敢教日月换新天"、"战天斗地、办电炼人"的豪言壮语。在古兜山新建了4条44公里的上山公路，开挖了11条13公里的引水渠，筑建了11座水库，17座电站，安装了27台发电机组，大大缓解了当时工农业生产用电紧缺的需求。会战中涌现了不少可歌可泣的人和事，谱写了新会历史的新篇章，更是新会历史上的伟大丰碑，当时在南粤乃至全国影响很大。全国小水电工作会议特意选在新会召开，会后全国便掀起了大办小水电的新高潮。古兜水电建设为围垦工程的开展创造了条件，也为后来发展古兜山的旅游事业，实现城区优质供水工程打下了坚实的基础。

四、崖南围海造田

1969年4月，新会县革委会决定开发古兜水电，同时抽调人员进行崖南海滩围海造田的前期勘测工作。

新会地处珠三角西南部，主要受西江支流和潭江水道的影响，每年上游的洪水夹带着泥沙顺流而下，到了崖门和虎跳门出海口，却受到海潮的顶托，大量的泥沙便在这里沉积下来形成了滩涂地，并且每年向海中推进几十米。查看历史资料，公元前的新会，会城至都会一带还是海岸，经过漫长的岁月，海滩不断淤积成田。中华人民共和国成立后，海岸线仍每年向海中推出几十米。也就是说，新会围垦建设，是一个顺应自然的举措。事实上，在崖门外的浅滩上进行抛石筑堤、分级造田，反而起到了逼水攻沙的作用，使崖门、黄茅海水道的主槽加深，更有利于航道的治理。

1969 年 10 月，规划围垦 1.4 万亩的《崖南围海造田可行性报告》提交县革委会讨论，为加快新会农业发展步伐，增加耕地面积，县革委会决定在崖海之滨围海造田，并制订"民办公助、以短养长、全面规划、分级造田"的围垦方针。同年 11 月成立了围垦指挥部，由县革委会常委张龙笛任总指挥。指挥部下设政工组、施工组、生产组、后勤组。10 多位从县"五七干校"抽调来的干部，借用崖南水利会旧址的一间平房，挂起了牌子。在附近又辟地搭寮，作为宿舍。原来的围垦区，现名银湖湾，位于银洲湖出海口西侧，东与珠海市斗门区隔海相望，西与台山市都斛镇相连，北接崖门镇，南临黄茅海，原是一片荒芜的滩涂。指挥部所在地古洲角，荆棘丛生，满目荒凉，一直以来被称为"鬼咒角"。

1971 年，新会县 20 个公社 4000 多名民工，在县委号召下，进军围垦，进行第一级造田 2000 亩工程。开荒者用锄头、扁担和漂泥板等极为原始的工具，围堤筑坝。他们陷在齐腰深的淤泥里，唱着《筑堤歌》，用双手，一层稀泥一层树枝，把海滩上的堤坝垒起来，以人海战术修筑堤坝。

1971 年 9 月，县革委会制定《崖南围垦工程的方案》，计划围垦 8 万亩，分四级造田。主干堤线按离岸 5 公里的打浪沙走向，北起烟管山，按蒲鱼沙走向赤鼻岛，折西转向独崖岛与赤鼻岛之间的新台两县海上分界点，拉回岸边。

1975 年至 1978 年，在一级造田 2000 亩的基础上，第二级造田 1.2 万亩分 6 个大围，制水工作穿插进行堤基垫沙、滩面种草、抛石砌基、开河放闸、运土拍堤工程。自主设计施工，设置了空箱水闸 8 座。

成围土地以养殖和种植为主。渔业养殖又分为水产精养和涵围粗养两种，其中水产精养主要养殖南美白对虾、日本斑节对虾、黄鳍鲷、鲳鱼等；涵围粗养主要以自然放养的方式养殖锯缘青蟹、基围虾、黄鳍鲷、鲈鱼等。农业种植则以经济作物为主，有甘蔗、优质水果（柑、桔、橙、香蕉、龙眼、荔枝）、粉葛、芋头、莲藕等。垦区的农产品享有"水中三宝"（鱼、虾、蟹）、"树上三宝"（柑、桔、橙）和"地下三宝"（葛、芋、藕）的美誉。

1987 年 5 月，时任广东省委书记林若在围垦指导工作时认为："新会围垦总体工程规划的分级造田，是符合客观规律的，同全省工程比较，工程最稳定持续发展，造价最低，见效最快，社会效益最好。"① 时任国家和兄弟省份的领导人杨尚昆、田纪云、温家宝、万国权、姜春云等也先后到围垦视察，都对围垦的社会效益和经济效益给予充分的肯定和赞扬。

1988 年，三级造地的第一期工程 1 万亩完成；1999 年，第二期 4 万亩也完成。从 1987 年开始，围海已经不完全是肩扛人拉，而是逐渐采用机器。1999 年，围垦区造地 6.4 万亩，累计完成土、沙、石 2735.983 万立方米。

2009 年 4 月，广东的围海造地计划——"蓝色国土规划"获国务院批准，银湖湾 1.78 万亩区域建设用海项目成为广东围海造地特批项目之一。

围垦的初衷，是围海造田，向荒滩要粮，但随着经济的发展和城市建设的需要，作为土地，它的意义更大。改革开放以来，在对土地的需求越来越大的情况下，新会的土地总量不但没有减少反而增加了，这是围垦给新会社会经济和社会发展最有力的支持。围垦的建设是一代代新会人改造大自然的战天斗地的过程，历经几十年，既造就一大批专业技术人才，也为后续新会银湖湾的发展奠定基础，也使它成为有大广海湾发展规划和粤港澳大湾区经济圈的组成部分。

---

① 《造地人》，中国戏剧出版社，2004 年 10 月第 1 版，第 5 页。

第六章

改革开放时期

第一节 拨乱反正、落实政策

1978 年 12 月召开党的十一届三中全会，从根本上冲破长期以来"左"倾错误对人们的严重束缚，重新确立马克思主义的思想路线、政治路线和组织路线。会后，党在全国范围内开展大规模的拨乱反正。平反"文化大革命"时期造成的大量冤假错案，有步骤地处理"文化大革命"前遗留下来的一些历史问题，调整社会关系，是党领导全国人民进行拨乱反正的一个重要组成部分。

在党的解放思想、实事求是、有错必纠的方针指引下，新会县委结合实际，加快了平反冤假错案和落实干部政策的速度，并逐步解决历次政治运动的遗留问题。通过全面落实党的干部政策，使全县数以千计的党员干部的冤假错案得到平反，他们心情舒畅地重新走上新的工作岗位，满腔热情地投入到社会主义现代化建设中。同时，党的实事求是的优良传统得到恢复和发扬。

一、平反冤假错案的开始

1978 年 7、8 月间，县委先后两次召开落实干部政策工作会议，参加会议的有部、委、办抓政工的领导，各公社管党群的副书记，落实政策办公室的负责人。会上，县委要求各级党组织要把落实干部政策提到议事日程上，作为当前和今后一段时期内的重要任务来抓，加强领导，在复查和平反过程中，要遵照中央有关政策规定，结合本地区、本单位实际，采取有效措施，开展工作。这段时间，县委组织力量，对"文化大革命"中新会的一些重大案件，进行了实事求是的复查。同年 10 月至 12 月，县委召开常委扩大会议，进行整风。12 月中旬，针对存在问题，县委提出若干整改措施，进一步加快落实干部政策，决定成立新会县落实干部政策领导小组，由县委书记和组织部长亲自抓，并设立落实干部政策办公室，选择有群众威信、办事公道、作风正派、有一定政策水平的同志抓落实工作。

1978 年 12 月 14 日，新会县委召开有 14000 多人参加的全县平反大会。中心会场设在县人民会堂，各公社设置分会场，收听现场广播。会上，宣读了《中共新会县委关于为甘伟光等同志彻底平反的决定》，为 85 名干部和职工彻底平反昭雪，恢复名誉。

新会县委召开的这次万人平反大会，深得人心，大快人心，使长期积压在广大干部群众心头上的疑虑和积怨开始化解，人们相信，在党的"实事求是，有错必纠"的方针下，凡过去搞错的，一定能改正过来，共产党是伟大、光荣、正确的党。

二、全面平反冤假错案，落实干部政策

党的十一届三中全会决定：解决历史遗留问题必须遵循实事求是、有错必纠的原则，平反假案、纠正错案、昭雪冤案的任务要坚决抓紧完成。1978 年 12 月底，中央批转中共最高法院党组《关于抓紧复查纠正冤假错案认真落实党的政策的请示报告》，并在批语中重申：在复查工作中，要真正做到全错全平、部分错部分平、不错不平。1979 年 1 月，中纪委第一次全会通告指出："冤案、假案、错案一经发现，就要坚决纠正。一切不实之词，一切不正确的结论，一切错误的处理，不论是什么时候、什么情况下做出的，不论是哪一级组织、哪个领导人批准的，都要纠正过来。"此后，全国范围内平反冤假错案工作便大规模、全面地

展开，落实干部政策的步伐也加快了。

新会县委认真贯彻执行党中央和上级党委关于落实干部政策的指示，结合本县实际，进一步加强领导，组织力量，对"文化大革命"中新会干部的冤假错案、对"文化大革命"前历次政治运动的遗留问题，进行了全面的复查。在县委落实政策领导小组的领导下，对一些大案、要案，一抓到底，对有争议的案件，通过集体审议、上级党委审查把关的办法处理。

县委对负责落实政策工作的人员，严格要求，组织学习和培训，不断加深理解中央和上级党委有关落实政策文件的精神实质，掌握各项具体政策，使落实政策队伍有效地开展工作。办案人员本着对党对同志高度负责的精神，设身处地为受迫害和受错误处理的干部着想，对上门申诉的同志，热情接待，对他们提出的问题，细心倾听。在深入调查研究的基础上，认真分析案件，按照党的政策，分别作出处理。

在全面复查"文化大革命"期间和"文化大革命"前历次政治运动中干部案件的过程中，县委感到干部问题的严重性，要求各级党组织充分认识加快落实干部政策的重要性和紧迫性，采取切实的措施和方法开展工作。在复查过程中，首先明确复查的范围和对象，采取全面排队、先主后次、先急后缓、抓住重点、推动全面的工作方法。对定为敌我矛盾和受"三大处分"（开除党籍、留党察看、撤销党内外职务）的干部，作为重点对象来复查。

据1983年6月统计，新会的历史案件共1652宗，其中开除党籍、开除公职案773宗，其他处理的案件879宗。几年来，新会县共复查历史案件1032宗，占总数的62.5%，经复查后，分别作出纠正、减轻处分和重新安排工作的案件共567宗。1982年4月，全县重点对其中"双开除"的干部进行复查，至1983年6

月，共复查了 710 宗，占这类案件的 92%。根据问题的性质，复查后改变原处理，恢复党籍 71 人，恢复公职 152 人。1984 年和 1985 年又复查历史案件 53 宗，并分别作出纠正或从轻处理。还有部分历史案件，由于各种原因，有待进一步复查。这项工作一直坚持到 1987 年才基本结束。

新会在平反干部冤假错案、落实干部政策的同时，还对"文化大革命"中受到审查的职工群众 1935 人，需做结论案 1686 件，全部复查并进行了平反纠正。县人民法院对在"文化大革命"中被判处反革命和政治案件的 198 宗、涉及 211 人，进行了认真的复查。对属于错案的 144 人，撤销原判，无罪释放；对有申诉的普通刑事案 338 宗，涉及 367 人，也作了复核；对属于错案的 9 人，予以纠正。

第
二
节 **体制改革稳步推进**

一、推行家庭联产承包责任制

建立和完善以家庭联产承包为基础，统分结合的双层经营体制，是农村改革的方向和目标，也是农村改革的基础和前提。新会在这一改革上，大体经历了三个阶段：

第一阶段，全面大包干。1980—1982 年，县委多次召开常委会议、全委会议、公社党委书记会议，认真贯彻落实中共中央召开的农村经营体制改革座谈会精神，把思想和行动统一到党的方针政策上来，统一到农村改革大局上来。县委农村工作部到司前公社红楼生产队开展了农村经营体制改革试点工作，并取得了成功。在此基础上，召开全县三级干部会议，推行以"大包干"为主要标志的家庭联产承包责任制。多数地方应分尽分，把稻田、鱼塘、作物全部按人分包到户，以"交够国家的、留足集体的、余下自己的"经营方式，最大限度地调动农民的生产积极性，打破人民公社 20 多年"一大二公"和大排工的经营管理体制。

1983 年 1 月 11—13 日，县委召开农村劳动致富经验交流大会，参加大会代表 1500 人（其中万元户、专业户 432 人）。会议总结和推广群众经验，用党的富民政策调动群众的积极性，让更多的农民尽快富裕起来。会上，县委副书记、县长陈富作《朝着专业户社会化的道路迈进，为我县农民尽快富裕起来而奋斗》的报告,有 21 位代表介绍劳动致富经验。

1984 年 6 月 25—28 日,县委召开三级干部会议,贯彻中央(84)1 号文,研究调整土地、延长承包期工作。30 日,县委、县政府发出《关于调整土地、延长承包期若干问题的意见》,要求做好"三个改变",即改承包期短为承包期长(一般在 15 年以上),改包耕田零星分散为连片集中,改平均主义包耕为按人与按能相结合分田。县统一组织工作组下乡,协助区乡领导,进一步完善土地承包,为农民一跃成为市场主体奠定初步基础。从 1984 年开始,在广泛听取干部群众意见的基础上,全县农村土地承包期统一延长至 15 年。

第二阶段,局部小调整。1992 年开始,根据县(市)委的指示,县(市)农业部门在大鳌、会城两镇开展农村集体资产清产核资试点,并成功取得经验,全市各镇通过清产核资成立了经济联合总社,其中大鳌镇经济联合总社章程被省农委确定为示范章程,印发全省推广。新会市在江嘴、管嘴两个村开展农村集体资产股份合作制试点工作,江嘴村成为全市第一个农村资产股份制单位。在杜阮镇革命老区松岭村(也是一个贫困村)以及松园等村开展农村承包土地股份合作制试点工作,这两个村以更多的土地和资金,引进国营集体企业,以开发丘陵荒地的形式,兴办工商企业,壮大村集体经济。在认真总结试点经验的基础上,全市派出工作队进驻到村,开展承包土地小调整工作,建立土地股份合作制,促进承包土地流转,兴办各类企业和兴建商铺,大力发展农村集体经济,在小调整中延长承包期,让农民吃上"定心丸"。

第三阶段,延长承包。1999 年,新会市开展第二轮农村土地承包时,根据中央和省、市委的要求,允许多领田、少领田、不领田,余下的土地统一由集体发包,完善股份合作制,推行规模经营。承包期内根据人口的增减和市场的变化，实行若干次小调整。集体发包的收益，除提留公积金和福利金外，小部分作为集体日常开支，其余大部分收益按股份合作制章程分配到户。从而进一步巩固家庭联产承包经营为基础、统分结合的双层经营体制，促进农业和农村经济的发展。

二、工业企业经营机制的转变

上世纪七八十年代，珠三角县域工业经济呈现 3 种模式：南海村办工业，顺德镇办工业，新会县属工业。改革开放之前，新会县属工业企业长期都实行指令性计划生产。1978 年开始，改计划经济和市场调节相结合并对部分县属国营工业企业试行"超计划利润留成"，超额部分由县财政、主管局和企业按比例分成的经营机制转变，逐渐深化改革。

（一）实行承包责任制

1980 年下半年，实行奖金与利润挂钩，部分企业直接对县财政实行利润包干，1985 年又恢复由县经委统一向县财政包干。二轻工业企业从 1984 年下半年起，实行企业自负盈亏，县联社除代省联社收企业税后利润 10% 外，利润全留企业。县（镇）办企业一般是利润按比例分成或者上缴利润包干，超额部分企业全留。1984 年开始实行厂长负责制，厂长对重大问题进行决策，职工代表大会是职工行使民主管理的权力机构。

（二）进一步完善承包经营责任制

1987 年，推行厂长（经理）任期目标责任制和承包经营责任制，把承包经营期限与厂长任期衔接起来，根据任期目标完成程度，对厂长进行考核和奖惩。1991 年进行新一轮承包，仍按"包死基数，确保上交，超收多留，欠收自补"的原则进行，期限一般定为 3 年。第一轮承包按照"稳定多数，个别调整"的原则确定厂长（经理），在原行业、企业内公开招聘，也可由主管部门委任。

（三）开展企业股份制试点，明晰产权关系，促进企业转变经营机制

1992 年初，开展企业股份制试点工作，成立企业股份制工作领导小组，以县体改办为主设立办公室负责日常工作。至撤县设市前，先后选择管理素质好、经济效益佳的 7 家企业（其中县属 5 家、镇属 2 家）改组为股份有限公司。这些企业改组后，从过去的工厂制转为公司制，从过去单一投资主体转为投资主体多元化，产权通过股份合理流动，初步解决了企业活力不足、政企不分、产权不清、自主权不落实、自我约束机制不健全等问题。企业股份制改组所募集的资金用于企业搞技术改造、上新项目，使这些股份公司得以较快发展。

（四）优化企业组织结构，组建集团公司和实业公司

1992 年 5 月，撤销县属工业纺织、机电、轻化、二轻等 4 个工业局和行政性总公司，减少中间管理层次，同时以大中型企业为骨干，以优质名牌产品为龙头，组建 8 个集团公司和 9 个实业总公司，且都是企业法人，各自对政府承包经营和向其成员企业发包，实行成员企业的所有制性质不变、职工身份不变、行业隶属关系不变、财税解缴渠道不变，二轻企业资产不得平调。

随着县属工业企业渐进式经营机制的转变和国企试点改革，推动建立现代化企业制度，极大地解放了企业生产力。之后又通过招商引资、有的股份制企业上市、企业优化重组，尤其是瞄准优势产业，对接高端外资、优质民资、央企国资，着力引进科技含量高、投资规模大、带动能力强的龙头型、基地型项目，推动建立现代化企业制度，促进工业生产朝着多元化和现代化发展。

（五）乡镇企业转制方面

新会的乡镇企业在上世纪 80 年代基本上是粗放型低效益的拆船轧钢、建材、小五金、制衣等门类产业，且规模偏小，技术含量较低。进入 90 年代后，新会乡镇企业发展加快，1995 年底，乡镇企业总收入 133.17 亿元，实现工业总产值 108.74 亿元，占新会经济发展半壁河山。

1996—1998 年，市乡镇系统抓住机遇，知难而进，积极采取有效措施抓好企业转制工作，确保乡镇企业持续、平稳、健康发展。

为加大乡镇企业转制力度，1996 年全市乡镇企业转制工作在抓好先行点的基础上，1997 年继续加大力度抓好转制工作，并取得突破性进展。一是解放思想，消除各种思想顾虑，统一思想认识，"不转制就没有出路"。二是大胆探索，坚持一企一策，结合实际，采取切实可行的转制方式。三是集中力量攻坚，突破重点难点。在转制过程中，以建立现代企业制度为目标，抓好企业产权制度改革这个关键环节，促进资产的流动和重组，盘活资产存量，优化资产结构，提高资产收益。1997 年底，全市镇区两级转制率达 90%，比上年提升 7 个百分点。

1998 年，全市乡镇企业转制工作在各级党政领导和企业干部职工的共同努力下，以产权制度为核心的企业改革有新突破，转制率达 93%，比上年提升 3 个百分点。

1999—2000 年，企业转制攻坚战取得新成果，镇、区两级集体企业转制面 94.8%，有效推动了新会市企业经济体制创新、组织管理创新和经营机制创新进程。与此同时，乡镇企业、民营企业快速发展，有效拉动了全市工业增长。全市乡镇新上和技改项目超 420 个，实际投入资金 12.2 亿元，其中外资 8.5 亿元，民资 3.7 亿元，形成多元化的经济新结构。民营企业实现工业产值

83.3 亿元，增长 38.6%，占乡镇工业产值的 42.69%，成为新会市经济持续发展新的增长点。

2001 年，镇、村集体企业转制率 97.46%。

2002 年，全市镇一级企业 495 家，实现工业总产值 143.26 亿元，利润 2.26 亿元，税金 3.45 亿元，分别比上年增长 17.7%、72.8% 和 19.4%。2002 年，全市加快村一级集体企业转制步伐，将多年转制余下的 403 家村办企业实行一次性转让。

新会乡镇企业转制，通过抓大放小，搞活了中小企业，提高了乡镇企业的素质，加快了产品的更新换代，优化了行业结构和产品结构，改变了长期以来行业结构单一、产品档次低的局面，增强了市场的竞争力，形成了产业优势。在转制后，抓好会城民营工业园、司前前锋工业园等各镇工业园区建设，引导和扶持各企业向精、专、特、高方向发展。新兴的集装箱、照相器材、电子设备、电子、家用电器、中小型船舶制造、精密机械、精细化工产品、保健用品、不锈钢产品、高档用纸制品、高级装饰材料等高档次的产品生产发展迅速，并逐步取代了传统的行业和"三就地"传统产品，成为新会市乡镇企业的骨干行业和拳头产品。

新会成为广东省不锈钢制品三大产业基地之一。其中司前镇被定为"广东省五金不锈钢专业镇技术创新试点单位"，企业数和产值均占全市不锈钢制品业的 75% 以上。双水镇被定为拆船轧钢专业镇。双水拆船厂及新会亿利集装箱角厂，主要产品是"亿利"牌精铸集装箱角、各种规格再生钢材等。新会成为全国集装箱生产的重要基地之一，大鳌镇被评定为"广东省集装箱专业镇技术创新试点单位"。维达纸业（广东）有限公司生产的维达牌高级生活用纸系列产品获"中国驰名商标"称号。罗坑冠华针织有限公司，主要产品有冠华针织布系列、苹果牌服装及羽绒服装系列。食品行业的李锦记（新会）食品有限公司、电器行业的宝力电器有限公司、五金不锈钢行业的日兴不锈钢制品有限公司等均已成为行业中的龙头骨干企业。

农村经济迅猛发展

一、农业产业化经营

农业是个弱势产业，不但面临着自然风险，而且面临着市场风险。而农业产业化经营和社会化服务是由小农经济走向市场经济、由传统农业走向现代农业的必由之路。上世纪80年代和90年代，国家实行改革开放，特别是邓小平同志在南方发表重要讲话，党中央作出建立和完善市场经济体制，省委提出珠江三角洲率先实现农业现代化以后，是新会农业的黄金时代，经营体制改革蓬勃开展，承包土地流转蓬勃开展，农业结构调整蓬勃开展，集体个体企业蓬勃发展。新会因势利导稳步推进农业产业化经营和社会化服务。

多年来，通过不断调整农业生产布局和产品结构，农村经济有良好的发展前景，首先是确保粮食种植面积的前提下由种植业向养殖业的战略性转变，走种养并举之路，解决结构效益问题；再则是大力推进区域性支柱农业产业进程，积极引导各镇依据自己的生产力水平，充分发挥优势，建立各具特色的区域性支柱产业，解决市场流通问题。在全市建立"八大基地"、"六个中心"，有效地促进"三高"农业的发展。

一是加强农业基础设施建设，扎实推进高标准基本农田建设。2012年至2015年度高标准项目均已全部完成市级验收工作。

2016 年度高标准 3 个项目，2018 年 2 月底已全部完成施工，6 月完成区级验收工作。

二是稳定粮食产能，落实粮食考核指标。完成年度的粮食播种面积、总产量两项粮食考评指标任务，确保这两项考评指标稳定在前五年平均水平以上；完成市下达的粮食（水稻）生产功能区划定任务 11.37 万亩。开展粮食创高活动，以领导带头、层级联创、综合示范、区域推进方式，继续创建粮食高产活动 3 项示范共 18 个片（区），落实年示范规模 4.45 万亩，其中：区领导粮食高产示范片 3 个，年示范规模 0.92 万亩；银洲湖东西两翼四镇层级联创水稻高产示范片 4 个，年示范规模 1.27 万亩；千亩优质稻增产工程综合示范片 11 个，年示范规模 2.26 万亩，有效地促进粮食生产稳定发展，保障粮食安全。

三是加快经济作物发展，坚持适地适栽适销原则。深入剖析"种植安全、生产意识、品种结构、栽培技术、种植效益"等方面存在的问题，科学引导种植户规避跟风，做好农业的生产安全。下发柑橘栽培技术和柑橘重要病虫害防控等指导意见，强化植检意识，主推柑橘规范化栽培技术，推广物理防治或生物防治，合理安排植期、搭建高标准棚架、选种无病虫的种苗，做好种苗和土壤消毒、水旱轮作和规范化栽培工作，会同华南农业大学开展甘蔗赤腐病的取样和 PCR 检测，找准果蔗"红心、红节"的病因，促进产业健康发展。

四是优化发展特色产业。2017 年 9 月，新会陈皮国家现代农业产业园经农业部、财政部发文批准列入第二批国家现代农业产业园创建名单。新会陈皮国家现代农业产业园科学规划"一轴、两带、三基地、四中心、五园区"，以产业园为支点，构建集绿色种植、研发加工、品牌文化以及金融投资、仓储物流、电子商务、文化旅游于一体的产业集群，推进三产融合发展。到 2018

年，新会陈皮产业的新型经营主体 800 多家、加工企业 240 多家，带动就业约 5 万人，带动农民人均增收 1.88 万元。其中，三江镇新江、联和老区村发动村民种植柑树，加工柑普茶，组织销售，形成产业链，增加了村民的收入。

五是发展优质水产养殖与海洋捕捞。在优质水产养殖方面，以更加创新的手段积极推进现代水产养殖，为让新会渔业发展与市场经济相适应，新会区修订《新会区养殖水域滩涂规划（2015—2025 年）》，针对地域差异发展特色渔业，鼓励多水网的大鳌老区镇发展淡水养殖业和崖门镇等地利用沿海优势开展海水养殖，在睦洲镇开展澳洲淡水龙虾养殖推广，引导滩涂区域养殖户养殖黄鳍鲷、斑节对虾、青蟹等品种。基本形成西江流域以优质鱼虾为主、潭江流域以四大家鱼为主的养殖格局。指导各镇申报健康养殖示范场，邀请有关专家到新会开展申报培训，动员养殖单位开展渔业"三品一标"认证活动，有 3 家养殖企业取得"农业部健康养殖示范场"称号，有 24 家养殖场成功创建市级健康养殖示范场。

二、农业社会化服务体系建设

在加强农业社会化服务体系建设方面，党中央早就提出"农村商品经济的发展，要求生产服务社会化"，其实社会化服务是商品经济不可缺少的一部分。没有生产服务，就没有社会化大生产。生产服务质量的优劣直接影响农村商品经济的发展。新会以机构改革为契机，围绕中心，转变职能，推进农业社会化服务，先后在 1987 年 12 月、1989 年和 1993 年 6 月三次召开县（市）农业委员会服务体系工作会议。通过会议交流、现场参观，系统总结了农业委员会"八站一会一所"深化改革、完善服务、搞活经济的经验。特别是 1992 年新会市委、市政府召开全市农业社会化服务体系建设会议后，引起各地高度重视。农业委员会各局大多数都建立了专业科研所，以及为农业服务的公司、厂、场、站、示范基地，市级建立农科所、畜科所、林科所、水科所、经科所、鱼科所等机构，镇级建立农技站、农科站、水产站、畜牧站、林业站、经管站、甘蔗站、水果站、水利会、国土所等八站一会一所，管理区（村）设立农技站、财会站、信息站（信息直通车）机构。全市八站一会一所服务体系拥有180多个单位，共2500多人，拥有各种技术职称人员800多人。这样从市、镇、区（村）三级纵向上连成一条线，从农、林、牧、副、渔横向上结成一个网，使全市上下形成一个人齐、线紧、网牢的服务体系新局面，为发展农村商品经济走向市场经济迈出了坚实的一步。在发展农村商品经济中，农业委员会各职能部门充分发挥作用，在推广应用先进科学技术方面，积极引进、改良品种，借鉴现代科学技术方面，通过试验、研究、示范推广，使科技迅速转化为生产力，促进传统农业向现代农业转变。如水稻良种的推广使水稻生产朝着高产优质方向发展；优质水果的种植改变以大红柑为主的水果结构；外国畜禽品种和高价值品种的引进和推广，为畜牧业拓展了广阔的天地；在水产养殖业中，对优质品种的引进、驯化示范和推广逐步改变了以四大家鱼为主体的淡水养殖格局；在农业生产中普遍采用良种区域化、种苗标准化、技术规范化、植保防治综合化的综合标准化技术，使各项农产品产量提高到一个新水平。其他综合服务也与农村商品生产紧密结合，开展产前、产中、产后系列化服务，使生产与供应、销售逐步配套成一条龙，有力地促进农业商品经济发展，提高农民经营规模的效益。如沙堆镇以公司为龙头，在梅阁老区村建立示范基地和产业型服务实体，推动农业向规模经营发展。早在1988年该镇就成立了农业发展总公司，下设鱼牧公司、农业发展公司、果菜购销站等以服务为主的经济实体，还办了水果场、鱼苗场等基地，带动各业的发展。如水产养殖是由总公司属下鱼牧公司与水产专业户签订承包合同，开展优质养殖。产前由公司到外地组织优质鱼苗及饲料，统一供应给农户；产中通过示范、培训等形式推广优质水产养殖技术；产后突出抓好产品的销售。由鱼牧公司牵头，外引各方客商，内联养殖专业户，按公司预定的销售价格和指定地点收购，使得优质水产业产销两旺。1992 年全镇罗氏沼虾、加州鲈、桂花鱼、叉尾鱼全部由鱼牧公司联系销售到外地。公司仅向农民收回每亩 3 － 5 元服务费。这种系列化服务模式，实践证明是成功的。

三、喜获广东第一个"全国绿化达标县"称号

党的十一届三中全会以后，农村实行以家庭联产承包责任制为主要内容的农村经济体制改革。新会林业工作适应形势的发展，也进行了相应的调整。从 1982 年起实行林业"三定"（稳定山权、林权，划定自留山，确定林业生产责任制）。县成立稳定山林权办公室，1982 年 6 月，县政府又批转了《关于全面完成稳定山林权工作的意见》，以杜阮为试点然后全面铺开，历时两年，1983 年基本完成，共落实山权、林权 74.4 万亩，占应稳定山林权面积的 95%；划定自留山 2 万亩，占林业用地面积的 2.5%。同时组织精干力量，本着先易后难、尊重历史、维护安定、有利生产的原则，开展山权、林权纠纷的调处工作。在林业生产政策上，把所有权和经营权适当分离，坚持谁种谁有、谁投资谁得益的政策。县委决定由地方财政直接拨出专款支持林业，一定三年，第一年投入 8 万元，第二年投入 15 万元，第三年投入 30 万元，补贴湿地松工程林，以及农田防护林网的营造。1982 年，县长办公会议专题讨论了水土流失地区营造水土保持林、整治烂山头的问题，决定每年拨出专款，高标准营造水土保持林。以罗坑区南

联乡至交山林场一带为试点，营造大叶相思与湿地松混交林 1000 亩，获得成功。新会林业进入了稳步的全面的发展时期，1983 年，获林业部颁发"全国平原绿化先进县"称号；1984 年获省绿化委员会颁发的"造林绿化先进单位"称号。1985 年 10 月，广东省造林绿化工作会议在新会召开，会议向全省提出十年绿化广东大地的口号。新会县委在会上表示三年绿化新会的决心。会后，县委作出了《全县上下齐奋战，三年实现绿化县》的决定。全县迅速行动，声势浩大地向"绿化达标县"目标进军。县委领导亲自到当时荒山最多的棠下镇天乡管理区大雁山，办荒山造林绿化点，当年造林 3000 亩，一年消灭荒山。在县委领导的带动下，各级大办造林种果点，三年内，各级主要领导办造林点 28 个，面积 37800 亩；种果点 25 个，面积 9500 亩。

各级政府、部门还在财力上给予支持。从 1986 年到 1988 年三年间，全县投入造林绿化资金近 1000 万元，其中县财政直接投入资金 360 万元，完成山地造林 29.8 万亩，营造农田林网防护面积 18 万亩，四旁种植 433 万株，基本消灭了荒山。1988 年 10 月经省市联合验收小组验收，山地绿化率 80.8%，农林网绿化率 98.9，沿海防护林绿化率 100%，公路绿化率 98.4%，县城建成区绿化覆盖率 33.1%，各项绿化指示均已超过省定标准。1989 年 6 月，省委书记林若亲临新会检查绿化达标情况，肯定了新会造林绿化的成绩。1989 年 10 月 7 日，省委正式批准新会绿化达标，并在《南方日报》公布，成为全省第一个实现绿化达标县。实现绿化达标后，新会并没有停步，并把达标作为新的起点继续前进，查找林业存在的问题，采取有力的对策，提出了"达标不松劲，再上新台阶"的号召，要求"全县思想不放松，领导力量不削弱，资金投入不减少"，把巩固达标成果、改造林木质量、完善农田林网、提高林业综合效益作为新会林业发展的方针，在措施上做到：坚持大面积连片改造虫害林、低产林，变低效林业为高效林业；坚持科技兴林，发展"三高"林业，变传统林业为商品林业；坚持山、水、田、林、路综合规划，以法治林，依法治火，保护森林资源。新会林业部门积极巩固和发展造林绿化成果，认真贯彻新会林业方针和落实各项具体措施，开展以"增资源、增效益、优化大环境"为目标的林业二次创业，努力使新会林业再上一个新台阶。

第四节　工业交通飞跃发展

一、兴建纺织城

上世纪 80 年代初，新会工业发展的主攻方向是纺织工业，并不失时机地加快重点工程的建设速度。先后新建年产 1150 吨的丙纶厂、5000 吨的涤纶厂；新建 400 万米的针织厂，拥有 1500 吨的染整能力，1000 万个纸筒管；扩建总规模为 23200 绽的棉纺厂、400 万条麻袋的麻纺厂等项目。加上服装加工业的发展，以及数百种新产品试制成功和先后投产，使新会的工业生产出现新的突破。

1980 年 8 月，新会合成纤维厂建成投产。合成纤维厂从 1979 年开始建设，仅用大半年时间，建成一间年产丙纶长丝 150 吨的试验工厂。1980 年 8 月 25 日至 28 日，经过中国科学院技术鉴定正式投产，生产的丙纶长丝获得了国家"四新"产品金杯奖。1982 年 9 月，扩建的年产丙纶长丝 1000 吨的车间也投产。此时，该厂成为我国最大的丙纶长丝厂。

1981 年 10 月，新会县人民政府成立涤纶工程指挥部，以补偿贸易方式兴建年产 5000 吨涤纶长丝的新会涤纶厂。于 1983 年 5 月一次试产成功，质量达到国际同类产品先进水平。9 月 27 日，举行投产剪彩仪式，参加典礼的有省委常委、副省长李建安，省委常委、外经委主任叶澄海，纺织工业部代表曹平林，香港永新公司董事长陈云康和省、市、县有关部门负责人，港澳有关人士，及帮助该厂安装设备、指导生产的瑞士、英国专家400多人。

因为纺织业的带动，新会全县工业总产值连年大幅度增长。1983年达到5.4亿元，比1980年增长79.7%，平均年递增21.6%。国营、集体和区乡企业同时发展，轻重工业同步增长。发展速度之快，是建国以来未有过的。全县工业总产值占工农业总产值的比重，由1980年的50.9%，上升到1983年的61.8%。令人可喜的是，工业经济效益的提高幅度，超过了生产发展速度。与1980年比，1983年国营企业实现税利增长2.1倍；县办工业企业实现税利增长4.8倍；国营工业的全员劳动生产率提高1.28倍，百元产值的利润增长98%。

1986年4月9日，县纤维色母粒厂建成投产，生产着色原料色母粒产品，填补我国纤维行业的空白。

1987年2月26日《南方日报》报道，我国又一大型锦纶厂——广东新会锦纶厂日前全面投产。

1988年10月13日，新会纤维色母粒厂在中国科学院广州分院的协助下，成功研制色母粒中的一代新产品——锦纶色母粒，改变了我国长期依靠进口色母粒的局面。至2009年，新会拥有规模以上纺织化纤企业97家，从业人员3万多人；而新会全区从事纺织行业的企业（单位）1000多家，从业人员近10万人，解决了大批乡镇劳动力的就业。

新会纺织产业集聚明显，化纤产业链完整。以美达锦纶、广东彩艳等大型骨干企业为首，带动了一批化纤深加工企业发展。美达锦纶是上市公司，产销量居全国锦纶行业首位，2005—2006年度全行业竞争力测评中获"中国化学纤维行业竞争力前十强"。广东彩艳集团是国内最早一家生产芳纶的厂家，纤维色母粒的产量和质量均居全国之冠，国内市场占有率达60%以上，2003年获得广东著名商标。

新会是广东省生产规模最大、品种最齐、技术含量高的纺织化纤生产基地，2005 年被授予"国家火炬计划纺织化纤产业基地"称号，经过 20 多年的建设，全（市）区纺织化纤产业已发展成一条从聚合到纺织、织造、染整、印花、服装一条龙的完整产业链，直接拉动了地方经济的发展，展示了其良好的经济和社会效应。

多年来，新会纺织产业企业紧紧围绕国家纺织结构调整政策，充分发挥产业链齐全、上下游合作紧密的优势，不断提升行业协作配套水平，打造"中国化纤产业名城"新版图。至 2015 年，全区共有规模以上纺织化纤企业 42 家，其中产值超亿元的企业 8 家，高新技术企业 2 家，实现工业总产值近 60 亿元，出口总额 20 多亿元；获得国家驰名商标 1 个、省名牌产品称号 4 个，拥有锦帆牌锦纶长丝中国名牌、彩艳纤维色母粒等 11 个广东名牌和广东著名商标；建立国家级企业技术中心 1 家，广东省工程技术研究开发中心 4 家，博士后工作站 2 个，建立了国家、省级试验基地各 1 家，与全国 60 多家高校和科研院所建立长期技术协助关系，形成较强的技术创新开发能力。

新会纺织产业已形成以美达锦纶、广东彩艳、冠华针织等大型骨干企业为龙头的产业集群，产品种类涵盖涤纶、锦纶、芳纶、纤维色母粒、服装、高档经编面料、弹性织物、针织布、牛仔布、工业用布以及无纺布等多个细分领域，成功打造从聚合到纺织、织造、染整、印花、服装的完整产业链，是新会七大支柱产业之一。

2016 年 12 月 20 日，全国纺织产业集群复评工作总结会在北京人民大会堂召开，江门市新会区顺利通过三年一度的纺织产业集群试点复评，获颁"中国化纤产业名城（2016—2018）"称号。

全国纺织产业集群复评工作每三年开展一次，由中国纺织工业联合会组织评审，这是新会区自 2007 年首次获得"中国化纤产业名城"称号以来，连续 3 次顺利通过复评。

二、交通基础大建设

党的十一届三中全会至党的十七大期间，新会的交通建设发生了历史性的变化，成绩令人瞩目，如建起了一大批等级水泥公路和桥梁，全县（市）公路实现硬底化、标准化；解决了"行路难"和 14 个镇以桥代渡问题；修建了等级公路达 1060 千米，其中中等级水泥公路 839 千米，公路密度由 1978 年的每百平方千米 32.1 千米增加到 1998 年的 65 千米。港口航道建设取得了突破性的进展，整治了崖门深水航道，建成了新会港西河口作业区和天马作业区。

党的十一届三中全会以来，新会县委、县政府认真贯彻执行党的改革开放、搞活经济的方针，打破国家包办包干局面，实行国营、集体、个体一齐上，多渠道、多层次筹集资金全民办交通，使新会的公路桥梁建设开始走上正轨。1978 年至 1985 年期间，先后建成七堡、荷塘、睦洲、大鳌等公路渡口。1982 年 10 月，睦洲三牙大桥竣工通车，桥长 151 米，是当时新会最长的公路桥梁。1983 年 12 月，睦洲至大鳌 9.7 千米的公路建成通车，至 1985 年底，除几个江心岛外，全县已实现了镇镇、村村通汽车。1978 年至 1985 年，全县共筹集资金 756.2 万元，建公路 17 条，总长 116 千米；建桥梁 30 座。1985 年，全县公路达 95 条，共 604.8 千米，比 1978 年增加 66.2 千米。

随着改革开放不断深入和经济的快速发展，社会对交通运输的需求越来越大。"七五"计划期间，新会提出"新会要繁荣，交通要发展"。据统计，1986 年至 1990 年全县交通建设共计实现投资 1.72 亿元，相当于 1985 年前 36 年全县投放于交通建设资金总额的 1.5 倍。新建公路 53 千米，新铺水泥路面 95.08 千米，新铺柏油路面 17.2 千米；新建渡车码头两处；新建一座面积 4720 平方米的客运汽车站；新（改）建桥梁 41 座；新建 3000 吨级码头泊位 3 个、300 吨级泊位 1 个，都配备了新型的能够装卸作业的机械。

1986 年，县委、县政府邀请有关专家教授研究制订新会县水陆交通建设的发展规划，决定以"一路两桥"为突破口，推动全县交通建设向前发展。1987 年，投资 4500 万元将会城的主要出口干线——江会公路，从原来仅有 7 米宽的低等级公路改建为宽 23 米，全长 11.5 千米的一级水泥公路，从而结束了该路狭窄不平、行车不畅顺、事故频发的历史。1989 年，投资 5000 万元建设大洞、虎坑两座大桥，到 1990 年底，建成了长 728 米、宽 13 米、通航净高 9.5 米的大洞大桥。"一路两桥"的建成，连通了全县东南五镇，初步改变了会城干线公路的落后面貌。

"八五"期间，是新会国民经济和社会发展十分关键的时期。县委、县政府明确交通建设要"科学规划，基础先行"，突出重点，全面推动，下大力气赶上先进地区，以适应经济大发展的需要。

按照上述要求，"八五"期间，交通建设投入资金 13 亿元，比"七五"期间的 1.72 亿元增加了 7.5 倍，实现了"八五"建设规划，新会交通基础设施建设在"七五"发展的基础上又跨上了一个新的台阶。

公路建设高标准突飞猛进。"八五"期间，新会实现了公路达标。新（改）建等级水泥公路 608 千米，其中一级公路 58 千米，二级公路 155 千米，三级公路 395 千米；新（扩）建桥梁 90 座，路桥建设投资 8 亿元。实现市通市为一级水泥公路，市通镇公路基本是二级以上水泥路。新会 339 个管理区，除 6 个边远山区、水乡外，基本通三级以上水泥路。与 1990 年相比，不仅公路有普遍提高，而且公路密度达到每百平方千米 54.8 公里，高于江门市乃至全省平均水平。

实现公路达标任务后，新会党委政府和交通主管部门清醒认识到，新会的交通与先进地区相比还是落后的，尤其是在交通建设的思想观念上存在较大差距。1996 年开始，掀起了以"四路三桥一港口"为重点工程的交通建设新高潮，共兴建 8 项工程。初步建成以高等级公路为主的，公路水路相互衔接的立体交通网。

四路是沿海高速公路（新会段）、新台高速公路（新会段）、南环一级公路和会棠一级公路。

三桥是崖门大桥、牛湾大桥和荷塘西江大桥。

一港口即新会港天马作业区。

八项工程总投资约 25 亿元，是中华人民共和国成立以来新会在交通建设方面投资规模最大的一次，是跨世纪的工程，标志着新会市继公路达标后交通建设又迈向一个新的阶段，对推动经济发展意义重大。

在做好八项重点工程建设的同时，各镇区公路建设也朝着以一级公路为主的高等级工程方向发展。1998 年，双水镇投资 800 万元，建起一条 4 千米长的一级水泥公路，公路两旁设有绿化带，中间竖起路灯，成为一条改善投资环境、树立双水形象的迎宾大道；罗坑镇投资 500 多万元，建成一条 2 千米的 6 车道出口公路；大鳌镇为彻底改变落后的交通面貌，制定了"两桥一路"建设规划，1998 年建成 5 千米长的中心公路。还有杜阮、崖南、大泽、司前、牛湾、睦洲等镇也纷纷制订计划，动工兴建一级形象公路。同时，各镇还注意做好区通自然村的道路建设，其中双水、杜阮、古井、荷塘等镇走在全市的前列。

　　公路是一个地区的经济主动脉，又是一个地区的形象。长期以来，新会十分注重做好公路及公路两旁的养护管理。1996 年，新会实现公路两旁绿化；1997 年又实现公路两旁"三化"（绿化、美化、净化）。

华侨港澳同胞支持家乡建设

一、从未中断的华侨港澳同胞捐献

新会区总人口 76 万，其中归侨、侨眷、港澳台乡亲家属占 63 万多人，而定居在全球 57 个国家或地区的海外乡亲达 70 多万人，真可谓国内一个新会，国外也有一个新会。

新会的华侨华人虽远居国外，但他们一直心系祖国家乡。不论是晚清、民国还是中华人民共和国成立之后，或支持革命和抗战，或热心家乡的建设和发展，一百多年来从未中断。新会党政、人大、政协认真落实党的统战、侨务政策，因势利导做好各项工作：一是落实侨房返还。改革开放之前，旅外华人和侨胞、港澳台乡亲在家乡的个人房产由于其本人在外而一直由房管部门代管。乘改革开放的春风，新会各级有关部门积极宣传和落实侨房政策，联系业主，逐一办理确权返还，使港澳台和海外乡亲感受到祖国的温暖，心系家乡。二是加强沟通联系。党政工作中心转移到经济建设上来，新会利用邻近港澳的地缘之利，走出去、请进来，加强与港澳乡亲的沟通联系，使各有关经济部门既了解国外经济发展的动态，看到我们的不足，又捕捉商机，促进有关工商项目的牵线搭桥、顺利开展。同时，真诚邀请在外乡亲回家乡参观、考察、恳亲，让他们亲眼看到祖国和家乡改革开放以来的发展变化，坚定和增进为家乡办好事的信念。三是抓好招商引资。在党提出可以拓宽经济门路，可以利用外资和技术、人才，华侨、华裔也可以回来办工厂的政策鼓励下，新会各层级领导扎实地抓好招商引资工作。每年筛选一些项目对港澳台及海外乡亲进行宣传介绍，逐渐使同胞乡亲不单捐资家乡的公益事业，而且投资家乡办工厂实业。通过落实政策，解疑释惑，真正了解，实现双赢，从而促进新会对外开放和经济发展。

据统计，改革开放以来至 2018 年 4 月，新会县（市、区）委和县（市、区）政府做了大量的统战工作，累计接受侨胞捐赠项目 7347 宗，金额 17.49 亿港元。其中包括：

（1）新建、扩建中小学校 1041 间次，累计建筑面积 123.5 万平方米，累计受捐 4.86 亿港元；

（2）新建、扩建医院、医疗卫生站 325 间次，累计建筑面积 20.5 万平方米，累计受捐 1.92 亿港元；

（3）新建、扩建桥梁 181 座次，累计受捐 2.3 亿港元；

（4）新建、扩建交通道路和石堤 932 宗次，累计 1148.56 千米，累计受捐 1.52 亿港元；

（5）新建、扩建、维修各地的侨联大厦 27 间次，建筑面积 12600 平方米，累计受捐 1328.45 万港元；公园 25 个，纪念亭 14 个，累计受捐 1391.21 万港元。

（6）新建、扩建幼儿园 198 间次，建筑面积 96437 平方米，累计受捐 8225.26 万港元；

（7）新建、扩建敬老院 216 间次，建筑面积 13048 平方米，累计受捐 6079.16 万港元；

（8）新建、扩建自来水工程 294 宗次，累计受捐 6238.76 万港元；

（9）新建、扩建影剧院 13 间次，会堂 7 间次，文化中心、图书馆 95 间次，体育场（馆）6 个次，累计建筑面积 128345.6 平方米，累计受捐 6816.84 万港元；

（10）建立、捐赠各中小学校教育基金、奖学金累计 1741.3 万港元，乡镇老人基金、敬老活动费 1516.86 万港元，文明村建设 1262.99 万港元；

（11）还捐赠了一大批包括文化、教育、医疗、卫生、旅游、交通、运输、工农业生产设备和原材料等及其他各类公益慈善项目。

数十年来，涌现了一大批杰出的华人华侨、港澳同胞代表，如黄克竞、黄祖棠、谭兆、冯秉芬、陈经纶、陈经兴、马观适、黄球、李文达、梁华济、崔德祺、苏澄洲、吕志和、谭永廉、利希慎家族、林植宣、李树、陈正、戴汝俭、容玉俊、林蓬、唐珍琰、林保浓、汤杨慧文、霍宗杰、朱赞、周务谦、夏松芳、黄华乾、林均成、林国成、聂国良、陈美菊、张田、赵宝莲、李汉基、莫耀强、黄平汉、张廷、钟锦荣、梁鸿杰等。

改革开放以来，华人华侨及港澳同胞为支持新会建设重点捐建的大宗项目有：新会一中、华侨中学、陈经纶中学、陈瑞祺中学、新会人民医院、新会中医院、新会保健院、谭兆医院、李文达中学、会城城郊小学、梁华济学校、黄克竞博士学校、黄克竞大桥、黄宣充大桥、慈母黄张纪念大桥、无限极大桥、新会体育馆、新会体育场等一大批项目。还捐建了圭峰山的玉台寺、紫云观。

二、支持家乡建设身体力行的唐珍琰

提起唐珍琰，20 世纪 70 年代及之前出生的会城人无人不知。1919 年 8 月，唐珍琰出生于新会白石村，丈夫陈国泉是新会棠下镇人，旅港工商界爱国人士。1950 年，陈国泉团结港澳工商界人士回广州投资，并带头捐资办公益事业。1951 年，全国掀起轰轰

烈烈的抗美援朝捐献运动，他带头认捐战机一架（1亿元，旧人民币）。

1957年6月，陈国泉病逝，唐珍琰遵照丈夫遗嘱，分别向新会华侨中学、新会烈士纪念碑、新会侨联、暨南大学和省侨联等共捐赠了近5万元。为继承丈夫遗志，她还毅然放弃了在香港的优越生活，把资金调回内地，支援家乡建设，同时把子女带回新会定居读书。

上世纪50年代末至改革开放前，唐珍琰多次组织港澳同胞回乡观光。特别是60年代经济困难时期，她更发动港澳同胞寄汇款捐赠帮助家乡。当时新会每年侨汇数为全国排行第一。唐珍琰以身作则，率先垂范，功不可没。

1957年，唐珍琰到新会学宫参观，捐资7万多元在学宫后面兴建阅览馆（后改为博物馆）。1965年，她跟家人商量后，捐赠16万元兴建了会城少年宫，占地面积1800多平方米，建筑面积3700平方米。该楼1966年落成使用，为新会培养了不少人才。其他捐献还有石头山椅山桥、石头小学、石头中学和桐井医院等。

从上世纪50年代末至80年代，唐珍琰先后多次投资建设家乡，有龙潭水电站、新会农械厂、新会华侨电机厂等，投资额共计30多万人民币。在80年代，她还把丈夫留给她的财产，原广州市华侨投资公司的股息和香港蛋品企业公司中的80%股权，悉数捐赠给省侨联奖励基金会。

唐珍琰在侨务工作上的贡献卓越，全国侨联于1986年10月授予她"侨务积极分子"称号。

三、热心慈善捐献不断的黄球伉俪

黄球1921年出生于新会城郊村，17岁时赴香港谋生，历经艰辛，终于成为香港著名实业家。1979年，一位回乡的同胞告知黄球，家乡环城大端里河堤被冲刷，围堤松动，险象横生，如果塌堤，全村就成泽国了。黄球听了寝食难安，立即回乡察看情况，并出资 21 万元修堤。阔别家乡 40 多年，黄球先生特意和家人回到了童年时求学的城郊小学，看到破旧的校舍，想起当年只读过几年书，始终是自己的遗憾。他触景生情，决定捐资 100 多万元重建城郊小学和环城中学。随后几年，他共捐资 230 万港元，为两校购买了大批教学设备。2005 年，当他来到城郊小学参加 25 周年校庆时，得知学位不足，当即又捐资 300 万元新建教学大楼。

1979 年，黄球到新会侨中参观，他捐资 6 万元建学生宿舍楼，后又捐资 20 万元为宿舍添置设施。在他的带动下，一大批港澳乡亲相继出资，经过多年建设，新会侨中面貌焕然一新。1993 年，黄球听说侨中新建学校宿舍楼要 500 万元，决定捐资 250 万元。并为该楼命名为"求真楼"。

黄球还是新会一中的名誉校长，也是该校改建工程的发起人之一。1990 年底，他到学校参观时，感叹地说："这样的校貌不能代表新会教育的最高水平！"于是他主动捐资 200 万元港币包揽了学生宿舍楼的建设。就在宿舍楼建设期间，黄球先生又主动提出要捐建一中的游泳池，并出资 30 万港币。随后，他又出资 200 万元，建成了一中的多功能体育馆，并于 1992 年底落成。黄球命名为"健德堂"。

1994 年，黄球捐资港币 400 万元新建了城郊幼儿园。

为促进家乡教育、医疗等各项公共事业发展，除了上述项目外，黄球先生在江门、新会的捐建可谓数不胜数，如江门五邑大学、江门幼儿师范学校、江门一中、陈白沙纪念馆、新会师范、会城实验幼儿园、冈州中学、新会人民医院、新会急救中心、新会眼科医院、新会儿童活动中心、新会科技培训楼、新会老人基金会和新会残疾人基金会等等，捐资总额达数千万元。

黄球夫人黄梁曼丽女士一直积极支持丈夫回家乡兴办公益事业。更为可贵的是她将自己省用的积蓄先后慷慨捐资建新会妇女儿童活动中心、崖门陈业幼儿园"曼丽教育楼",还资助新会人民医院、崖门卫生院、睦洲中心卫生医院、沙堆卫生院、会城医院、新希望眼科医院购置先进医疗设备和救护车,资助老年大学购置钢琴;援建单亲母亲"安居房",支持扶贫助学、关爱女孩活动。她年近八旬还不辞劳苦,亲访全区 11 个镇(街),为 1200 多位孤寡老人和困难患者出资做白内障复明手术,人们尊称她为慈善爱心使者。近几年,她被授予第三届"爱在江门"十佳道德模范、江门市关心下一代工作个人突出贡献奖、江门市五邑义工联合会"最美志愿捐赠者"称号;她还热心支持新会区老干部(老人)大学教育事业,受聘为该校名誉校长。

四、捐巨资办两校的陈经纶

1976 年 10 月,"文化大革命"结束,新会罗坑镇百废待兴,特别是教育。镇干部们想起了历来支持家乡建设的陈经纶先生。但"文化大革命"对陈氏家族的伤害很大,大家对能否得到他的帮助,也不敢抱太大希望。但在陈瑞祺慈善基金会代理人陈卓的联系下,陈径纶答应回家乡走走。

1981 年秋,陈径纶和助手从香港坐船到江门,年近六旬的他也没休息,立即找了辆三轮动力车,奔赴罗坑公社陈冲大队。陈径纶的突然到访,令大队干部们惊呆了。在向干部们了解情况返港后,陈径纶没多久带着工程师再次回到家乡,并告诉大家一个天大的喜讯,他决定在罗坑北面的牛山,原罗坑中学旧址建一座大型中学,并以其父亲陈瑞祺的名字命名。

1982 年,陈瑞祺中学动工;1984 年 8 月,中华人民共和国成立以来新会新建规模最大，一次性投资最多的陈瑞祺中学建成，占地近8万平方米，建筑面积1.48万平方米，建有办公楼、教学楼、实验楼、宿舍楼22座，同时还配备了新会其他学校都还没有的游泳池、体育馆等设施。一期投入近千万元。

陈瑞祺中学建成没多久，在1987年，陈经纶又决定捐资1600万元，在会城兴建陈经纶中学，并亲自选定了校址——圭峰山下美丽、幽静的鹰山旁。在建校设计研究会上，陈径纶兴致勃勃地说："鹰山这个地方好啊，雄鹰展翅高飞之日，就是祖国兴旺发达之时！以后谁再敢小看我们中国！"大家被他的爱国热忱所折服。

两所学校相继建成后，陈经纶和陈瑞祺慈善基金会仍不断地为两校捐资，建设配套项目，单是在办学方面捐资就达9000多万元。

五、倾力支持家乡建设的马观适

马观适支持家乡新会的善举始于1987年。那年他从香港回到家乡睦洲龙泉祭祖，看见龙泉小学校舍陈旧，于是捐款将学校修缮一新。1992年，马观适向新会捐款200万元，新会的领导决定将款项拨给新会中医院兴建门诊大楼。后来马观适又为中医院的建设多次追加捐款150万元、180万元和75万元。还捐建了中医院中医药研究指导中心大楼。

1999年，马观适又为新会保健院捐资250万元兴建门诊大楼，大楼建成后，他又捐赠了价值60万港元的医疗设备。在2000年，马观适再次为该医院捐资50万元用于旧楼的维修。

2001年，新会要建体育馆，马观适慷慨解囊，认捐了1200万元，圆了新会人民的新体育馆梦。

2006年，马观适伉俪参加新会举行的慈善公益万人行活动，马观适以马李示聘基金会的名义捐款 1088.8 万元，马观适夫人马陈景霞女士也以个人名义捐款 200 万元。

马观适捐建的其他项目还有龙泉中小学校、村康乐文化中心、龙马大桥、龙泉至睦洲镇和斗门的水泥公路等等。

六、黄氏捐建三桥惠及数十万人

1991 年，黄克競已 85 岁高龄，在新会县委统战部部长黄迪境和原教育局局长谭顺康的联系下，他和黄祖棠一起回到了家乡双水参加黄宣充纪念小学的 10 周年庆典活动。黄克競目睹家乡巨变，心情愉悦，遂起投资建厂、捐资支援家乡建设的念头。

在接待宴会上，黄克競直接向县长张龙笛表达了想投资 500 万元建厂的心愿。张龙笛当即拍板，与有关部门商议，三个月就实现了宝源（新会）光学有限公司投产。工厂投产没多久，黄克競得知家乡正计划兴建南坦大桥，当即捐资 1600 万港元。不过，黄祖棠先生却对建桥产生了"疑问"：只建南坦大桥，双水、罗坑、崖门一带的群众却享受不到便利，出城还有一道"坎"，小冈至南坦还要摆渡，未能直通路桥。于是黄氏家族又捐资 1600 万港元建小冈大桥，以黄祖棠父亲黄宣充名字命名。两座大桥几乎同时动工。

在大桥建设之际，黄祖棠先生回乡视察工程进展。当他坐在船上，听陪同人员说起与南坦岛一江之隔的七堡岛人民也想建桥，但该镇经济能力较弱，还远远无法筹措到资金，于是，又捐资 1600 万港元建一座桥，以黄祖棠母亲黄张见名字命名。

1992 年 12 月，黄克競大桥（南坦大桥）建成通车；同年底，黄宣充纪念大桥（小冈大桥）通车。同日，慈母黄张见纪念大桥奠基，并于 1994 年 8 月建成通车。

至此，黄氏捐建的三桥相继建成，极大便利了新会西部的小冈、七堡、罗坑、牛湾、双水、崖西、崖南等 7 个镇数十万民众，更促进经济的腾飞。

七、捐资又投资家乡的李文达

李文达祖籍是新会七堡冲力老区村，也是香港"蚝油大王"李锦记第三代传人。1990 年，他第一次回家乡新会七堡，受到家乡人民的热情欢迎和接待，深受感动，经过细致的考察，他决定捐建李文达中学，并有意向在家乡投资办厂。

1995 年，李锦记（新会）食品有限公司落户七堡，1997 年开始生产酱油、虾酱。

1998 年 8 月，李文达中学第一期工程落成并投入使用。李文达还在冲力老区村兴建文化广场、老人之家，修建村内的巷道，使老区村旧貌变新颜。

2005 年 4 月，南方李锦记有限公司（即无限极品牌保健品生产基地）从广州迁到七堡落户。该公司不但解决了数千人的就业，而且多年来都雄踞江门地区纳税榜首。2015 年，以纳税 25.88 亿元的成绩，蝉联江门市纳税百强榜榜首，五年内四次夺魁。

综上所述，华侨华人、港澳同胞支持家乡建设项目的建成，为新会教育、文化、卫生、体育事业的发展打下了良好的基础，促进了新会教育、文化、卫生、体育事业和经济的蓬勃发展。

教育方面，在上世纪八九十年代，新会先后荣获"全国校舍建设先进县"、"基础教育先进县"、"全国幼儿教育先进县"，新会一中、新会华侨中学、陈经纶中学被评为广东省一级学校、广东省国家级学校。新会机电中专、新会时年技校被评为"国家级示范中专学校"，新会实验小学、实验幼儿园、机关幼儿园等也评上了省一级示范单位。教育事业得到均衡发展，高考连续多年入围大专、本科人数居江门市之首。2008 年成功创建省教育强区。

卫生方面，在华侨、港澳同胞热心支持下，新会人民医院、中医院已发展成为具有现代化规模的综合医院。新会妇幼保健院成为联合国儿童基金会合作项目示范单位，后被世界卫生组织授予"爱婴医院"称号。县防疫站被国家卫生部评为"全国计划免疫先进单位"。国家卫生部评定新会为全国食品卫生示范县。新会县被省政府授予"农村改水先进单位"称号，通过国家卫生城市检查，卫生整体水平又上了一个新台阶。

体育基础设施大大加强，2003 年建成新会体育馆，群众性体育运动健康发展，培养和输送了一批又一批优秀运动员到省体校，已连续多次获省体育贡献奖。

各项文化活动更是方兴未艾，新会被评定为"全国曲艺之乡"。

7

第七章

十八大以来，新会迎来新发展

 第
一
节

革命老区镇大鳌镇巨变

大鳌镇位于新会区东部西江下游一个江心岛,平原地形,河道纵横;是江门、中山、珠海三市交界的沙田区,是中国人民解放军粤中纵队新会独立团新生连的诞生地。1949 年,大鳌镇是中共新会区工委机关所在地,是新会第一面五星红旗升起来的地方。1992 年 12 月 7 日,广东省民政厅发文,确定大鳌镇的新一、百顷、南沙、深滘、新地、十围、三十六顷、一村、大鳌、三村等十个村为解放战争时期的游击根据地,为革命老区村。1994 年广东省、江门市授予大鳌镇"革命老区镇"称号。大鳌解放后,老区人民在中国共产党的领导下,发扬革命传统,艰苦奋斗,开拓创新,家乡面貌发生了巨大的变化。

一、温家宝视察大鳌老区镇

党和国家领导人十分重视老区的发展建设。

1996 年 11 月 26 日至 27 日,中共中央政治局候补委员、书记处书记温家宝在广东省委副书记黄华华、副省长欧广源、江门市委书记古日新的陪同下,就农业和农村工作问题到新会调研考察。温家宝一行马不停蹄地来到大鳌镇考察。大鳌镇位于新会东南部边缘,属沙田区,西江环绕全镇。这里土地肥沃,气候地理条件均非常适宜农业发展,传统产品有香蕉、莲藕、茨菇、田螺、河鲜、黄沙蚬等。

党的十一届三中全会后，大鳌积极贯彻落实以家庭联产承包责任制为基础的农村新经济体制，把农业变成了农民自己的事业，农业生产以前所未有的速度向前发展，是新会第一个普粮"吨谷镇"、"吨糖镇"。

在省、市及地方领导的陪同下，温家宝兴致勃勃地来到一片绿色的蔬菜地，看见农民吴锦添正在耕作，便与吴锦添亲切地交谈起来。询问其家中有几个劳动力、承包土地多少、都种些什么、一年收入多少等。温家宝如此细微的关怀，吴锦添深受感动，历久难忘。

随后，温家宝来到了大耕户胡敦尧的田头，与胡敦尧并排而坐，拉起了家常，了解其生产经营情况和生产中遇到的问题。胡敦尧，一位纯朴的农民，每天起早摸黑都在田里耕作，丰收了不忘向国家交售公粮。每年带头早售粮、多售粮、售好粮，超额完成交售公粮和订购粮的任务。温家宝得知胡敦尧是全国劳动模范、新会售粮"状元"，非常高兴，亲切地握着胡敦尧的手，称赞他为国家作出了贡献。

二、文化素质大提高

上世纪五六十年代，大鳌的教师、医生、会计、出纳都是从外地请回来的。当地党政领导深刻认识到，要改变落后面貌，人才是关键。干群一心，从扫盲、办学入手，提高群众的文化素质，培育人才。至人民公社时期，先后办起了百顷、南沙、新地、十围、大鳌、四村、大鳌尾、大八顷、安生、特沙、沙头、红卫等12所小学，适龄儿童全部入学读书。1964年创办大鳌公社农业中学，70年代办起联兴初级中学，80年代创办大鳌中学，1992年建成大鳌中学新校区。经过不懈的努力，80年代普及小学教育；90年代普及初中教育；进入新世纪普及高中教育。现在，绝大多数年轻人都具有大专或以上学历水平，教育事业振兴造就了大批德才兼备的人才，一代新型农民正在茁壮成长。

三、村民住房大变样

过去，大鳌人民住的都是不防风雨、不防火烛、不防盗贼的茅寮。人民公社成立后，党委和政府急群众所急，想群众所想，1965年实施"茅寮变砖屋"这一伟大壮举。三级办砖厂（公社、大队、生产队），分期分批安排红砖给社员建房，1978年，全镇群众都住上了砖瓦房，面貌焕然一新。随着改革开放的大好形势，群众勤劳致富奔小康，拆平房，建楼房。走进革命老区百顷村，展现在眼前的是宽阔、平坦、整洁的水泥大道，大道两边是新村，一幢幢亮丽的楼房，鳞次栉比，让人不禁感叹，昔日贫穷落后的革命老区，今朝已经换了人间。

四、食水卫生大改变

大鳌人民过去的饮用水都是河水，水质非常差，俗称"十屎归河"，污染严重，群众饮水安全是一个迫切需要解决的问题。党委和政府与群众同甘苦，共命运，1984年圩镇中心自来水厂建成，采用水塔自流式直供。圩镇、东风、东升、东卫、一村、大鳌、十围、三十六顷、沙头等村的群众用上了自来水。1985—1986年南沙、深滘、新地三个村，新一和百顷两村，安生和三村两村以及大鳌尾、大八顷、四村、红卫等村先后建起了水塔自流式直供自来水。1993年中心自来水厂扩建为自压式日供水量3000立方米自来水厂，2000年把中心自来水厂再扩大到日供水量1.3万立方米，先后连接了新地、深滘、南沙、新一、百顷、三村、安生、四村、大鳌尾、大八顷等村的自来水管网。从此，全镇用上了干净卫生的自来水，饮用水改革使大鳌人民放下了沉重的心头大石。

五、路桥交通大动作

过去，大沙田的路都是围基，弯弯曲曲细又长，晴天尘滚滚，雨天滑潺潺，水网地带，河道交错，"出门见水，举步登船"，艇仔（小船）是每家每户必备的交通工具。现在，桥路四通八达，拖拉机、收割机、推土机等农用车开到田边、塘头，交通工具以车代船。党的十一届三中全会以来，大鳌交通建设重点抓好五项大工程：一是大鳌通汽车。1983年9月，新会公共汽车经南沙渡口到圩镇，结束了大鳌人世世代代靠渡船外出的历史。二是兴建百顷至大鳌尾镇内水泥公路。1988年把百顷至大鳌尾的围基扩宽到7米，全线20千米铺上水泥混凝土，带动各村实施村道硬底化，实现村村通汽车。三是兴建新中（新会—中山）公路。1994年，新会大鳌镇党委与中山大涌镇党委共同规划兴建一条由新会大洞大桥经三江、睦洲、大鳌到中山大涌接105国道的新中一级公路，新中公路的规划和兴建，对于打通新会东大门，与中山、珠海交往起到很大作用。四是建设新鳌公路。1996年动工兴建，1998年建成通车，往中山市的新中渡口同时启用。新鳌公路横贯鳌岛东西两岸，全长5.2千米，连接南沙、新中两个渡口，是与外地往来的主要通道。五是大鳌特大桥建成通车。大鳌特大桥是新中公路工程的重点建设项目，连接大鳌、睦洲两镇，与建成的新中一级公路三江、睦洲段相接，2013年建成通车，实现了大鳌人民梦寐以求的建桥愿望，告别摆渡过江的历史。还值得一提的是，中开高速公路已动工兴建，途经大鳌，并有一出入口，展望未来，大鳌的交通更加便捷。

六、围堤修筑大规模

大鳌是个江心岛，犹如水浮灯盏，解放前，环岛围堤低矮、单薄、失修，洪水一来，决堤现象时有发生，终年辛劳，付之水流。大鳌解放后，党和政府与群众心往一处想，劲往一处使。合作化、人民公社时期，每年秋冬季节组织群众上堤大搞水利，逐年为围堤培土，加厚加高。1989 年实施环岛大堤石堤化，不断加固大堤。1998 年又按 50 年一遇考核管理目标全面加固除险，夯实外坡土体，浇灌混凝土护坡。2000 年实施"环岛公路"工程建设，围堤路面扩展到 8 米，铺水泥路宽 6.5 米，全长 38 千米，2012 年全线通汽车，把大堤建成铁壁铜墙，抵御洪水，安全度汛。现在，联围大堤是水乡环岛游一道亮丽的风景线。

七、科学种养大收获

农业生产合作化宣告沙田区落后的耕作方式已经终结。1955 年冬开始，使用东方红拖拉机耕地，改增稿为翻耕，这一耕作改革，水稻亩产比原来增加一倍多。上世纪 70—90 年代，大鳌是个以种植水稻为主的粮产区，每年为国家贡献粮食 18 万多担，有"新会粮仓"之称。实行科学种田，粮食产量不断增长。在 1991 年夺得水稻亩产"吨谷镇"的基础上，1996 年又夺得水稻亩产"优质吨谷镇"光荣称号，1997 年新会市在大鳌镇召开"创建吨谷镇，实现吨谷市"誓师大会，1999 年大鳌镇被评为全国农业推广先进单位。

2003 年中共中央颁布新政策，取消公、购粮任务；2004 年又取消农业税。各村委会与时俱进，合理调整生产布局，2004 年鱼塘面积由上世纪 80 年代 8000 多亩发展到 16450 亩，总产值达 2.8 亿元。2017 年优质养殖面积 21750 亩，年产值超 5 亿元。2016 年获得"广东省特色水产养殖示范镇"光荣称号。

八、工业强镇大发展

大鳌工业可以说是从零开始，从无到有，从小到大。人民公社时，工业开始萌芽，1974 年办起了大鳌轧钢厂，至 1989 年，全镇共有企业 74 家，工人 2800 人，工业总产值 8639 万元。1998 年，实行企业转制，镇办企业 15 家，个体私营企业 209 家，从业人员 7038 人，工业总产值 12.5 亿元，比 1989 年增长 13.5 倍。

1992 年引进"三资企业"新会大捷集装箱厂，1995 年，中国国际海运集装箱有限公司承包新会大捷集装箱厂，1996 年，新会中集集装箱有限公司成立，简称新会中集，跨入新世纪，大鳌以集装箱专业镇而闻名遐迩。新会中集是大鳌镇工业的龙头企业，集化工、轧钢、塑料生产、木材加工等为一体的集装箱制造配套产业链，有效地带动其他中小型企业发展，外资企业和民营企业相继落户，壮大了工业园区的规模，实现工业兴镇的新局面。据统计，2017 年全镇工业总产值 50.38 亿元，同比增长 76.6%，其中规模以上工业总产值 42.39 亿元，同比增长 108.1%。

九、圩镇建设大迈步

解放前，大鳌圩只有一条街，由几块高低不平的花岗岩石铺砌路面，店铺仅八九间。解放后，大鳌圩是党政机关和上级有关部门驻大鳌办事机构所在地，大鳌圩易名为大鳌街，1987 年，成立大鳌圩镇居民委员会，取名大鳌圩镇沿用至今。

圩镇建设从 1980 年起步，总体上分三个阶段进行：第一阶段抓街道建设。开辟光华路与光大路，交叉形成十字街，镇政府负责"三通一平"，发动各部门单位兴建办公楼，初步形成小圩镇雏形。第二阶段抓"两区"（商住区、工业区）建设。开通中心路连接中心商住区和沙角工业区，把圩镇范围扩大到 2.4 平方千米。第三阶段抓镇村一体化建设。1998年建成新鳌公路，把圩镇和南沙、深滘、新地、十围、东升、东风、沙头、一村、三十六顷等10个村连成一体，特别是大鳌特大桥建成通车，使圩镇建设锦上添花，现代气息的高层建筑林立，傲城花园住宅小区深受群众欢迎，小城镇建设初现规模。

十、人民生活大改善

大鳌解放后，"放下禾镰冇米煮"的年代已经一去不复返，沙田人民的温饱问题基本上得到解决。但是，落后的生活环境和贫穷的日常生活仍然困扰着每一个家庭，走进农户，只见家徒四壁。老区人民在共产党的亲切关怀和支持下，开拓进取，艰苦奋斗，生活环境逐年改善。

1955年开始踏上农业生产合作化共同富裕道路；1956年建立通讯电话站，方便与外界通讯；1961年国家电网送电到大鳌，群众的生产和生活用上了电；1978年实现"茅寮变砖屋"，全镇群众住上了舒适明亮的砖瓦房；1983年新建大鳌卫生院落成启用，解决群众医疗问题；1992年建成大鳌中学新校园，为大鳌普及中学教育和培养德才兼备的生力军；1983年大鳌至会城公路建成通汽车，大鳌人外出靠渡船已成为历史；1984年圩镇中心自来水厂建成投产，群众用上自来水；1984年全面推行"联产承包责任制"（大包干），除口粮田外，剩余土地（含鱼塘）承包经营，为群众勤劳致富创造条件；1984年，兴建第一座农贸市场，1991年兴建第二座农贸市场，2017年兴建第三座农贸市场，市场经济为人们的生产和生活带来可喜的变化；1988年兴建贯通南北的百顷至大鳌尾镇内水泥公路，为大鳌的发展打下基础；1990年镇村道路硬底化，实现村村通汽车，交通工具车代替了船；上世纪90年代，实施"三高"农业战略，引进罗氏虾、南美白对虾等高产高值水产品养殖，经济效益好，特别是越冬虾大棚养殖成功，大大地鼓舞了群众养虾积极性。

1998 年新鳌公路建成，把圩镇和南沙、深滘、新地、十围、东升、东风、沙头、一村、三十六顷等 10 个村连成一体，群众的生产和生活生机勃勃；2003 年党中央颁布新政策，取消公、购粮任务，2004 年又取消农业税，农民真正受惠，走上致富奔康大道；2003 年大鳌联围达标加固工程破土动工，2004 年实施环岛公路工程建设，把联围大堤建成堤路结合的铁壁铜墙，确保人民的生命财产安全；2003 年大鳌敬老院大楼落成，使"五保"老人安享晚年；2004 年大鳌茨菰、莲藕被授予"国家无公害农产品"称号，调动了群众大种茨菰、莲藕的积极性；2015 年大鳌特大桥建成通车，工农业生产和人民生活进入了新时代；2018 年中开高速公路大鳌段破土动工。展望未来，大鳌路通桥通，欣欣向荣，人民生活像芝麻开花节节高。

十一、革命传统大发扬

桃荫别墅位于南沙小学，前称百顷小学，学校由外海开明绅士陈照薇创办，别墅取名桃荫意为桃李芬芳，荫庇后世。1948 年 7 月，中共广州党组织考虑到百顷是珠江三角洲的大沙田区，按照党中央"建立新区"的指示精神，在百顷创建游击根据地有许多有利条件，根据新会党组织的要求，委派中山大学毕业生邓强同志带领吴志平、黄明湘等 20 多位共产党员和进步青年深入到百顷任教，以学校为基地，以教师身份作掩护，开展革命工作。1949 年 3 月，中共新会区委书记曾国棠到百顷接收了邓强、黄壮、吴志平、黄明湘等同志的党组织关系。同年 7 月，新会区委机关搬到百顷办公，百顷群众在中国共产党的直接领导下，建立游击根据地。这支人民武装力量，对动摇和打击国民党在新会的统治，为迎军支前，配合南下大军肃清残敌，为解放江门、会城，镇压匪霸，维护江会地区革命秩序，为新会人民的解放事业作出了卓越的贡献。

解放后，大鳌镇党委和政府一直来利用桃荫别墅作为党员、干部、群众和教师、学生发扬革命传统的爱国主义教育基地，学习先烈为国家、为人民的利益勇于牺牲的大无畏精神，树立崇高的共产主义理想信念，激发建设幸福家乡的热情，发挥先锋模范作用。1983 年 5 月，新会县委党史办和大鳌镇党委邀请新生连老革命邓强、吴志平、曾传鎏、黄明湘等十多位同志回来。他们不怕年老体弱，不辞劳苦，怀着对革命老区的深厚感情，乐意参加镇政府召开的座谈会，重游百顷革命根据地，参观桃荫别墅。会上，大家畅谈往事和根据地的可喜变化，与会前辈一致对当地党委和政府的工作深表满意，感到十分欣慰。邓强盛赞大鳌党委对桃荫别墅的保护和利用以及对新生连同志的关怀，表示衷心感谢。镇委书记吴昆代表镇委、镇政府向老同志送上慰问和祝福。

近年来，在江门市、新会区党史办和老促会的支持下，桃荫别墅升级改造和装修，面貌焕然一新。进入校园，在前往别墅的校道旁，五幅浮雕《三江抗战》《松山战斗》《双水抗战》《古井抗战》《大泽抗战》，气势磅礴，引人入胜。别墅右侧是一座大型雕塑《绣红旗》，塑像人物栩栩如生，手捧红旗，洋溢着对新中国诞生的喜悦。别墅左侧高高的不锈钢旗杆上飘扬着五星红旗，旁边竖立"新会第一面五星红旗在此开起"石碑。别墅内是一个展览厅，展示新生连革命活动的图片和实物。桃荫别墅是新会革命史上的重要遗迹，2016 年，江门市住房和城乡建设局、江门市城乡规划局、江门市文化广电新闻出版局联合命名新会区大鳌镇桃荫别墅为江门市名建筑。

江门市、新会区、大鳌镇三级领导高度重视，把桃荫别墅作为社会主义现代化建设新时期教育党员、干部、青少年"不忘初心，牢记使命"的一个活教材，先后建立江门市爱国主义教育基地、江门市中共党史教育基地、新会区党员干部教育培训基地、新会区爱国主义教育基地、新会区廉政教育基地、新会区反腐倡廉教育基地、新会区中小学爱国主义教育基地。江门市、新会区各地的机关单位、社会团体（含港澳地区）和学校纷纷组织队伍前来参观学习，络绎不绝。

2018年江门市委领导、新会区党政领导、新会区人大机关、大鳌镇委和镇政府先后到桃荫别墅开展活动，看展览，听讲解，追忆峥嵘岁月，缅怀革命先辈、爱国志士不怕抛头颅、洒热血，为国家富强、为民族兴旺、为人民谋幸福的崇高品德。重温入党誓词，使党员、干部接受再教育，继承先烈遗志，把"两学一做"学习教育活动引向深入，全面贯彻落实党的十九大精神，加快新发展的步伐，沿着以习近平总书记为核心的党中央指引的方向奋勇前进，为将我国建设成为社会主义现代化强国而共同奋斗。

建设幸福新农村

按照区委、区政府的部署，从 2012 年开始，连续用 3 年时间，在全区各村开展"五改六有七提高"幸福新农村建设。（五改六有七提高：改房、改厕、改路、改水、改塘沟；有垃圾收集屋和保洁员、有路灯、有公园、有运动场所、有社区服务中心、有文化书屋；提高新农保政府补贴标准和养老保险待遇、提高新型农村合作医疗保险报销上限、提高五保户供养标准、提高农村最低生活保障标准、提高高龄老人津贴、提高优抚对象抚恤标准、提高农村困难家庭学生助学标准。）第六届老促会理事会积极对接区委、区政府的工作部署，组织全区各老区村认真做好这项工作。

一、"五改六有七提高"的工作成效

在 2012—2013 年，新会在完成 100 个村建设取得成功经验的基础上，2014 年提出完成 60 个行政村的"五改六有七提高"建设任务。在区委、区政府的正确领导下，通过区幸福新农村建设办公室和各责任单位的不懈努力，各镇、村的积极配合，幸福新农村建设又取得显著成果。

2014 年，新会在"五改六有七提高"幸福新农村建设工程上投入资金 2.73 亿元。其中：60 个村的"五改六有"项目投入建设资金 1.72 亿元（区、镇两级财政投入 8800 万元，村自筹 5800

万元，带动社会投入 2600 万元）；在"七提高"方面投入 1.01 亿元，同比增加 6400 万元。60 个村的 1670 个项目建设全部完成，并经区、镇（街）幸福新农村建设工作领导小组验收合格。

至此，2012—2014 年幸福新农村建设工程已投入资金 6.73 亿元，完成 160 个村的改造任务，进展非常顺利，受到广大农民群众的广泛欢迎，取得了初步成效。

一是农村生活环境得到有效改善，通过"五改"，完成改房 116 间，改公厕 344 座，改路 171.93 千米，改水并网扩容项目 7 个，改臭水塘 16.22 万平方米、臭水沟 162.34 千米，普遍实现了村道硬底化，农民喝上了放心水，村容村貌得到进一步改善。

二是农村配套设施变得更加完备，通过"六有"，新建垃圾收集屋 1536 间，路灯 5907 盏，公园 297 个共 40.8 万平方米，运动场 255 个，社区服务中心 159 个，文化书屋 162 间。农村配套设施更加齐备，农民生产生活更加便利。

三是农民生活保障得到逐步提高，通过"七提高"，五保户供养标准由 504 元提高至 730 元，农村最低生活保障由每人每月 210 元提高至 400 元，农村困难家庭学生助学标准提高至每人每年 500 元，新农保政府缴费补贴标准由每人每年 30 元提高至 60 元，基础养老金标准由每人每月 55 元提高至 95 元，农村补助水平逐步提高，农民生活更具保障。

2015 年，新会在"五改六有七提高"幸福新农村建设方面，又投入资金 3.78 亿元。其中：33 个村和查缺补漏的"五改六有"项目投入建设资金 1.92 亿元（区、镇两级财政投入 1.01 亿元，村自筹 6730 万元，带动社会投入 2400 万元）；在"七提高"方面投入 1.86 亿元。33 个村和查缺补漏的 1615 个项目在 12 月已完成项目验收。

在"五改"方面：改厕完成 106 间；改水完成饮水管网项目

7 个共 7.6 千米；改路 317 条共 109.459 千米；改塘沟 287 条，其中改塘完成 6.4 万平方米，改沟完成 84.05 千米。

在"六有"方面：已建垃圾屋 314 间；路灯 76 项共 3586 盏；公园 141 个共 176614 平方米；运动场所 322 个，其中球场 156 个共 8.424 万平方米，配有健身器件 166 套；社区服务中心 33 间；文化书屋 33 间。

在"七提高"方面：提高新农保（含原征地农民）政府补贴标准和养老保险待遇，投入 17543 万元（其中中央 5991 万元，市 1350 万元，区 10202 万元），比 2014 年增加 7376 万元（其中中央 3630 万元，市 970 万元，区 2776 万元），新农保政府缴费补贴标准由每人每年 60 元提高至 70 元，基础养老金标准由每人每月 100 元提高至 120 元。提高城乡居民基本医疗保险报销限额，2015 年度城乡居民医疗保障水平年度内最高支付限额为 30 万元，其中基本医疗保险年度最高支付限额为 20 万元；大病保险年度内最高赔付限额为 10 万元。提高五保户供养标准，由 730 元提高至 770 元，投入 607 万元，每人每月增加 40 元。提高农村最低生活保障标准，截至 12 月共投入 5862 万元，人均月补差为城镇 502 元，农村 445 元。提高高龄老人津贴，投入 1133 万元，比 2014 年增加 146.1 万元；高龄老人津贴发放范围扩大至 80 周岁，对 80—89 周岁、90—99 周岁和 100 周岁及以上的老人每人每月分别发放 30 元、100 元、300 元。提高优抚对象抚恤标准，投入 1900 万元，2015 年全区新增抚恤金额 273.9 万元。提高农村困难家庭学生助学标准每人每年 500 元，投入资金 53.5 万元，受助学生 1070 人。

到 2015 年，新会已投入 10 亿元，完成了 193 个行政村"五改六有七提高"全覆盖。在此基础上，新会区又出台了区委一号文《新会区关于扶持农村集体经济发展、深化幸福新农村建设的实施意见》，提出打造幸福新农村的升级版，力争 2020 年，全区

1329 个自然村全部完成"五改六有七提高"幸福新农村建设，形成村风文明、村容整洁的长效管理机制；农村集体经济再上新台阶，全区农村集体经济组织（含村、组两级）总收入达 9.65 亿元，平均每个行政村 500 万元。

二、发展乡村游与新农村建设相结合

新会还把乡村旅游与新农村建设相结合，通过乡村旅游特色经济引领造血式发展，形成乡村旅游集聚区，特色旅游小镇、乡村旅游示范村协调互动的发展格局。为此，出台了《新会区开展美丽乡村建设（乡村游）专项方案》，由区委常委、组织部部长担任美丽乡村建设（乡村游）领导小组组长，创新规划建设美丽乡村和乡村游，推动产业结构调整，促进农民增收。这在江门还是第一家，在全省也是走在前面。

为加强美丽乡村建设，新会探索建立了资金投入机制，在"五改六有七提高"幸福新农村建设中，由区、镇、村三级按3∶3∶4比例配套资金；美丽乡村（乡村游）建设中，对示范村由区、镇、村三级按 5∶3∶2 比例配套资金，对特色村由区、镇、村按3∶3∶4 比例配套资金建设。其中，对有困难的老区村给予重点扶持。

创新激励考核机制也是新会美丽乡村建设的一大特色。新会每年分别安排 2200 万元、2000 万元作为小城镇和美丽乡村（乡村游）考评专项奖励，获奖单位最高可将 8% 的奖金用于奖励有功人员，其余用于建设项目补助。各镇发展乡村游和开展小城镇建设的热情持续高涨。

新会将革命老区大鳌镇作为样板，先做出试点来。区里开了三级干部动员会，每个镇选一村作为试点，把任务布置下去，每个村要上报整改的项目。试点建成以后，效果很好，村容村貌得到了很大的改善，老百姓都很支持。幸福新农村建设所带来的变化显著，村民们都尝到了建设的甜头，生活上切实的改变也让村民由原来"要我做"的摊派任务转变为"我要做"的实际行动。通过这些年的改造，农村"软件"和"硬件"全面提升，面貌焕然一新。

除此之外，2015年，新会区实施《新会区城乡一体化规划（2015—2030）》，邀请专业团队按照主客共享理念，科学规划6个美丽乡村连片示范区（即人文景观、陈皮文化区，自然景观、茶道文化区，岭南祠堂、寺庙文化区，温泉小镇、渔港风情区，水乡风情特色美食区，皇族文化侨乡建筑区），充分利用新会名人名家、故居故地、典故传说等优质乡村旅游资源，大力发展全域旅游，打造立足珠三角、面向粤港澳的著名乡村旅游目的地。

2018年，6个美丽乡村连片示范区已取得初步成效。2015年12月，茶坑村被评选为"中国十大最美乡村"，为广东省唯一入选村；同年，大鳌东风、东升、南沙、深滘四个村被纳入省级新农村连片示范区；2016年，古井霞路村获评第五批省级古村落；会城文教小镇入选2016年全市12个特色小镇；罗坑镇成为江门市乡村游示范镇；2017年，崖门镇南合村荣获全国文明村称号。

2018年3月，江门市公布了2017年五邑名村示范村名单，共有15个乡村上榜，其中，新会区双水镇豪山村、塘河村，司前镇三益小岳村，崖门镇坑口村，大鳌镇南沙村获得示范村称号；睦洲镇南安村入选五邑名村。

三、全力支持老区脱贫攻坚

新会在全面推行幸福新农村建设的同时，对全区各老区村和大鳌老区镇也实行了政策倾斜，重点扶持。

老促会认真贯彻区委、区政府的部署，全力投入这项工作。

从 2012 年开始，到 2014 年，已有 23 个老区行政村先后纳入了区幸福新农村建设范围且达标。余下 4 个老区行政村，即双水镇仓前村，大鳌镇百顷村、三十六顷村，司前镇白庙村，都在 2015 年基本完成。区老促会为老区村的幸福新农村建设积极鼓与呼，起到了大力促进的作用。

脱贫攻坚是全面建成小康社会的重要内容，是革命老区的重点工作。新会的老区村虽然不纳入江门市的扶贫范围，但有不少老区村相对来说还是贫困的，集体经济还比较薄弱。新会老促会根据中央、省、市关于精准扶贫的精神，摸准各老区村情况，因地制宜、结合实际，确定 2016 年扶持老区的惠民工程。新会老促会的扶贫对象不是单个的农户，主要是解决老区村民的热点、难点问题。2016 年各老区村涉及民生的工程共 34 项（不包括 4 项革命遗址修葺工作）。这些工程，除了区老促会下拨的政府扶持专项资金和村委会安排的配套资金外，缺口还相当大。为了解决涉及老区民生的重点工程，新会老促会上下活动，左右发动，联系各有关部门，协助各老区村多方面开展工作，共筹集资金 972.75 万元。其中，三江镇联和村沉沙电排站重建工程，争取国家和省、市补助款 300 万元；双水镇仓前村石叟至南兴村道水泥硬底化工程，争取有关方面支持补助资金 54 万元；双水镇上凌村美丽乡村建设，得到村的热心人士捐款 20 多万元；司前镇石乔村黄垌水库排灌渠改造工程争取有关方面支持补助资金 13 万元；大鳌镇新地村用电线路改造，争取区供电局解决 78 万元；大鳌镇大鳌村配电房改造，争取区供电局解决 100 万元；大鳌镇三村用电增容，争取区供电局解决 210 万元；等等。由于筹集了资金，老区村的各项民生工程得到妥善解决，改善了村民的生产、生活条件，提高了村民的生产、生活水平。

新会老促会在 2016 年下拨老区村建设项目扶持补助专项资金

150 万元的基础上，积极争取区委、区政府重视，2017 年下拨扶持补助专项资金 200 万元，比上年增加 50 万元。支持帮助 27 个老区行政村和大鳌老区镇部分项目建设共 32 项，包括村内道路水泥硬底化 10 项、老人幸福院改造 4 项、学校环境建设 3 项、自来水工程 3 项、农贸市场改造 2 项、革命历史纪念建筑物 2 项、水泥运动场 1 项、排灌水闸改造工程 1 项、农田排灌渠 1 项、河道清淤 1 项、村委会办公楼维修 1 项、用电线路改造 1 项、村内路灯工程 2 项。

在新会老促会的支持帮助推动下，通过镇政府、有关部门和村委会筹集，全部项目建设完成共需投入资金 850 多万元。对每个项目，一经拍板立项，新会老促会都跟踪促进到底。如 2016 年，新会老促会了解到大泽镇田金村水闸改建工程建设项目还欠部分工程款未付清，老促会与区政府联系，争取增加 8 万元补助资金。由于办事过程中的一些客观原因，这笔款在 2017 年上半年没有落实到位，老促会锲而不舍，与有关方面联系沟通，终于争取到区政府在 2017 年下半年将增加的资金下达到田金老区村，使田金村解决了拖欠工程款问题。新会老促会还通过各种机会，争取区政府各有关部门加大对老区村的投入。

2017 年，新会深化幸福新农村建设已覆盖到自然村一级的相关建设项目。其中会城、司前、双水、崖门、三江、大鳌等 6 镇（街）有 16 个老区行政村共 25 个自然村得到支持，包括村道、公园、健身器材、自来水、路灯、池塘、厕所、垃圾屋等建设项目，得到区级补助资金共计 320 多万元。各自然村在幸福新农村建设"五改六有七提高"方面不断得到完善。

激发工业强区新活力

第三节

改革开放以来，新会经济主要以种植、养殖等农业产业为支撑的局面得到改变，工业成为主导产业。党的十八大后，新会工业主导地位更加凸现，经济效益持续提高，成为拉动经济增长的动力。

一、推动工业园区建设

新会自 2013 年纳入全国农村综合改革试点以来，针对一些村存在的土地权属不清、耕地碎片化、"三资"管理不规范、少数特殊群体权益保障不到位等问题，探索推进"两田制"确权新模式，尤其是在全省首创"确权确地（份额）到户"的做法，解决集体统筹土地确权难题，为明晰农地产权、推动规模经营、促进农村改革发展提供了重要保障，15 万户农业人口陆续分批领证，"新会经验"也在全省农村工作会议上进行了推广。

农村基层改革摸索出经验，工业园区也重新进行了顶层设计。在经济新形势下，新会清醒认识到，"镇镇点火，村村冒烟"粗放型发展模式的弊端逐渐暴露，招商恶性竞争、资源利用分散、土地闲置低效、环境事件频发，不利于资源高效利用，不利于优质项目落户，不利于上下游产业链形成，不利于经济转型升级。

2015 年开始，新会区以改革园区管理机制和发展模式为抓手，搭建统一的园区管理平台，着力培育经济发展新动能，先后出台《新会银洲湖新城工业园区统一开发建设管理工作方案》《完善管理体制加快推进银洲湖工业园区开发建设方案》等改革方案，按照统一机构、统一规划、统一资源、统一招商、统一开发、统一管理的"六个统一"思路，搭建"5＋6"11个区级园区平台，并利用新会经济开发区20多年的成熟开发经验，推动区级平台建设，实行政府主导、社会参与的开发建设模式，推进园区建设走多元化开发之路，实现资源高效运营、统一招商建设。

此外，为推进便民、富企业，不断提升群众的获得感，新会区围绕市委"兴业惠民、治吏简政"和"两无两藏"（无门槛、无收费、藏富于民、藏富于企）要求，大力推进简政放权和行政服务改革，营商发展环境不断优化。

迈向新征程，工业添活力。新会充分发挥银洲湖区位优势，积极实施临港产业集群经济发展战略，形成李锦记、无限极、维达纸业、中车广东等一大批工业企业以现代化工艺规模生产，落户了银洲湖精细化工园区、银洲湖纸业基地、广东轨道交通产业园区、崖门环保电镀基地等四个专业性工业园区。

在广东轨道交通产业园内，龙头企业中车广东自2010年在此挂牌后，不断做大做强，于2015年9月正式获得CRH6A型城际动车组制造许可证，并在同年12月交付首列CRH6A型动车组。2017年前三季度，该公司产值达到15.46亿元，同比增长3.8倍；广东南奥、广润轨道、格兰达、中车轨道4家企业顺利投产，恒之源、国通克诺尔、德奥车辆3家企业大力加快建设，欧特美、江门浦泰轨道、江门今创轨道3家企业已经在园区租赁厂房，开始生产和供应产品。

数据显示，截至2017年9月，广东轨道交通产业园累计完成投资超53.6亿元，其中龙头企业中车广东完成投资约14亿元，政府投资约22亿元。据了解，中车广东2018年度产量动车组6

辆，产值 7.68 亿元，投资额为 3444 万元。

除了广东轨道交通产业园的诸多大中型企业外，如今新会还汇聚了中集集团、中交四航、富华重工、南洋船舶、海星游艇等一大批知名先进装备制造企业。据统计，2016 年，新会区实现规模以上装备制造业产值 233 亿元、增加值 55 亿元，完成装备制造业投资超 60 亿元的"珠西战略"成效初显。

2018 年，全区规模以上工业增加值 322.79 亿元，其中先进制造业增加值 135.4 亿元，高技术产业增加值 4.99 亿元。

展望未来，新会区将集中力量落实广东省"珠西战略"，重点培育壮大轨道交通装备、船舶与海洋工程、汽车零部件、集装箱等先进装备制造业，争取到 2021 年，全区装备制造业产值超 700 亿元。同时，着力打造一批百亿产业集群，争取到 2021 年，食品饮料产业规模超 500 亿元，精细化工、纸及纸制品产业均超 200 亿元，金属制品、建筑材料、古典家具、船舶产业均超 100 亿元。

值得一提的是，江门市正在谋划建设的五大万亩园区，有 3 个选址新会，分别是深江产业园、粤澳（江门）产业合作示范区、珠西新材料集聚区。

按照要求，深江产业园要抓紧启动并加快园区基础设施建设，积极对接深圳，谋划好"飞地经济"模式园区的规划建设、运营管理、利益分配等重大事项；珠西新材料集聚区，要借助纳入省产业转移园管理这一契机，再接再厉，抓紧解决好用地规模、林地征占、开发模式等问题，2019 年动工；粤澳（江门）产业合作示范区，要按照"以我为主、借船出海"思路，主动对接澳门特区，以崖门环保基地及其周边区域和银湖湾为主要载体，采用"一区三园、一区多点"模式，按照先易后难、分步实施的原则，打造好环保产业园、澳葡青年创业园、银湖湾滨海旅游及中医养生文化产业园。

二、加快培育支柱产业

改革开放初期，新会工业生产主要有农业机械、纺织化纤等生产生活制造业，1978 年完成工业总产值 1.99 亿元。随着优化调整工业产业结构不断深入，工业生产朝着多元化和现代化发展。2017 年全区规模以上工业总产值 1021.34 亿元，是 1978 年的 513.24 倍。形成了临港装备制造、精细化工、纸及纸制品三大主导产业集群，食品、金属制品、纺织服装、建筑材料四大传统产业，推动产业做大做强。

党的十九大后，新会区继续壮大实体经济，打造"334"产业体系。即发展大健康、新材料、纸及纸制品三大主导产业，壮大轨道交通装备、船舶与海洋工程、汽车零部件三大制造产业，优化提升古典家具、新会陈皮、小冈香、五金不锈钢四大传统特色产业。一是大健康产业以建设七堡健康岛为重点，力促中科院生物医疗装备、李锦记无限极扩产等项目动工；新材料产业以化工新材料、高端金属为重点发展方向，力促芳源新能源材料项目尽快投产，加快华睦高端铝锌线、华津金属古井基地项目建设，推进一批精细化工项目落地；纸及纸制品产业继续打响银洲湖纸业基地品牌，力促亚太三期、华泰二期动工，推动维达新项目落地。二是持续推进"珠西战略"，做大做强三大装备制造业。轨道交通产业方面，推进中车（广东）完善股权结构，建设国家级珠西综合质量检测服务平台，加快德奥、业成等项目建设，提升零部件本地化供应率。船舶与海洋工程产业方面，力促威立雅环保拆船一期投产、航通二期落户。汽车零部件产业方面，推动富华工程装备四条新生产线、中集铝合金罐车项目投产，加快家田正川科技项目建设。三是改造提升新会陈皮、小冈香、古典家具、五金不锈钢四大传统特色产业，出台规范行业管理措施，大力培育行业公共品牌。推动香业小镇建设，加快新会陈皮国家现代农业产业园、岭南中药材产业园建设，建成陈皮村三产融合产业园。举办了四届新会陈皮文化节、三届小冈香文化博览会和两届新会古典家具博览会。申请注册小冈香、新会古典家具、司前不锈钢集体商标，为镇村传统特色产业增强了活力。全区整体实力也由于支柱产业牵引而增强，连续入选"全国综合实力百强县（市）"、"全国综合实力百强区"（2017 年排第 51 位）。

值得一提的是会城街道潭冲村冲力老区村得益于七堡健康食品发展、李锦记无限极项目的扩产及"李文达中学"的建立，使冲力老区人民既能拓展服务业和蔬果种植业，增加收入，又方便子弟就地入学。三江镇新江老区村村民受益于维达纸业的落户而能在家门口务工就业，同时也带动了本村零售商业发展。双水镇仓前老区村处于小冈香特色产业所在地，因而发展了集体和家庭传统香业，推动特色传统行业品牌的建设，增强了老区村经济实力。

第
四
节
构筑交通城建新格局

一、十八大以来新会区交通建设的主要成就

十八大以来，区委、区政府紧紧围绕经济发展的总体目标，配合珠西综合交通枢纽建设，全力推进总投资 450 亿元的交通项目建设。全区完成交通项目总投资约 138.9 亿元，是十七大期间完成投资总和的 5.56 倍。

（一）高速公路及轨道交通项目

江罗高速于 2016 年 12 月建成通车，新会新增一条通往粤西高速公路，新会到罗定的行车时间比原来缩短一小时以上。中开高速、佛开高速扩建相继动工，银洲湖高速公路前期工作正式启动。深茂铁路江茂段（江湛铁路）通车运营，深江段前期工作加快推进。

（二）国省道及快速干道项目

2014 年 10 月，李文达大桥建成通车，打通该路段交通瓶颈，改善通行能力。新中一级公路三江至大鳌段于 2015 年 1 月建成通车，新会唯一的孤岛镇——大鳌老区镇 5 万群众彻底结束依靠摆渡过江的历史，有效缓解了一直以来睦洲镇与三江镇往来仅靠三牙大桥连接的交通压力。2016 年底江湾路二期工程和三和公路路面改造相继建成通车，改善城区主干道通行能力。小冈大桥于 2017 年 3 月底完成扩建，虎坑大桥于 2018 年 3 月底完成扩建。完

成了省道 S271 线新会会城街道至楼墩段和省道 S272 线新会睦洲渡口至九村段等多个省道改造项目，改善新会交通主干道的通行条件。江门大道陆续启动建设，南（西）线双水段和南（东）线全面推进建设，五邑路至三江段主道、银鹭立交至小冈大桥段将建成通车，打开新会通往广佛都市圈的快速黄金通道。国道 G240 改建完成项目立项，前期工作进展顺利。

（三）县乡道及农村公路项目

X542 会七线改造工程于 2015 年 10 月建成通车，改善该路段通行能力。新会大道汽车总站至碧桂园路段路面拓宽工程于 2016 年初建成通车，改善了该路段的交通拥堵状况。X538 线三江东六桥和东七桥重建工程于 2016 年 9 月完工通车，有效改善了该路段交通通行条件和行车安全，方便群众出行。2017 年 9 月，无限极大桥和三牙大桥维修加固工程建成通车。十八大以来，新会完成农村公路新改建共 136 千米。

（四）港口航道项目

崖门万吨级航道整治工程可行性研究报告通过审查，前期工作稳步推进。完成崖门水道整治工程、亚太纸业码头一期、新会天马港二期万吨级码头、良发贸易仓储码头、中交四航局码头、高宝隆码头建设，改善了新会区水运的通航条件，促进了沿海产业的发展。

二、建设创新型城市

江门市委、市政府谋划"北有珠西枢纽新城，南有银湖湾滨海新城"的"双子城"发展格局，为新会带来了发展机遇。

近十年来，随着新会主城区人口规模不断扩大，旧有的城市支撑体系逐渐不堪负荷。城市需要向外扩展，需要增加吸引力，需要增加在教育、医疗、商业、服务、公园绿地等方面的投入。

珠西枢纽新城的崛起，可使上述问题迎刃而解。珠西枢纽新城以珠西交通枢纽江门站为核心，推动路网、水网及周边景观建设，加快引进一批高端服务业项目，构建现代化枢纽门户。该新城规划总用地 188 平方公里，规划居住人口 40 万人，定位为珠西芯枢纽·美丽湖湾城，是珠三角向粤西辐射的第一门户区，是银湖湾北岸的产城融合、生态宜居新城。

五年间，珠西枢纽新城建设热火朝天，一幅高端大气的现代服务业画卷已经绘就：成熟高档的商住社区高楼林立，鳞次栉比；繁华而不喧嚣的美吉特、万达广场等大型城市综合体拔地而起；投资 8.5 亿元、提供近 3000 个学位的江门广雅学校于 2018 年开学；占地 157 亩、拟建 70 层酒店的商业综合体项目也在谋划筹建中。

未来，珠西枢纽新城将被打造成新会的中央商务区，重点发展总部经济、商务会展、研发设计、商业地产，建设一批高水平的标志性建筑和城市景观，建设大型城市综合体，力促珠西金融商务中心、综合交通枢纽 TOD 等大项目落地，培育现代城市商圈。

从珠西枢纽新城向南，是有望成为江门融入粤港澳大湾区建设的重大平台——银湖湾滨海新城，它处于沿海经济带承东启西的关键位置，是江门大广海湾区的先导区，肩负集聚优势资源、加强对接合作，打造"湾区明珠"的使命。该新城初步规划范围包括银湖湾和黄茅海的崖门镇、古井镇、沙堆镇部分区域，控制区范围 340 平方千米，处于粤港澳大湾区的关键节点，拥有可以连片开发的土地资源，自然禀赋突出，产业基础扎实。

新会区委书记文彦说："这不只是新会的滨海新城，而且是整个江门市的滨海新城，将成为江门实现大广海湾经济区'五大定位'、打造经济新增长极极为重要抓手。"

与此同时，优化提升主城区品位，力促江门大道新会段沿线城市设施更新，打通江门市三区融合发展节点。开展中心城区"美化、亮化、绿化、净化"专项行动，推进公园城市和绿化城市建设。加快各镇新型城镇化，着力培育一批特色城镇。扩建和新建区、镇污水处理设施，建成 291 个农村生活污水处理设施点，持续改善人居环境。投入 140 亿元完成小城镇 576 万平方米建设，连续进入全国新型城镇化质量百强区。

实施农村振兴战略，加快现代农业农村发展

一、扎实推进扶贫脱贫工作

精准施策帮扶，引入社工服务，投入 111.6 万元聘请了 4 个社工机构共 35 名社工，对全区 938 户 2992 人的精准扶贫对象进行跟踪服务。

开展就业扶贫，通过为扶贫对象提供"一对一"就业帮扶服务，设立扶贫车间和扶贫工作坊，设置公益性岗位，就业和技能培训等方式开展就业帮扶。

开展金融扶贫，充分利用"葵乡优惠贷""政银保"和扶贫小额贴息贷款优惠政策，2018 年有 13 户贫困户和 1 户种植大户申请共 112 万元的金融贷款项目，用于农业种养和水产养殖等。

开展光伏扶贫，投入 800 万元折合股权入股光伏扶贫项目，提高贫困户收入；投入 120 万元开展革命老区村光伏扶贫项目，收益用于提高老区村基本公共服务均等化水平。

开展互联网＋电商扶贫，2018 年已有 2 户签约发展互联网电商项目，年户均增收 1500 元以上。

探索发展旅游扶贫项目，将本地特色的旅游产业和扶贫结合起来。会城街道投入 100 万元折合股权入股小鸟天堂旅游公司，8 年投资资金和收益总额合计 140 万元，分 8 年逐年返还；大鳌镇东风村通过实施乡村旅游项目，以资金返还加收益分红形式，用

于贫困户的分红收益；崖门镇赠送13辆自行车给该镇一贫困户经营南合村乡村游单车驿站；罗坑镇在芒果美食节活动特设助力精准帮扶美食摊位等。

兜底保障脱贫，新会区筹集资金5055.09万元，落实集体资产收益扶贫项目14个，老区村扶贫项目123个，村公共服务均等化项目23个，直接或间接帮扶贫困户项目（包括产业、就业、教育、医疗、社工服务、购买保险等）300多个，全面推进"两线合一"工作。

2018年城乡最低生活保障标准从700元提高到800元，2018年1—8月，新会区有低保对象4088户6515人，发放低保资金4300.45万元，人均月补差水平城镇750.68元、农村625.96元。

做好政策性涉农保险工作，扩大农业保险覆盖面，2018年完成政策性水稻种植保险投保面积12.9825万亩，投保农户65601户，投保率达100%。

二、推广先进适用装备

加强农业机械化建设，推进水稻生产全程机械化，重点推广机械化育插秧技术和新型节能减排稻谷干燥机械化技术。通过水稻生产全程机械化新技术新机具现场演示、培训、推广，组织开展农机安全演练、培训，并扶持罗坑镇皓阳合作社，崖门镇同成、绿丰合作社，三江镇利农合作社等农机专业合作社开展社会化服务，推动新会水稻生产全程机械化上新台阶。

深化惠民便民服务，对所有对象拖拉机号牌（含号牌架、固定封装置）费、拖拉机行驶证费、拖拉机登记证费、拖拉机驾驶证费、拖拉机安全技术检验费等5项收费实行免征，以上收费免征后，新会区机主（机手）每年将减负约3.2万元。在机具办理上牌及年度检验方面，采用便民措施，实行上门服务。

加强农机安全管理，2017 年，新会区农业机械注册率、年审率和持证率分别达到 94.03%、88.07% 和 100%。2018 年 1 月，新会区成功入选由农业部、国家安全监管总局联合公布的 2017 年度全国"平安农机"示范县（区、市）名单，成为江门市首个全国"平安农机"示范县（区、市）。

三、推行农业标准化品牌化生产

制定新会区"三品一标"、名牌农产品发展计划，有针对性地开展政策的宣传和有关认证的指导工作，指导合作社、企业制定生产规程、生产管理规范，完善管理，做好生产记录等工作，确保"三品一标"农产品总量持续稳定发展。至 2018 年 11 月，新会区取得绿色食品认证企业 6 家，产品 9 个；有机产品认证的企业 4 家，产品 6 个；获国家地理标志农产品登记产品 1 个。在 2018 年中国品牌价值评价中，"新会陈皮"品牌位列全国地理标志产品第 41 位，价值 89.1 亿元，同比增加 31.82 亿元。

强化农产品质量安全监管，新会区共抽取蔬果样品 9004 个，对其进行有机磷和氨基甲酸酯类农药残留含量快速定性检测，合格率为 99.84%；抽取猪尿样品 18753 个，进行盐酸克伦特罗和莱克多巴胺、沙丁胺醇药物残留检测，合格率均为 100%。通过开展监测，及时掌握全区种、养殖环节农产品安全状况，确保新会农产品质量安全。

四、加强生态和人居环境建设

切实做好植保植检工作，在新会区会城街道、双水、三江和沙堆等镇设立 6 个病虫害监测点，做好病虫检查和监测，及时发布农田灭鼠和主要病虫害防控工作通知，减轻病虫害造成的损失。结合新会区实情，投入区级经费购买防控药物，加强对红火蚁的防控工作。印制《农药安全使用知识》宣传册，会同教育部门开展致学生家长农药安全使用知识宣传活动，引导农户规范农药使用行为，推动农药使用量零增长行动。积极开展新会区柑橘黄龙病防控补助项目，印发《2018年新会区柑橘黄龙病防控补助项目实施方案》，并确定中标单位，目前按照有关规定和《实施方案》要求加强项目监管，加快推进项目实施，确保项目顺利完成。

做好耕地质量保护与提升工作，完成测土配方施肥手机APP、测土配方施肥技术推广宣传和相关肥效试验示范工作，大力推广测土配方施肥技术。做好农产品产地防治污染采样（第二批）定点和下拨经费工作。完成每年地力监测采样送检。按要求做好农用地土壤污染详查表层土和农产品采集工作。

推进农村人居环境整治和建设。加快推进"三清理三拆除三整治"农村环境整治，研制行动方案，召开誓师大会，制定督导方案，新会区整治工作取得了阶段性成果，全区198个行政村（居）已全部启动"三清理三拆除三整治"，完成总任务的72%。其中："三清理"13536宗（处），完成76.78%，清理杂草杂物垃圾19065.57吨和淤泥、漂浮物、障碍物200320.66立方米；"三拆除"3019宗（处），完成59.68%，拆除128834平方米；"三整治"1866处，完成62.62%，整治"三线"32386米。城乡人居环境有效改善，建成绿护桃源、石涧公园、荔枝山公园、启超公园等一批公园，总面积超2500亩，新建扩建城乡公园586个，人均公共绿地面积18.56平方米，超过国家园林城市和文明城市标准。生态修复持续推进，新增造林绿化23.42万亩，2017年，森林覆盖率提升至33.74%。

推进农村污水处理设施建设，按照江门市要求，结合新会区河长制方案确定新会区2018年底完成300个农村污水处理设施点建设，80%以上农村生活污水得到有效处理，出水水质符合《城镇污水处理厂污染物排放标准》（GB18918－2002）一级 B 标准。在完成 33 个站点建设的基础上，采用 PPP 模式整体推进农村污水处理点建设，预计总投资 7.2 亿元，现已完成招投标，全面启动建设。

五、推进绿色生态建设

抓好林业生态重点工程建设，大力开展义务植树，种植了落羽杉、秋枫、阴香等 2 万多株树苗，为美丽新会增添了片片新绿。积极开展建设国家森林城市群工作，配合江门市与其他 17 个城市同时举办"森林城市、森林惠民"主题宣传活动，取得了良好社会效应，会城街道于 2018 年 10 月被评为"广东森林小镇"。制定"新会区创建国家森林城市中期（2018—2020 年）任务分解表"，2018 年 37 项中期任务基本完成。积极开展江门市生态文明示范单位创建，开展生态公益林扩面工作，新增生态公益林 6 万亩，提前完成了江门市下达的工作任务。开展森林碳汇重点生态工程，2018 年建设森林碳汇重点生态工程 6865 亩。推进村居公园建设，完成建设任务 17 个，并已全部安装村居公园标识牌。开展乡村绿化美化工程建设，完成乡村绿化村委会 19 个，建成了沙堆镇灵菊公园等 19 个乡村绿化美化点。加强古树名木保护管理，崖门镇坑口格木古树公园被批准为 2018 年广东省古树公园建设试点。

强化森林资源保护管理，完成森林资源二类调查验收工作，新一轮森林资源二类调查工作已于 2018 年 1 月完成。做好森林督查工作，强化林地管理，共审核上报省林业厅征占用林地项目 18 宗，全部通过省厅审批。加强林木采伐管理工作，做好审核审批前的现场查验和审核审批后的检查监督。加大保护野生动物力度，提高广大群众保护鸟类和野生动物的意识。

加强森林防火，全面落实森林防火行政首长负责制，加强部门联动，全力做好春节、清明、国庆、重阳等重点时段森林防火工作。切实提高全民森林防火意识，强化设备基础设施建设，提升了新会区基层森林防火指挥员的应急处置和一线扑火队员的专业技能，森林防火形势总体平稳。

新会经济发展方式不断优化，围绕实现节能减排约束性目标，开展了大量卓有成效的工作，主要污染物排放总量显著减少，节能减排目标顺利完成。循环经济加快发展，被批准为国家可持续发展实验区。资源集约利用水平持续提高，积极盘活存量用地，获评全国国土资源节约集约模范区。

环境污染治理全力推进，新会区已建成环境质量自动监测站3个，具有对水（含大气降水）和废水、大气和废气、噪声等环境要素111个检测项目的监测能力。近年来，新会区建立健全环保工作"党政同责""一岗双责""终身追责"制度，将环保纳入镇级绩效考核，实行双随机执法检查，推动落实企事业单位治污主体责任，新会区大气及水环境质量明显改善。地表水质明显改善，劣V类水体比例明显下降。新建12座污水处理厂和一批污水管网设施，会城河、紫水河等黑臭水体治理全面铺开。全面开展"三清理三拆除三整治"农村环境综合治理，农村人居环境质量显著提高。

社会事业繁荣发展

科技实力不断增强。政府逐年加大对科技资金的投入，成立新会科技支行，专为区内科技创新企业提供金融产品和服务，建设中科创新广场，通过国家可持续发展实验区验收。2018 年，新增国家商企 165 家，省级以上创新平台 36 家。新会多次被评为全国科技进步先进县（区），获全国科普示范区称号。

教育水平不断提升。上世纪 80 年代，新会先后成为全省首批"无盲"县、首批普及小学教育县、首批"一无两有"县和校舍建设特级县，并自 1998 年起连续 21 年实现普及高中阶段教育。近年来，新会教师工资福利待遇实现"两相当"，教工队伍素质不断增强，学历全面达标，近 5 年来，全区招聘的 176 名教师中研究生学历共 99 人，教工队伍整体学历水平高于全省平均水平。2017 年末，全区共有幼儿园 139 所，各类中学 42 所，中学在校学生 53725 人。教育事业发展势头喜人，教育质量稳居全市前列，高考上线总量以及本科以上上线人数均连续多年居江门市首位。恢复高考至 2018 年，累计 102863 人被大学录取，1984 年以来共38 人被清华大学、北京大学录取。

卫生事业成就显著。新会区已有各类医疗卫生机构 300 家，执业医师 1634 人，执业助理 381 人，护士 2500 人，其他医技人员 1153 人，床位数 4655 张，居民健康档案建档率达 82.95%。近年来，全区覆盖城乡的医药卫生服务体系基本形成，城乡居民医疗保障水平不断提高，疾病防治能力不断增强，主要危害新会区人民健康的疾病已基本消除，并得到有效控制，人民群众健康水平明显改善，居民平均期望寿命达 80.35 岁。

全面完成疾病预防控制和传染病医疗救治两个体系建设，"两癌"普查率从 1982 年的 23.36% 上升到 2017 年的 83.46%，婚前检查率从 1989 年的 2.56% 上升到 2017 年的 90.06%，孕产妇死亡率从 1978 年的 37/100000 下降到 2017 年的 10.18/100000，婴儿死亡率从 1982 年的 21.70‰ 下降到 2017 年的 1.32‰，5 岁以下儿童死亡率从 1982 年的 24.01‰ 下降到 2017 年的 1.83‰，提前达到了国家和省的 2020 年"两纲"目标。

稳步推进紧密型"医联体"建设，推动优质医疗资源向基层下沉，逐步实现"首诊在基层，小病不出镇，大病不出区"。先后被评为实施中国妇女儿童发展纲要示范县、国家级妇幼健康优质服务示范县、广东省严重精神障碍管理治疗工作优秀县（区）。

社会保障全面发展。随着新会区社会经济不断发展，多层次社会保障体系不断完善，养老、医疗、工伤、失业、生育医疗保险体系从无到有。2017 年末，全区城乡居民社会养老保险参保 28.8 万人（缴费 13.8 万人），参保率达到 99.98%，参加城镇居民基本医疗保险累计 452092 人。建有养老机构 20 个，其中敬老院 11 个，民办养老机构 9 个；医疗机构内设立养老区的有 3 家，全托养老床位 2814 张。建有长者食堂 19 间、农村幸福院 94 个、社区日间照料中心 11 间、社区居家养老服务站 11 个，共有日托养老床位 2619 张。

通过发放创业担保贷款、开展职业技能培训等方式保障困难群体就业，2017 年末，城镇登记失业率控制在 2.39%。上世纪 90 年代以来，先后投入近 8 亿元资金，建设廉租房、经济适用房，解决了众多家庭的住房困难问题。

文化强区硕果累累。地方民俗、民间艺术大放光彩。新会区不断加强对民间文化艺术的挖掘、整理、保护和创新，做好非物质文化遗产的普查、保护和申报工作，弘扬地方优秀传统文化，打造特色文化品牌。新会蔡李佛拳、新会葵艺、白沙茅龙笔制作技艺入选国家级非物质文化遗产名录，小冈香业入选省级非物质文化遗产名录，新会鱼灯、大鳌咸水歌、双水山地风筝、双水蕉树龙入选江门市首批非物质文化遗产名录。此外，还有新会学宫开笔礼、圭峰山春节庙会等地方特色文化活动。

历史文化资源保护完好。新会区的历史文化资源丰富，分别有国家级文物保护单位1处、省级8处、市级14处、县级29处。新会区认真做好历史文化资源的保护、开发、利用工作，不断完善文物保护单位"四有"工作，对新会学宫、梁启超故居、林氏家庙等重点保护单位进行修葺整治，使之成为重要的文化旅游景点。此外，新会学宫、梁启超故居、桃荫别墅、新会烈士纪念碑、崖山炮台、林锵云故居等被列为重要的爱国主义教育和革命传统教育基地。

文化设施日臻完善。景堂图书馆被评为全国文明图书馆和国家一级图书馆，新会文化馆被评为国家一级文化馆，新会博物馆、梁启超故居纪念馆成为历史文化名城的窗口和旅游观光点。与此同时，区、镇、村三级文化设施、公共文化服务体系不断完善。各镇村、街道、厂企、学校建起了形式多样的文化娱乐设施，广场文化、农村文化、社区文化、企业文化、校园文化同步发展。据统计，全区有镇级文体服务中心（文化站）11个，镇级图书馆11间，各行政村（社区）综合性文化服务中心210个。

文艺创作硕果累累。新会改革开放带来的思想解放成为一个巨大的动力，点燃了文学艺术创作的热情，新会的群众性戏剧、曲艺、歌咏、绘画、书法等活动空前活跃。尤其近年来新会被评为省级历史文化名城和中国曲艺之乡，各项文化事业在五邑地区乃至省内形成了较强的实力和影响力，其中，摄影、书法、美术等成为全市艺术门类的强项。新会区拥有国家级文艺家 39 人，省级文艺家 261 人，区级业余文艺团体 103 个，镇级业余文艺团体 162 个，会员 1600 多人，每年均有数百件文艺作品在省级以上获奖、发表、展览、录播，一大批优秀文艺作品被选送国外参与国际文化艺术交流。

附　录

附录一 革命遗址、文物、纪念场馆

一、革命遗址、文物

（一）松山炮楼

松山炮楼位于司前镇白庙村松山自然村，建于民国初期，在上世纪 40 年代，常被各抗日武装力量用以保卫家园、抗击日伪军和国民党反动派，后又作为新鹤人民抗日游击大队队部。

1944 年 10 月，珠纵主力大队挺进粤中之后，即组织新会、鹤山区域内的各路抗日队伍于司前松山进行整编，将过去松散的队伍正式整编为凝聚力、战斗力更强的游击大队，下辖 3 个中队和一个直属手枪队。首任大队长兼政委：陈（明）江。其中主力中队 90 余人，第二中队 30 余人，第三中队 60 余人。至此，新鹤人民抗日游击大队正式公开宣布成立，并发表了《告同胞书》。随即，在司前组建了税站；11 月，建立第十区（司前）人民抗日行政委员会。从此，江门地区新鹤人民抗日游击力量的组织、机构更加健全，打击日伪军的活动更加活跃。

1944 年 12 月 31 日，新鹤人民抗日游击大队约 50 人奉命护送珠纵首长和地方领导从鹤山宅梧参加会议返回原地，途经司前，夜宿白庙村松山炮楼。当日，新鹤大队另一部约 60 人从鹤山云乡护送重武器到潮透，也于松山宿营。国民党反动头目周汉铃等得知此情报后，立即调兵 1200 余人从东、北、西三个方向包围司前松山村。1945 年元旦天刚亮，炮楼后山第一道岗哨连续传来枪声，围歼与反围歼战正式打响。双方从早晨激战到夜晚，新鹤游击大队利用事先占领的有利地形，击退了敌人大小规模数不清的多次进攻。最后，游击队利用夜色在当地向导的带领下，突出重围转移到鹤山泮坑村，此次反围歼战当中，一名机枪手和一名副射手牺牲，多名队员受伤。同日，敌军还在司前、田金、棠坑等地大肆搜捕共产党员，第十区（司前）抗日行政委员会和司前税站遭重创，一批共产党员和进步爱国民主人士被捕，英勇就义，史称"司前事件"。

1979 年新会县人民政府将松山炮楼定为新会县文物保护单位，曾经进行过维修。2017 年，新会区老促会安排资金 9 万元，由区文物主管部门即文广新局聘请文物维修队再进行维修，加强保护，并布置展览，将其列为爱国主义和革命传统教育基地。

（二）桃荫别墅

桃荫别墅曾是新会独立团旧址，位于江门市新会区大鳌镇南沙村南沙小学，建于中华民国。该楼原为进步乡绅的别墅，后用作百顷小学的校舍。中共新会特区工委以此为革命据点，筹建成立了新会独立团。1949 年 10 月 1 日，中共新会特区工委在此升起新会第一面五星红旗，庆祝中华人民共和国成立。桃荫别墅是重要的革命旧址，具有较高的历史价值。

桃荫别墅是中国人民解放军粤中纵队新会独立团新生连建立和发展的摇篮。1949 年 7 月中共新会区委机关转移到此，以桃荫别墅为据点，开展革命斗争，迅速组建人民武装，建立新会独立团，配合中国人民解放军解放江门、新会等地区，起到很大的作用。

2005 年，新会区政府支持 9 万元，区老促会支持 1 万元，对别墅内外墙进行维修、四周铺设水泥路面、周围植树绿化，为别墅纪念馆加建不锈钢玻璃橱窗等。2013 年，投入 10.8 万元，在别墅外建造一座名为"绣红旗"的群雕，群雕总高为 1.8 米，长为 4 米，宽为 1.5 米，材质为钢筋水泥结构，表面效果为古铜色。2016 年，区纪委支持投入 9.98 万元，对别墅再次进行翻新和装修，作为爱国主义教育基地。展览厅布置粤中纵队新会独立团图片展览。门左右两面分别有江门市中共党史教育基地、新会区爱国主义教育基地、大鳌镇中小学学生德育教育基地的牌匾。

二、纪念场馆

（一）周恩来视察大泽五和二社社委会旧址

周恩来视察大泽五和二社社委会旧址位于大泽镇同和村虎爪里，是他当年视察时召开干部和群众座谈会的地方。该旧址的建筑物始建于民国初期，在上世纪 50 年代成为五和二社社委会办公场所。旧址为典型的客家民居，坐北向南，为单层两进深三开间建筑，占地面积为 176 平方米，通高 5.2 米。墙身主要由青砖砌筑，两侧山墙为泥砖墙。中间前部是堂屋，后部为大厅，前后两进被天井隔开，左右两间为厢房。天井右侧为厨房，左侧为洗手间。前壁屋檐下画有壁画。

2012 年，区老促会及大泽镇政府、区农业局根据旧址现状，依保存原貌修旧如旧的原则进行了维修，2013 年 3 月竣工。竣工后，根据历史文献和老党员的口述，精选了周恩来当年视察五和二社的照片、题词和实物，进行布置展览。如今，周恩来视察大泽五和二社旧址已成为新会区爱国主义及反腐倡廉教育基地。

（二）林锵云故居及故居展览室

林锵云故居位于新会区罗坑镇下沙村大来里，一房一厅 30 多平方米，是清朝时期的大合院建筑民居群中的一居室。住户共用屋内的大厅，分户居住，墙身主要由青砖砌筑，屋顶是横梁铺砖瓦。2010 年，罗坑镇政府、下沙村委会对林锵云故居进行全面修缮，现故居保存完好。故居被列为江门市第七批文物保护单位。林锵云作为战功卓著的抗日英雄，其故居仅有 30 多平方米，称得上是"最小的名人故居"。现在，林锵云故居已经成为新会区爱国主义教育基地和反腐倡廉教育基地。

2014 年，下沙村委会多方集资 28 万多元，将原下沙村大来里生产队队址翻新改造为林锵云故居展览室，并组织人员到顺德、中山、南海等林锵云进行过革命活动的地方，寻找有关资料。现展览室内陈列了林锵云领导珠江三角洲武装部队抗击日本侵略者的事迹简介。2016 年，林锵云故居及故居展览室被中共江门市委党史研究室公布为江门市中共党史教育基地。

三、纪念场馆

（一）新会黄云山烈士纪念碑

在革命战争年代，勤劳勇敢的新会人民，在中国共产党领导下，为推翻帝国主义、封建主义和官僚资本主义，进行了艰苦卓绝的斗争。1924 年，中共新会支部成立。中共新会支部领导工会、农会，开展反帝反封建的斗争，并支援省港大罢工和北伐战争。1927 年 10 月，中国工农革命军广东中路纵队新会支队成立。为响应广州起义，支队战士和工农武装在会城北较场举行誓师大会，不料，国民党右派军队遣兵会城。新会支队革命武装坚决反击。此后，党组织转入地下活动，经历了极其残酷而艰苦的岁月。1936 年 10 月，重建中共新会县组织，恢复有领导的斗争，发动群众，开展统一战线，掀起抗日救亡运动，抗击日寇，保卫乡土，坚持到抗战胜利。解放战争时期，党领导新会人民进行反内战、反饥饿、反迫害的斗争。新会革命青年参加了新鹤人民游击总队。其后，中共新会特区工委组建中国人民解放军粤中纵队新会独立团，穷追国民党反动军队，全歼逃敌。1949 年 10 月 30 日，新会全境解放。

在长期的革命斗争中，许多同志坚韧不拔，前仆后继，立下不可磨灭的光辉功绩，为缅怀先烈，激励后人自强不息，1959年，县政府选择圭峰山麓，建立烈士纪念碑。1984年6月，县政府在该碑正前方刻上云石碑文，作为清明时节组织干部、学校师生集会拜祭之颂词。

烈士纪念碑占地60.3亩（40100平方米），资产90.45万元，经历年修葺，共投入改造资金227万元。改造后的烈士纪念碑，颇具气势。

2000年，新会市人民政府对黄云山烈士纪念碑进行重修扩建，扩建后的烈士纪念碑主体建筑高16.2米，钢筋混凝土结构，碑身"革命烈士永垂不朽"八个大字用钛金属制成，基座碑文贴薄金。纪念碑广场铺砌绿色地砖，周边种有长青龙柏、山瑞香、木棉、台湾草及其他植物。纪念碑基底平台有四级台阶，第一、二、三级铺设杏花红花岗岩，第四级铺砌绿色地砖。纪念碑周围路灯、射灯等照明设施齐全，并设有凉亭、休闲区、公园、厕所、上山小径、环山路、艺术塑石，供市民瞻仰、观光和休憩。2010年再次对纪念碑进行修葺翻新。2014年，在纪念碑背面刻记新会区革命烈士英名录，包含第一、二次国内革命战争时期，抗日战争时期，解放战争时期，社会主义革命和社会主义建设时期的新会籍烈士。

现在的黄云山烈士纪念碑环境清幽，肃穆庄严，具有时代气息和艺术感，是新会区集纪念、教育、宣传、游览和休闲等多功能于一体的活动场所，一次可容纳1.2万人凭吊革命烈士。黄云山烈士纪念碑于2002年12月经省人民政府批准列入省级重点烈士纪念建筑物保护单位，2000年12月被中共新会市委宣传部公布新会市爱国主义教育基地（县级）。

（二）大泽田金革命烈士纪念碑

纪念碑坐落于新会区大泽镇田金村。田金是大革命时期新会的红色根据地。抗日战争时期，中共新会党组织在此领导开展抗日武装斗争，打击日本侵略者和国民党顽固派。1945 年 1 月，国民党"挺五"周汉铃部在田金等地大肆搜捕共产党员和游击队员，杀害中共田金支部书记周达尚等同志。中华人民共和国成立后，党和政府为表彰先烈，曾立亭纪念。1978 年，新会县革命委员会重建为纪念碑。

纪念碑总占地面积 493 平方米，其中碑宽 3.36 米，高 8 米，外墙批石米，方塔形。碑体正面刻有"田金革命烈士纪念碑"九个大字，碑座正面下方用云石刻有烈士纪念碑碑文，碑座后面下方刻录着革命烈士英名。

（三）司前战斗烈士纪念碑

纪念碑坐落于司前圩镇文化公园。1944 年 10 月，珠纵主力部队挺进粤中。在其帮助下，新鹤人民抗日游击大队在司前镇白庙松山村公开宣布成立，并发表了《告同胞书》。随即，在司前组建了税站；11 月，建立第十区（司前）人民抗日行政委员会。从此，江门五邑地区新鹤抗日游击力量的组织、机构更加健全，打击日伪军的活动更加活跃。

1945 年元旦发生松山战斗，敌人"围剿"松山的同时，还派兵围攻司前税站和第十区（司前）人民抗日行政委员会。当时，该区行政人员和武装人员只有 20 多人、七八支步枪，区行政委员会主席黎元达沉着冷静，立即组织和指挥行政委员会的同志与敌抵抗，边打边撤。但终因寡不敌众，黎元达和区行政委员会委员汤有芳等被捕后遭杀害。翌日，在叛徒周国仪带引下，敌军继续"清剿"、"扫荡"，在田金、司前、松山、棠坑、西冲、潮透等地搜捕革命同志，中共田金乡支部书记周达尚、共产党员周达标、黄美英、梁玉霞和进步人士周达远等被捕。他们在敌军严刑威迫下，坚贞不屈，英勇就义。此外，新鹤大队政治服务员司徒明和随他一起去司前侦察的手枪队员，以及往潮透掩埋机关炮返回松山途中的梁桥丁、梁海棠、林兆鸿等也被敌军杀害。松山战斗和"司前事件"共牺牲25人。

1951年1月，为纪念革命先烈，新会县委、县人民委员会修建此碑。

（四）崖西革命烈士纪念碑

纪念碑坐落于新会区崖门镇旺冲村凤山。在新民主主义革命时期，崖西人民积极参加中国共产党领导的革命斗争。大革命时期，崖西就组织农民协会，与封建势力开展斗争。抗日战争时期，阮克鲁、陈华钜从延安"抗大"毕业回旺冲，发动组织群众，建立革命武装，开展抗日斗争。解放战争时期，崖西人民积极参加党组织领导开展的反"三征"，配合南下大军解放新会。1957年8月，为纪念为民族独立和人民的解放事业英勇献身的崖西英烈，崖西人民政府在黄冲圩北极庙侧建纪念碑，1980年春，崖西人民政府将碑迁至旺冲村凤山重建。由于年久失修，因此部分建筑陈旧，碑基破损。分别于1990年、2007年进行修葺。

纪念碑总占地面积470平方米，其中碑高9米，碑基长7米、宽2米，碑外墙批石米，碑座正面刻写"革命烈士纪念碑"七个大字，下方刻有纪念碑碑文，碑体后方刻录着烈士英名。

（五）沙堆梅阁中国人民解放军第四野战军十二烈士纪念碑

纪念碑坐落于新会区沙堆镇梅阁村马鞍山脚下。1949年10月30日，中国人民解放军第四野战军某部一营，追击国民党保安二师第六团于梅阁。国民党保安二师第六团凭高设点，负隅顽抗，解放军奋起攻击，激战竟日，敌军大败，全团缴械投降。此役，解放军12人英勇献身。中华人民共和国成立后，当地政府为追念烈士英勇壮举，特立碑以志纪念，1997 年秋重建。

纪念碑总占地面积 1447 平方米，碑台占地面积 74 平方米，碑基宽 2.25 米，高 12 米，方塔形，外墙砌白色云石，碑体正面刻写"革命烈士永垂不朽"八个大字，下方刻有革命烈士碑记，碑后面下方刻有"梅阁战斗"简史。

（六）三江联和抗日烈士墓

烈士墓坐落于三江镇联和马坑山彼岸坟场内。1939 年 5 月至 9 月，在江会沦陷时，中共三江支部与国民党三江乡政府，组织三江人民 3 次痛击日、伪军，狠狠打击了日本侵略者的嚣张气焰。为纪念在抗击日伪军战斗中牺牲的三江乡民，中华人民共和国成立前夕由仁和里乡民出资修建烈士墓作纪念。"文化大革命"期间增建牌楼，2003 年重修。

烈士墓坐东北向西南，墓主体宽 4.7 米，深 4.4 米。墓园占地面积 2000 平方米。烈士墓牌楼的横批是"浩气长存"四个鲜红大字，上联是"毋忝于国，毋忝于宗，两代河山留正气"，下联是"不屈于元，不屈于日，三江风月吊忠魂"，这是时任广东行营主任、国民党第四战区司令长官张发奎送给三江抗战爱国人士赵其休的挽联。金字塔形的抗战烈士墓碑镌刻了赵北资、赵美荣、赵茂更等 25 名在守土抗战中牺牲的烈士名字，名字旁还有一段写着"以彰烈士之忠义而遗万世"的抗战烈士墓志，记述了三江乡民守土抗战的英勇事迹。

（七）天禄抗战纪念塔

纪念塔坐落于会城天禄村鼠山南麓，为六角形青砖建筑，7 层，高 26 米，基围 21 米，塔门上方嵌石刻着"抗战纪念塔"。1939 年 9 月 17 日，在叶渠均率领下，天禄乡自卫队为保卫家乡，奋力抗击侵入乡境的日军，一举击毙日军 100 余人，俘敌 20 余人，战绩喜人，县府闻知，通令嘉奖。日军不服战败，组织大兵团报复，由于敌强我弱，外援弹药断尽，自卫队员忍痛撤退，日军乘空攻入天禄乡，实行杀光、烧光、抢光的"三光"政策，全乡片瓦无存，乡民无家可归，疏散各方，情况极为凄惨。抗日战争胜利后的第二年，1946年，时任县长巡视各乡，得知抗战14年天禄乡人民遭受劫难最深，为表彰壮烈牺牲的义士，决定兴建抗战纪念塔。塔内碑记刻有抗日牺牲的烈士芳名，并详细记述抗日事迹。碑文下款刻着"民国三十五年夏，县长汤灿华敬撰并书"。

（八）旺冲碉楼

碉楼位于崖门镇旺冲村内，现存6座，其中4座是青砖砌筑，2座为黄泥沙砌筑。

1938年秋，共产党员陈华钜、李鸣夫妇从延安抗日军政大学结业后被党组织派遣回到家乡旺冲开展抗日救亡运动。不久，旺冲青年抗日先锋队和旺冲妇女抗敌后援会相继成立，队部和会址分别设在村中的北楼（黄泥楼）和村西北角的炮楼里，组织青年和妇女学习时事、政治和军事、救护等知识。1939年5月，成立了中共旺冲支部。党支部发动村民，特别是侨眷捐款、购枪，建立旺冲抗日模范自卫队，开展军事训练，为抗战做好准备。

1940年4月12日上午，日、伪军200余人分乘10余艘橡皮艇沿银洲湖东岸进犯崖西。驻守凤山的"挺三"一部50余人，稍作抵抗便撤出战场。日、伪军占领凤山制高点后，分兵进入黄冲冲口，在渔民村登陆。旺冲抗日模范自卫队由军事干部黄芬率领，依托前围基和村边炮楼的有利阵地居高临下组织抵抗。当时进驻黄冲乡的"动委会"直属工作团第五队队长、共产党员樊明，迅速动员该乡自卫队前往支援；在黄冲乡隐蔽活动的共产党员黄志明也发动青云里、文兰里的群众武装前往助战。敌人见势不妙，狼狈败退。日、伪军败走时，把渔民村房子烧光，停泊在冲口的大小船只 200 余艘亦被烧毁。日、伪军的暴行，罄竹难书。旺冲抗日保乡斗争的胜利，中共江南区工委予以表扬，国民党新会县政府传令嘉奖。

附录二 历史文献

敬告智〔知〕识阶级的妇女们！

陈日光

为什么要解放？解放向〔哪〕里走？如何能够解放？组织研究与宣传的机关，组织婚姻自决的同盟，组织工读互助团。为达这个目的，加入青年团。为谋经济改造，加入协作社。

新会自有女学以来，到现在，恐怕到男女平等的路程还很远。这十余年来的成绩，得了些什么效果？恐怕谁也不能说句乐观话。自由、平等、博爱底〔的〕名辞，虽在书本里瞧过。而倚〔依〕赖、懒惰、虚伪底〔的〕心理，简直没有丝毫觉悟！未嫁的为因袭的旧观念所软化，已嫁的为万恶的社会所征服。谁得着人的生活？智识阶级的妇女们，你们底〔的〕责任在那〔哪〕里？

人生为什么？做人该怎样？20 世纪的新人生观——妇女问题。为什么要解放？解放向那〔哪〕里走？如何能够解放？我想不是像哭爷哭妈似的喊几句，亲爱的姊妹们呵〔啊〕！应该醒来了，便有济于事，若果无具体的计划，当从那〔哪〕里做起？

为什么要解放呢？什么叫做妇女解放？就是因为世界可怜的妇女，受了历史上社会上种种的束缚，变成了男子的附属品——奴隶。现在要打开这种束缚，使他〔她〕们从附属品的地位，变成人的地位。使他〔她〕们做人，做他〔她〕们自己的人。从伦理方面说起来，妇女不解放同人道主义相冲突。从心理方面说起来，男子也不能压制锢蔽女子。从生物方面说起来，男女实没有不平等的理由。从社会方面说起来，妇女不解放是社会最大的障碍。从近代政治说起来，妇女解放实在是世界政治上不可遏的潮流。从近代经济的情形说起来，妇女解放是社会经济上不可免的事实。……（《新潮》二、一、一一二一。）

　　因此妇女解放，是社会改造（的）一个根本问题，但解放向那〔哪〕里走呢？是应从旧家庭到新家庭去吗？是应从个人痛苦的地位解放到个人快乐的地方去吗？是应从家政的窟笼〔窿〕解放去参代议政吗？是应从附属的经济地位解放到个人的私有的经济独立吗？据我看来，新家庭或者比较是个安乐窝。但是我深信他不能解决女子的问题，至于个人快乐主义和私有财产的好成绩，弄得世上大多数的平民，要变畜牲了；而嫡派的代议制正是他们俩的护符，所以现在掀天揭地的世界革命，就是革他们 3 位先生。……20 世纪的新人生观，是以社会主义的互助协进来替代个人主义的自由竞争。……我以为女子既是个人。即有消费，即当生产，为消费而生产，为生产而准备技能，组织团体，共同生活、实行互助。一方面为一般女子解决了各个生活的困难问题。他方面为全体社会建筑了共同生活的良好根基，寓经济独立于共同生活之中，这是较为的当妥善的方法。……（《少年中国》二、二、三〇一三七）上述的话，前段是罗家伦先生说的，后段是向警予先生说的。可惜这轰轰烈烈的潮流。不扰我新会妇女们底〔的〕清梦。假使我新会不受世界潮流所波及，也许是个世外"桃源"。无奈不合情理的压迫，是不择人而施的。"婚仪""内则"囚着她的灵魂！"猪笼式"的花轿，捉着她来撑家庭体面！"买卖式"的婚姻，迫着她为谋生的手段！"一面缘""照片爱"，便说是自由。"五千饼""开茶会"，便称是文明！唉！文明！自由！几好的名辞，受你们家长糟跶〔蹋〕尽了！

处这外界压迫的四周里，想招起头来，本不是一件容易底〔的〕事。但"人"既是理性的生物，当向着良知的正路，脱出庸众所陷溺的惯习，自定终身之事。要有坚忍的意志，信仰一贯的真理，奋斗的精神。未到完全相信自己无能的时候，万不能去听天安命，不作呼号的神态，认定了自己底〔的〕责任，循着20世纪一线的新光明，努力向人间做事。

智识阶级的妇女们！你们读书识字，究竟为什么？是为自己便利吗？还是有心为社会做事呢？你看！你们的同性，有些终日打男骂女，烧茶、煮饭，一天忙不了！有些喝奴使婢，求子、争宠，甘做寄生虫！民间不平的惨象，原因在那〔哪〕里？找着了原因，商定了计划，然后一步一步进行，一点一滴改造，先自己解放那些不自然不合理的束缚，向这万恶的私有财产制施总攻击。

组织研究与宣传的机关——自新文化运动发端以来，国内新思潮勃兴，研究女子问题的出版物，一天一天增多。应该联合有觉悟的同志，组织机关，从事研究与宣传。做切实的调查，下精细的考虑，抽出条理系统来，努力的奋斗。凡做事，第一要问他好不好，既是好要看能不能，若系好事而且能做，便应该做。不要在自修室里研究便算事，不是能说出几个抽象名辞便算事。要有具体的办法，要与平民为伍。要练习办事才能，要打破畏难好懒和虚荣心，要凭自己的理性，确定自己的人生观，去和无产阶级妇女携手。要做自己堂堂正正的人，不做家庭的附属物。只有努力奋进，不要褊隘自封。智识阶级的妇女们，你们的责任在那〔哪〕里？

组织婚姻自决的同盟——女子既有彻底的觉悟，当要求婚姻的自由。婚姻能否自由，是女子能否解放一个大关键。现在社会所通行的婚姻制度，乃是父母之命，媒妁之言。哼！这是何等大事。能随便听他们干去吗？我们是人不是物，应该还我们自主的权利，即使我们是物，也要物归其主。我不拿深刻的言论，说父母怀恶意待我们。但他们混沌的头脑，虚伪的心理，浅薄的眼光，处处足制我们的死命。这些事实，随时随地都可以看出他们的破绽，譬如说小姐是比婢女高贵些吗？（我不承认这理由，现在是说普通的惯习。）主人卖婢女，主人尚且待她心情意愿接了定，才肯交易。偏偏他的小姐，便由父母作主武断起来，世间不平的事，有甚于此吗？明明知是某男好，可惜他没有田地家当，虽好也不中用。明明知是某女贤，可惜她不是一副台椅，虽贤也不济事。吁！自号文明的家庭。尚且如此，那顽固的父母，更不忍言了。不合理的压迫，不自然的婚姻，断没有生出好结果来，但是数千年的黑幕，谁敢说破他〔它〕。杀人的火炕，谁能跳出来。到如今，只有团结起来，放大胆子，自决终身之事。只是一人的力量，不能敌恶势力，要组织婚姻自决的同盟。小组织，大联合，仿照救国十人团的办法。有了团体，则个人的主张，所由团体通告家庭。个人的意外，可由团体向家庭警告。个人至万不得已时。有了团体的帮助，必不至陷于孤立无援的绝境，这是救人自救的妙法。女子！请你斟酌实行罢。

组织工读互相团，既确定自己的人生观，复获得婚姻的自决权。当求学识向民间做事。可是，现在生活程度是高，父兄担负学费本不容易，况且做工的不读书，穷人再没有向上发展的希望。读书的不做工，教育越发达，没有职业的流氓越多，是教育界的危机。尤其是女子，处在重重压迫之下，经济不得独立，教育不得平等，倚〔依〕赖寄生的生活，精神上的痛苦，埋没多少英才。为普及计，可组织工读互助团。现在上海中华女界联合会所办的平民女学，办法甚好。工作亦切实可行。以新会的情形，有组织的可能。如贩卖书报、简便食堂、缝衣……资本既轻，进行无碍，请大家注意罢。

为达这个目的，加入青年团——社会主义青年团，是研究马克斯〔思〕主义实行社会改造为宗旨。本邑分团，经已成立。社会为什么要改造？因为私有财产制度，是人类幸福的障碍。国际的帝国主义，资本主义，国内的军阀，处处压迫我们。我们为自卫计，为谋全人类幸福计，不得不积极奋斗，创造新社会。我们为什么信仰马克斯〔思〕主义呢？因为马克斯〔思〕用科学的方法，告诉我们要非妥协的阶级争斗，要把政权归还劳动者之手。有条理、有办法，指示我们创造新社会。不象〔像〕安那其主义者，只有理论，没有办法。不像资本家的走狗基尔特社会主义者，说甚么劳资携手，议会政策。我们改造社会只有直接行动，用热烈的血，洒开自由花。屈服在数千年黑暗势力下的妇女，晦盲否塞，寂寞荒凉。对于社会革命，世界改造，应该加倍同情，积极奋斗。不必枝枝节节的去运动参政，要谋全人类解放的贡献。对于这蓬蓬勃勃的社会主义，应该参加研究，准备实行。诸君！不要怀疑，勇往前进。资本主义应该爆裂，在1914年的欧战，已显现帝国主义的凶横，并且证明资本主义的末日将至。共产社会如何美善，苏维埃俄罗斯已有很好的成绩给我们学样，处在外债40万万的中华国民，应该联合国际青年共产党，谋世界改造。

为谋经济改造，加入协作社。我们既信仰马克斯〔思〕社会主义，是改造社会的唯一方法。为什么又组织协作社呢？一般不明白的人，以为协作是互助，共产是抢掠。不知协作虽是社会政策，然与社会主义并非根本冲突。因为社会革命，事前要有准备，若毫无准备，瞎着眼放空枪，不特〔但〕没有功效，并且危险万分。故此协作是事前准备的一种事业，使阶级的争斗较缓和而有秩序。本来社会改造，工会和协作社要双方并进。工会具作战的实力，协作社备后方勤务的效能。有工会而无协作社，则精神涣散，有协作社而无工会，则势力极微。现在广东的工会，那〔哪〕个有协作社呢？现在工会的情形，不过是政党一种政策罢〔了〕。工金的增加，那〔哪〕里敌得物价的增加呵〔啊〕！故此协作事业，虽不是改造社会的唯一方法，然是改造社会的必要方法。为发展国民经济计，为训练工人效能计，占国民半数的妇女们，可不注意吗？

总之20世纪的新人生观，妇女解放问题，不是女权运动，乃是劳动运动。不是中流阶级的妇女问题，即女子对男子的问题，是无产阶级的妇女问题，是纯粹的劳动对资本问题。就是根据阶级的觉悟，为阶级的结合，去推倒资本制度。要觉悟自己的地位，实行所负的使命，去与平民为伍。竖起赤色的运动旗，打破资本主义的强权和压迫，智识阶级的妇女们！熄你良妻贤母的念头，去干社会革命的大运动罢。

编者注：原文载于1922年5月出版的《新会协作主义同志研究会半月刊》第五期。

——选自《中共新会党史资料汇编——新民主主义革命时期》，中共新会市委党史办公室编，1993年8月

团新会支部十一月份总报告
——本地政治状况及群众组织活动和罢工情况
（1925年12月5日）[①]

（一）政治状况

（1）军人方面：新会自打倒梁鸿楷后，空气比较好一点。现在驻防江门、新会为国民革命军第四军李济琛〔深〕部属，纪律

---

① 日期是根据本文内容判定的。

严明，人民都有几分明白革命军的好处。至于军部、师部、团部各政治部，对于农工方面尤为尽力帮忙，努力于群众运动工作。

（2）行政官方面：现新会县长区灵侠与其下属，尤非常之贪劣，对于农工方面时加压迫，如封佃农谷船，欲取来偿田主钱粮（后来我们出面反对，放了作了①）；到农村去催粮发生种种骚扰勒诈；工务局长勒诈泥水建筑工人；公安局长赵汉俊压迫药材工人等都是。近且更组织一个团警教练所，委其秘书赵立芬为所长，并命令各民团选派人到所练习，养成一班土豪劣绅的爪牙，以为他日对抗农会的地位。遍地土匪无法治理，一味行其扒钱主义，故新会人民对他〔其〕非常之切齿痛恨。

（3）司法方面：非常腐败黑暗，可谓掳人勒赎机关。

（4）江门市政厅：前任为李蟠，到任后绝无发展，现省政府又委任陆恩钜为市长，本月3日陆已就职，并委出各局局长、各区区长，现正下车伊始，未有何种表示。

（二）组织状况

（1）工人方面：现在新会总工会所统辖工会有22个工会，工友有6000余人。未加入者有同福、锯木等工会。因"五卅"案起，前曾组织一个中华全国总工会省港罢工委员会江门办事处，并组织纠察队。对于工作上非常之努力，社会上有识者亦表同情，而商人仇视矣！早两日已结束办事处、解散纠察队。工人对于每一次社会上运动（如祝捷东江大会），工人都有热烈参加，看来工人方面非常之发展，可惜工人方面内部训练太少，工人有时行动未免迹近骄横，且有时互相发生冲突起来（如酒晏〔宴〕工会与酒楼茶室工会因职业上利益冲突，而发生纠纷，以致〔至〕于

---

① 原文如此。

闹起讼来），而一×①工会负责人又根本不肯努力去做组织下层工作，未免为憾。前时总工会由 P 同志日光主持一切，现日光同志退出只做顾问。我们同志在内现有李绍勤（青年部主任）、陈谷琴（文书部主任）两位。

（2）农民方面：江门、新会现在统计各乡农民协会成立有 22 个，会员约有 3000 人。各乡农民见农民协会日形发达，纷纷起来组织极多，惜我们每日忙于奔走组织，对于内部工作训练太少，未免为一大缺点。现在一般劣绅土豪见农会日形发达，非常害怕，屡次设法破坏。现因破坏无从，又起而召集农民入会组织来求我们和他成立，但我们对于他始终拒绝。故他们现在又从事民团方面发展，以为他日对抗农会。我们现在拟欲速的成立县农民协会，集中农民势力，统一进行运动，从事训练一切。

（3）学生方面：新会学生非常散漫、沉寂且各生意见（如县中学与冈州中学学生不和；女中与女师不和），对于社会上运动绝少出来参加去做。早个月，我们曾组织一个新会学生救国会，现在都有 10 余个学生加入，都几活动②。

（4）妇女方面：新会妇女界多是守旧式，对于社会事业绝少敢出来做，自从前个月十几，谭竹山同志（广东省党部妇女部代表）到新会往各女校演讲、鼓吹一番，现在较为觉悟一点。现由谭竹山同志等联合各女校发起一个新会妇女界联欢大会（定期 8 号〔日〕开会），并从大会提出组织一个新会妇女解放协会，将来女界运动或由此放些光明。

（5）民众运动的组织：前月 29 日，我们曾用新会县党部青年部名义发起一个新会全邑各界青年联欢大会，到会各界农、工、

---

① 原文此字不清，似为"班"字。

② "都几活动"是方言，意思是都积极活动。

兵、学有万余人，极为热烈，我们在大会中提出组织一个新会各界青年联合会，现正筹备进行伊始工作。

校内组织：（在上写漏了，现在这处补抄）现校内组织共有学生 12 人。干事会书记李冠南，学委兼组织吴剑煌，宣传李绍勤。分为二小组：一在江门，书记为陈谷琴；一在新会，书记为陈伯庆。

（三）宣传状况

（1）工人宣传：如辗谷工会开四周纪念（会）、葵扫工会罢工胜利联欢大会及每一次罢工风潮，我们都参加宣传，并半公开宣扬我们主义，所以现在一般觉悟工友很表同情于共产党。

（2）农民宣传：我们更为注意及。

（3）至妇女、学生宣传，我们做了很少。"非基"宣传现正着手伊始。

（4）群众运动的宣传：如祝捷东江大会、青年联欢大会，我们也从中宣传，夜晚并举行演讲兼提灯大会，成绩都很好。不过有时本身显现太过，另社会上认识我们面目。他如分派传单也很多。

工潮方面：新会江门药材工会、江门葵扫工会、咸鱼工会曾发生罢工风潮，兹略为报告（他日详细查明后或再报告）。

①药材工潮：因提出加薪加佣条件，向东家要求，经几度磋商卒无效果，于上月罢工至 20 余日，而新会公安局长赵汉俊出布告说："药材罢工，疾病之人因须药医治，很为紧要，于人道上殊为不合，凡药材工人，应于日间先行返工服务，静候解决，否则按律严办。"工友方面因条件未妥，不能返工，故无论何方压迫仍坚持到底，并开工场卖药，以救济群众，并维持粮食。后赵汉俊率警殴捕工友。新会县总工会发快邮代电声讨他，别一面严责区县长。而区县长见工人势大，遂协同警厅、第四军政治部、

新会县党部、罢工委员会委员出面召集工、商两方调处，并议定一种处分。调处之条件，经各机关职员以平允商定后，两方须于2日内复业返工，否则工人则除名，商店则通知商会作歇店论。时逾4、5天，工人已准备返工，而东家不接纳调处，硬不复业，而调处之各机关职员又不切实执行，且说南路军事方兴，江门为后方地，工潮应更变调处方法，以期解决，不宜有罢工、罢市之事发生，以影响于治安。后江门工友乃变更加店佣之条件改为多加薪水作为退让。果然警厅又再出调处，依此条件磋商解决。至会城之东家，因有少数顽固不良分子把持，延长了十数天，然后同一条件亦解决。

②葵扫工潮：因葵扫生意非常淡市，所以工友罢工。东家先多掉首不议，后由新会总工会与葵扫协和工会函催警厅调处，工友方面准备在调处无效时要求新会全属工友联合罢工对待，后来卒得胜利，胜利后工友并开一个联欢大会，庆祝罢工胜利。

③咸鱼工潮：自罢（工）以来，东家甚为恐慌，想此次工潮不日或解决。

青工调查表、青年团体调查表，现交绍勤同志负责调查做，他近因结算罢工委员会的数未有做妥，故未有付上。

徐 辉

——选自《中共新会党史资料汇编——新民主主义革命时期》，中共新会市委党史办公室编，1993年8月

团新会支部给团中央的报告
——关于 12 月份的群众组织和改组国民党县党部情形
（1925 年 12 月 26 日）①

曾延兄：

现将 12 月内到今进行情形略为报告：

（一）学生方面：新会学界非常沉寂，且常互相纠纷。我们现在组织一个救国学会，前已报告。拟吸收学界中较有觉悟、能活动的分子出来干社会活动并联络学界，使由分裂而变为统一，不致有纠纷之患。现已推选筹备员分配工作，着手组织进行一切，并已成立有数间学校分部。我们对于这个救国学会，议决交有觉悟学生办理，我们退出做一指导者。

（二）妇女解放协会：自谭竹山同志由省来新会到各女学校鼓吹演讲后，新会妇女界较为清醒一点。12 月 8 日曾开一个妇女界联欢大会，到会妇女界有 800 余人，非常热闹，我们也曾（参）加宣传。9 日早，由竹山同志邀各女校教职员生协商妇女解放协会筹备进行事宜，后见加入协会者有 30 余人，乃即议决先成立新会妇女解放协会分会，并公推出 5 人为执行委员。分配工作：陈达志为主任，林碧荷为书记，何子琼为宣传部主任，吕剑魂为会计部主任，陈芬均为组织部主任。至于各部职员，俟下次执委会议，然后由各部自定。遂议决每星期开执委（会议）一次，会址现设县党部妇女部。至于成立大会，候扩充到百人以上始定期开会。现各会员均很努力工作，征求会员。

（三）各界青年联合会：我们于 15 号〔日〕召集大会，决定由每界派出代表一人磋商组织进行事宜，并决定在大会中提出改为

_____

① 日期是根据本文内容判定的，月、日是收文时间。

新会革命青年联合会，联合各界有革命性的青年为革命事业奋斗。

（四）"反基"运动：我们议决在圣诞日举行"反基"示威大巡行，兼在街上演讲。经费由各同志去捐。

（五）农会方面：近日新成立有第六区衙前乡农民协会、第三区篁庄乡农民协会两个。现在新会农民运动一切事宜由中央农民部特派员驻江办事处统理一切，由弟与梁坤（C. P. 同志）、关仲等主持。现各农友日来到办事处要求组织极多，将来农民方面料都有极大的发展。

（六）工会方面：现总工会大有发展机会，惜我们同志在内办事太少，无甚么振作，现在实际上在总工会负责办事只有文书部陈谷琴同志一人。

（七）县党部方面：我们现为整顿党务、振刷工作起见，对于党部方面议决改组；宣传、组织两部合并，邓鹤琴同志为委员；工人部与农民部合并，李冠南同志为委员；妇女部与青年部合并，绍勤同志为委员；商民部独立，李惠民（非同志）为委员。另每部设一个干事（这个议决案经民校第十六次会议通过）。议决我们为严密组织起见，在县党部内面已组织团组，推邓鹤琴为组长。

——选自《中共新会党史资料汇编——新民主主义革命时期》，中共新会市委党史办公室编，1993 年 8 月

江门市各界援助省港罢工大会宣言

（1926 年 10 月 5 日）[①]

各界同胞们！

自从中英谈判停顿以后，英帝国主义者眼见得广东的革命民众，一面援助北伐打倒其御用走狗吴佩孚；一面援助省港罢工，

---

① 此为收文时间。

以便工人继续与英帝国主义奋斗，这种前后迎敌双管齐下的战略，使英帝国主义者的阴谋破坏，无隙可乘，在无可奈何中，只好亲自出马，作最后的尝试。所以前几天就有英舰驶入省河英兵登陆示威……这一类违反国际公法的事实发生。因我民众力持镇静态度，使他计不得逞，只好垂头丧气，自动的撤退驻河英舰了。

革命民众们！我们应知道英帝国主义这种惶恐到极点的表示，因为他们的努力快要崩溃了。他想维持在华的原有特殊权利以延其残喘计，自然与我们革命势力针锋相对，势不两立，积极向我们进攻，虽然他这次阴谋失败了，可是第二步进攻，固在意中。所以我们应该老早预防英帝国主义者。老实一句话，就是要更加利用省港罢工的封锁政策，来继续抵抗英帝国主义的一切进攻。

省港罢工是"五卅"运动中反对英帝国主义一个最有力的武器。罢工以来所获的成绩，早已彰彰在人耳目，我们现在应认定援助北伐打倒军阀是国民应尽的义务。但是我们希望北伐胜利，后方巩固，尤不可不援助省港罢工以抵制英帝国主义。因为援助北伐打倒军阀和援助省港罢工抵制英帝国主义，都是现在国民革命中的两种重要工作，决不能偏重任何一方面的。

同胞们！罢工工人为了民族的利益，国家的光荣，与英帝国主义者坚持奋斗含莘茹苦已 1 年有 3 月了。虽然以前得了各界民众不少的同情和援助，但是到了现在最后 5 分钟与英帝国主义肉搏的时候，也可以说快要决定最后胜利的时候，各界民众更当如何努力，援助到底，使罢工工人得到最后的胜利；罢工的胜利，就是全民族的胜利和北伐的胜利。同胞们请一致热烈的援助，坚持最后 5 分钟呀！我们的口号是：

热烈拥护省港罢工！

实际援助省港罢工！

打倒英帝国主义！

打倒英帝国主义的走狗吴佩孚！

省港罢工胜利万岁！

中国民（族）解放万岁！

注：新会县各界群众支援省港大罢工后援会主任为陈日光（中共新会党支部书记）。

——选自《中共新会党史资料汇编——新民主主义革命时期》，中共新会市委党史办公室编，1993年8月

新鹤人民抗日游击队第二大队告同胞书

亲爱的新会鹤山两县同胞们：

敌人9月9日发动对中区西江的新进攻，国民党政府不战而逃，失地千里，现在广西桂林、柳州、南宁都已经岌岌可危了。我新会二分之一的土地，六年前已沦于敌手。这数年来，我新会、鹤山的同胞，屡经敌人的抢掠、烧杀。在此次敌人新进攻中，我新鹤两县国民党在两天之内，就双手送给日寇了。现在敌人正拼命在各地加紧建立伪政权。组织伪军，且不久即回师，大举扫荡，企图加强统治与剥削。新鹤的国民党政府虽然又钻出来，恢复他残破的统治，但他是绝不能解救我新鹤人民的。我们人民一定要放弃对国民党的幻想和依赖，挺身而出，广泛展开真正人民的抗日游击战争，粉碎伪政权伪组织，争取新鹤人民的自由解放。

同胞们，大家且来看看几年来的情形：民国28年江会沦于敌手，30年古井陷落，新会半壁沦亡。30年3月3日和9月20日，敌人两次进攻六邑，新鹤线的杜阮、井根和新开线的莲塘、李苑一带，尽成无人区，进行惨无人道的烧杀政策。而国民党政府的军队究竟有何作为呢？还不是不战而逃、置人民之生死于不顾呢。而几年来国民党政府在非沦陷区又有何作为呢？还不是贪污腐化、走私资敌、勒榨人民，无所不用其极，这还不是收容流氓烂仔，

组织武装，欺压人民？……伪政府的伪军打交道，和平共居，勾结走私，发国难财、且纵容土劣，鱼肉人民吗？财政经济上还不是苛捐杂税、征实征购，弄得民穷财尽，民不聊生吗？正因为国民党如此做法，致使民意闭塞，民气消沉，民情激愤，民力压抑。此次敌人占领三埠后，国民党更唯恐敌人兵力不够，则纷纷策动其爪牙编组伪军。如广阳指挥所新会江北岸敌后工作大队李侠飞，即奉准接充伪国民军第八团团长，号称军事委员会别动队，则到处肆行抢掠、走私、收"保护费"，鱼肉人民，攫取各乡仓谷。国民党又唯恐共产党发动游击战争抗击敌人，保乡保国。新鹤国民党政府大开反共联席会议，决意发动内战，替敌人扫清道路。同胞们，这些事实告诉我们，国民党只准自己打败仗，不准人家打胜仗；只准自己压迫、出卖人民，不准人家解放、挽救人民。这次中区、西江所以失陷得这样快，就完全是国民党消极抗战、积极反共、反人民，奉行独裁政策的结果。

同胞们！敌人主力虽已如入无人之境，直冲到广西去了。但是正在这里建立伪政权和组织伪军，将来还会大举回师扫荡。国民党则还至死不变，消极抗战、积极反共反人民，专制独裁越来越厉害。一切有冷清的同胞已看到国民党的黑暗统治，都已看到党国危机严重。现在只有我们人民起来发动游击战争，粉碎敌人的阴谋，改正国民党的政策，才能保卫自己的生命财产和自由权利。苏、英、美的盟军已打入德国的本土，希特拉〔勒〕就要败亡了。在太平洋和印缅方面，英美盟军在反攻也一天天加强起来。虽然国民党在对日战争中消极观战，在敌人进攻下丧师失地，一败千里，把河南、湖南及华南同胞又送了一大批给敌人做牛马奴隶，反共反人民政策尤不自知悔改。但是，中国共产党及其八路军、新四军正以雷霆万钧的力量，百倍地打击敌人，收复失地，得到国内外人士的同情与拥护。只要改组国民政府、改组统帅部，积极打击敌人，加强民主、制止内战，在共产党领导下配合盟国反攻，争取全国的自由解放，是完全不成问题的。在广东，人民对国民党也已大失所望，只有共产党及其领导下的游击队——琼崖游击队、东江纵队、广州市区（郊）游击第二支队和中山人民抗日义勇大队，才能成为配合盟军反攻的先锋队。他们的根据地才能成为配合盟军反攻的先锋阵地。我们新鹤两县的自由解放也只有在共产党的领导下，只有建立像共产党一样的强大英勇的武装才能实现。

本队是新鹤人民的子弟兵，是爱国爱乡的青年男女。几年来，我们或则在新会沦陷区从事抗战活动，或则在南番中顺打游击，参加广游二支队和中山义勇大队，与敌伪作了无数次的血肉斗争。今天我们眼见桑梓沦亡，我们的父老兄弟姊妹在敌人压榨下，辗转呻吟，彷徨无依；而国民党黑暗腐化无能为力，土匪横行、治安动荡。因此紧急集合起来，愿站在我新鹤同胞的前头，与我们新会同胞团结成一条钢铁的阵线，广泛全面开展游击战争，迎击敌人的回师扫荡，为救乡救国而斗争。我们愿意与一切抗日的地方团队与国民党内开明人士及抗战的队部合作、与挺五周司令、挺三屈副司令、赵其休先生及何柏大队长合作。但对一切消极抗战积极内战的行动，决不放弃坚决的自卫斗争。我们决意要改善民众生活，反对一切苛捐杂税。不仅关照一切工人、农民、小商人、失业教员、失学学生、被〔避〕难同胞的生活，同时也保障扶植农工商业、维护地主资本家的正当利益。我们要摧毁一切伪政权，建立抗日民主政权，要各阶层的抗日人民都有人权政权和一切自由权利。

总之，我们一切为着抗战，一切为着团结，一切为着准备力量反攻日寇、光复中华。愿我新鹤同胞万众一心，共同奋斗！胜利的日子就在明年！让我们高呼——

新鹤人民团结万岁！

新鹤人民抗日游击战争胜利万岁！

新鹤人民抗日游击大队第二大队大队长陈江①暨全体官兵

（原载卅四年一月廿五日《正义报》）

——选自《中共新会党史资料汇编——新民主主义革命时期》，中共新会市委党史办公室编，1993 年 8 月

新会县人民政府指令
新字第一号

兹当解放大军南下解放华南以统一全中国之际，行将召开之新政治协商会议之筹备会经于北平举行，此次新政治协商会议在中国共产党领导下，除反动派外，各民主党派及民主人士均有参加，中华人民民主政府行将宣告成立，全国解放为期不远。南下解放大军，到达广东乃指间事，我新高鹤人民解放军与人民政府为迎接南下解放大军，彻底解放新高鹤地区，士气纵横，凌属无前，本县全境解放计日可待。

本县久经反动卖国之国民党统治，盘剥深重，民生困疲，为苏民困，有推行减租减息政策之必要。同时大军到达，兵员众多，粮秣给养，为必要之负担，人民解放军有解放人民推翻国民党统治、建立新中国之任务，人民亦有支持人民解放军之义务，故决定今年早造起征收公粮。经将本年早造减租减息条例及征收基本公粮条例公布，为适应本县环境起见，兹决定本年早造减租减息及征收基本公粮事宜，交由各乡乡公所负责办理，仰各乡保长等乡政工作人员，务须执行，毋误。

本府对曾任及现任国民党政府各级人员凡不持枪与人民解放

---

① 陈江即陈明江。

军对抗及破坏人民政府一切措施与法令者，一本宽大，按"首恶必办，协从不问，立功者赏"之原则予以处理，各乡政工作人员，毋相惊扰，切实执行减租减息及征收公粮之法令，则本府当论功行赏。因材而用。至曾经组织反动武装与人民解放军对抗者，及早回头，立功自赎，本府当不究既往，尚可按其功劳大小以行赏，仰各乡保长及工作人员，深体此意执行法令立功改过，勿怠勿延，切切。

此令

右令　　乡乡长

兼县长　周天行

1949 年 6 月 2 日

——选自《中共新会党史资料汇编——新民主主义革命时期》，中共新会市委党史办公室编，1993 年 8 月

新会县人民政府布告
新字第二号

夏收将届，为贯彻改善农民生活，发展农村生产，繁荣工商业之方针，兹决定本县全面推行减租减息交租交税之政策。而南下大军行将到达，新会人民即将获得全部解放，全体人民有支持解放军人民政府特别是南下大军粮食之义务。为此，特公布 1949 年早造减租减息及征收公粮条例各一则，仰全县各界人民一体遵照执行。

此布

附：1. 1949 年早造减租减息条例；
　　2. 1949 年早造征收公粮条例。

兼县长　周天行

1949 年 6 月 25 日

（附一）新会县人民政府 1949 年早造减租减息条例

甲、减租部份〔分〕：

一、本县所有田地租项，应该实行对分租二五减，即地主所得租值不得超过该田正产物收获量千份〔分〕之三百七十五。农民所得最少占千份〔分〕之六百二十五（永佃田原来租值已低于三七五者不在此限），如遇灾歉则先减时年，照顾造实际产量减租，田租中有田底租与田面租者，田底田面租合计亦不能超出产量千分之三七五，如地主出耕本（如肥料种子牛工等）者，除按照不能超出产量千分之三七五收租外，可另收回耕本。

二、祖尝田已交上期租者可斟酌实际情况予以适当解决或酌量照时价折算退租。

三、切实保障佃权，地主不得无故起佃，如因减租后地主收入减少不能过活，必须收回部份〔分〕自耕者，须得到批准方能收回，起回转批则绝对禁止，如有无故起佃者，地主应受处罚。

四、牛租按实际情形解决。

乙、减息部份〔分〕：

五、禁止一切高利贷，规定年利不得超过三分（即百分之三十）。

六、关于清理旧债，凡债务人交息已超过原本一倍者（如本银 100 元交息已超过 100 元）停息还本，如交息已超过原本二倍者（如原本 100 元，交息已足 200 元）则本利停付。

丙、雇农工资：

七、雇农工资，除本人生活由雇主负责外，其工资以足够供给一个人至个半人之生活费用为标准，散工工资则照当时当地实际情况规定之。

丁、其他：

八、农会可在公尝、陂水、围水会或两减得益中，抽出生产基金，指定专作发展生产之用，农会经费可由会员每月缴交若干，办法如何，数月多少，由农民共商决定，并自行征收。

九、本条例实行于村乡，城市地产及工商业借贷不在此例。

十、本条例自公布起施行，修改解释之权属于县政府，农民有意见可向县府提出。

1949 年 6 月 25 日

（附二）新会县人民政府 1949 年早造征收公粮条例

（一）基本公粮系指普遍征收者，以一造计算。

（二）一律以干谷征收，湿谷每 6 斤折合干谷 5 斤。

（三）以中等田为标准，每亩征收 12 斤，主 7 佃 5，永佃田（即田面主为佃田者）比率可修改，主方一般系包括田底主田面主在内。因各地田亩肥脊悬殊，征率可以酌量提高或减少，然最高不能超过 16 斤，最低不低过 10 斤，主方公粮由佃户在租项中扣除代交。

（四）自耕田地以中等为标准，每亩征收 10 斤，上田如要提高，不得超过 12 斤，中田以下不减少。

（五）未经减租地区，只征田主（包括地主自耕农）不征佃户，以中等田地为标准，每亩征收 15 斤。

（六）赤贫（须由村农会评定，经本府或地方工作人员批准方确认其为赤贫）免征，解放军军人、人民政府公务人员（包括派出外地工作者）、烈士等家属七折征收，其家庭地主富农者免减。

附则：

（一）1949 年早造减租减息事宜，由各乡乡公所会同农会办理。

（二）1949 年早造征收基本公粮均在各乡乡公所切实负征收存贮，提取时由本府发回正式收据。

1949 年 6 月 25 日

——选自《中共新会党史资料汇编——新民主主义革命时期》，中共新会市委党史办公室编，1993 年 8 月

红色歌曲

一、骑兵杀敌歌（佚名　词、黄蕾　曲）

骑 兵 杀 敌 歌

1=F

进行曲速度

佚名 词
黄蕾 曲

（写于 1944 年）

二、中国人民站起来（柏坚　词曲）

中國人民站起來

1 = F　4/4

柏　堅詞曲

```
5 5  | 1  3  1  3 | 5  -  -  1 1 | 4  6  4  6 |
从那      山 野 到 城   镇，    从那    沙 漠 到 海
看那      红 旗 在 飘   扬，    发射    战 斗 的 光
带着      胜 利 的 荣   光，    实现    千 万 人 的 渴

5  -  -  5 5 | 1  3  5  6 | 3  -  -  6 7 |
边，     冲过   漫 长 黑     夜，    渡过 幸福
辉，     解放   鲜 花 要 结   果，    幸福
疆，     万里   河 山 风 光   好，    我们

i. 5  4  2 | 1 0 0 6 6 | 6. 6 5 6 | 3. 2 3 0 3 3 |
浩    荡 江   流。      子 弟 兵 啊 闹 到   来，    男女
生    活 快 到 来。
明    天 更 辉   煌

6  5  1 2 | 3  -  -  1 2 | 3  1  4  5 | 6  -  6 0  6 7 |
老 幼 笑 颜 开，       压迫   枷 锁 尽 行 打 碎，    中國

┌─1.2.─────────┐    ┌─3.─────────┐
i. 5  4 2 | 1  1  -  - ‖ i. i  2  6 7 | i  -  -  - ‖
人 民 站 起   來！       人 民 站 起     來
```

此曲为迎接新会江门和平解放而作（作于 1949 年秋）

附录四

重要革命人物

彭业权

彭业权（1897—1927 年），广东新会石子潭村（今属江门市郊区）人。出身手工业者。1925 年初，参加农民运动。夏，石子潭村农民协会成立，被选为委员长。不久，加入中国共产党。秋，第三区农民协会筹备处成立，被推选为委员长。次年 5 月正式成立，被选为三区农民协会委员长。

1926 年 7 月，新会县各乡农民协会联合办事处成立，彭被选为执行委员。他还担任石子潭村农民自卫军（简称"农军"）队长和三区"农军"总队长。在开展"二五减租"、清理公尝、废除苛捐杂税、反抗土豪劣绅暴行、保护农民利益等斗争中，起到应有的作用。他在和土豪劣绅组织的"民团"和航空救国会展开斗争中，先后三次被逮捕，每次都得到共产党组织的营救，依靠群众力量打击了封建势力的气焰。

1927 年"四一二"反革命政变发生后，彭业权被中共新会组织指派留在家乡进行隐蔽活动。是年 12 月初，中共五邑地方委员会为响应广州起义，成立五邑暴动指挥部，彭业权被任为肃反委员会逮捕队队长。8 日，不幸被反动军警逮捕，受严刑拷问，坚贞不屈。次日被杀害，年仅 30 岁。

选自《新会县志》，广东人民出版社 1995 年版，有改动

文绰英

文绰英（1901—1928 年），又名文和，广东新会杜阮区井根乡中兴里人。出身贫农家庭，童年丧父，寄食姨丈家。1917 年往江门镇做茶居工人。1922 年初参加茶居工会，后被选为工会专职干部。于 1924 年冬加入中国共产党。

1926 年 6 月，省港大罢工爆发后，文绰英出席新会县第二次工人代表大会。会议决定正式成立新会县总工会，他被选为执行委员兼总工会会城办事处主任。同时，又被派遣回乡，组织井根乡农民协会和指导组织农民自卫军，开展农民运动。

1927 年"四一二"反革命政变发生后，井根农民协会被反动派封闭，被拘捕群众 30 余人。文绰英亦被逮捕，后被解送广州关押。至 1927 年 12 月 11 日广州起义，得解救出狱，被党组织派回新会工作。但当抵江门时，即被特务跟踪、军警追捕。他躲进河南一间榨油厂仓库，得到工人掩护，脱险乘油船前往香港。抵达香港后与香港中共组织接上关系，改名文和，在鹅颈桥开设小三元茶室作联络点，秘密开展活动。

1928 年 5 月 3 日，日本出兵济南，屠杀我国同胞，香港爱国同胞掀起反日运动，文绰英组织工人宣传队，开展反日活动。是年 7 月，任中共香港太古船坞支部书记，秘密组织工人联合会，推动香港工人运动。是年 10 月，被派往粤北韶关，途中不幸被捕，英勇就义，年仅 27 岁。

选自《新会县志》，广东人民出版社 1995 年版，有改动

李冠南

李冠南（1902—1931 年），乳名新盛，字仍华，广东新会沙堆区马冚村人。出生于加拿大，少年时随父回国归乡定居，在乡

间教会办的育英学校读书，后往广州读中学。

1923年暑假，李从广州回会城，结识进步青年陈日光，参加陈创办的"新会协作主义同志研究会"，得以阅读该会设立的阅书报社的进步书刊。不久，加入中国社会主义青年团和广东新学生社新会分社，投身革命活动。

1924年春，李冠南转为中国共产党党员。7月被派往广州参加第一届农民讲习所学习。毕业后，被委任为中国国民党中央执行委员会农民部特派员，开展新会农民运动。

李冠南回县后，曾以中央农民部特派员名义，致函中国国民党中央执行委员会，要求转饬各级地方政府切实保护农民协会，为新会农民运动发展创造有利条件。

1925年2月1日，新会县第一个乡农民协会——第一区青云坊乡农民协会宣告成立，李冠南主持大会并发表演说。同时，成立新会县农民协会筹备处，由李冠南主持工作。是年3月1日，被选为国民会议促成会代表之一，赴北京参加开会。秋，中国国民党新会县党部改组，被选为县党部执行委员兼农民部长。1926年7月，新会县各乡农民协会联合办事处在江门成立，李冠南为主要负责人。从此，新会地区的农民运动得到发展。他在此后半年间，处理睦洲二路地主反对减租减息，支持农民取消包农制（即二路地主向大地主承包田地转批给贫下中农耕种的制度）；处理兵匪勾结洗劫礼乐农民，促成组织善后委员会妥善安置受害农民；在都会农民自卫军被民团勾结县兵围攻后，力争县政府取消民团，惩办肇事者……均出色地完成任务，充分显示出领导才能。

1927年"四一二"反革命政变发生后，李冠南转移去香港。是年10月，中共五邑地方委员会成立，他被任为委员。为组织五邑暴动，他奔忙于香港、澳门、江门之间。12月上旬，五邑暴动指挥部成立，组织广东工农革命军中路新会支队，李冠南任政治领导兼农军指挥。后因广州起义失败，江会驻军严密戒备，暴动计划未能实施，他再度赴香港。

1928 年 3 月，中共广东省委任命李冠南为巡视员，前往中山县九区重建中山县委。1929 年夏被任为中共中山县委书记。1931 年 1 月 4 日，往香港参加省委举办的党员训练班。中共广东省委遭破坏，李冠南亦被捕，被解回广州。李冠南在狱中受到严刑拷打，坚强不屈。是年 8 月 21 日被杀害，年仅 29 岁。

选自《新会县志》，广东人民出版社 1995 年版，有改动

陈日光

陈日光（1896—1939 年），广东新会会城镇人。出身葵商家庭。县立中学毕业后，往江西经营葵扇生意，接触进步书刊，受新文化思潮影响，于 1921 年冬从南昌购买一批马克思主义著作回会城，在象山绿云洞创设新文化阅书社，传播社会主义和共产主义知识。同时，又组织新会协作主义同志研究会，于 1922 年 3 月 15 日出版《新会协作主义同志研究会半月刊》（后改为《觉悟周报》），宣传协作主义和社会主义。3、4 月间加入中国社会主义青年团，是新会最早的团员之一。分团成立后，为负责人。曾撰写《敬告智〔知〕识阶级的妇女们!》，提倡研究马克思主义和社会主义，号召青年团员投身社会主义改造。5 月 1 日，他以社会主义青年团团员身份，出席在广州召开的全国劳动大会；同时，参加中国社会主义青年团第一次全国代表大会的开幕式。

是年 7 月 1 日，与友人创办新会有限责任产业协作社，每股双毫 10 元，共吸收社员 107 人，集资 1740 元，他被选为主任，是广东省最早成立的一个商业性质的协作社。接着，开设协作商店，经营大米和文具用品，兼营书报，出售《共产党宣言》等进步书刊。

1923 年秋，广东新学生社新会分社成立，是广东省最早的 4 个分社之一。他主持了分社工作，并出版一期《学生新声》。是年 10 月 18 日社会主义青年团广东区执行委员会召开第一次会议，分工冯菊坡、陈日光负责工运。他回江门后，与李绍勤一起，改组了被工贼把持的五邑船艇工会。

1924 年春，陈日光加入中国共产党。这时正值国共第一次合作，他又先后被任为中国国民党中央工人部干事、广东省党部工人部驻江门特派员，领导江门、会城的工人运动，组织基层工会支持工人罢工斗争。到年底，全县有基层工会 20 余个，会员 16000 余人。是年冬，中共新会支部成立，陈任支部书记。年底，新会总工会筹备处成立，陈任指导员。

1925 年，五卅惨案发生后，陈日光组织全县工人总罢工一天，游行示威，并发动新学生社新会分社、新会工会联合会发出致全国同胞的通电。6 月中旬，省港大罢工爆发后，成立新会各界群众援助省港罢工后援会，陈日光被推为主任委员，进行宣传和募捐活动，捐得双毫 3 万元。接着，省港罢工委员会驻江门办事处成立，陈日光任主任。办事处设置接待站，安置由香港回县的罢工工人及其家属 700 余人。还组织工人纠察队，协助省港罢工委员会驻江门的纠察大队做好封锁香港和缉私工作。是年 11 月，创办《江门民国日报》，陈日光任社长兼总编辑。该报一度成为县总工会和农会的机关报。

1926 年春，他以国民党江门市党部筹备委员的身份，与中共党员叶毓年组建市党部，由共产党人掌握领导权。8 月，中共新会支部分为江门支部和新会支部，陈日光继续担任新会支部书记。

1927 年"四一二"反革命政变发生后，陈转移澳门隐蔽，8、9 月间曾秘密回会城活动。广州起义失败后，陈日光再次出走港澳，与党组织失去联系。以后陈曾往越南教书以及到香港、上海和南昌等地谋生。抗日战争爆发后，陈曾返回新会，拟投身抗日战争，未果。因病往澳门医治，1939 年 8 月 6 日病逝于镜湖医院，终年 43 岁。

选自《新会县志》，广东人民出版社 1995 年版，有改动

周达尚

周达尚（1895—1945 年），号尚志，广东新会大泽区田金乡新地里人。他原是广西人，被卖到田金为人养子。曾在蒙馆教学，又去过香港做工，由于收入不多，后回乡务农。

1926 年 8 月，田金乡农民协会成立，他被选为农会执行委员。不久，周达尚加入中国共产党。农会组织农民自卫军，他被推选为队长。同时，他还举办识字班、读书会、夜校，组织农民学习文化和军事，开展农民运动。

1927 年"四一二"反革命政变发生后，田金乡农会转入隐蔽活动。12 月上旬，周达尚为配合江会准备举行武装暴动，曾带领农民自卫军破坏新宁铁路交通，阻止反动军队调动。

之后，周达尚还利用农民势众的优势，经常与地主当权派展开斗争。如反对地主勒收水坝管理费（每亩田收稻谷 35 斤），揭露恶霸强收钉门牌、割草苛捐，组织雁桥青年社出版《青年月刊》，批判地主豪绅所办的《南洋月刊》的反动观点，等等，做了不少维护农民利益的工作。

1937 年抗日战争全面爆发后，中共新会区工委恢复周达尚的组织关系。1939 年中共田金支部成立，周达尚任书记。是年 4 月初，江会沦陷，中共新会县委机关迁到田金乡，随同撤退的有中共党员和青年抗日先锋队员近 200 人。他以田金乡长的身份，妥善安置和解决他们食宿，开展群众工作，使田金乡成为抗日游击战争的红色根据地。

1941 年，"三三"战役和"九二〇"战役中，他率领田金乡秘密的老更队和自卫队，配合驻军抗击日、伪军西犯三埠，发动群众做好劳军和护理伤员等工作。

1944 年 5 月，新鹤人民抗日游击大队在田金乡秘密宣告内部成立，他动员乡自卫队队员参加游击大队。10 月，新会第十五区人民抗日行政委员会筹备小组在田金成立，他被任为小组成员。

1945 年元旦，第七战区广阳守备区挺进第五纵队周汉铃等部，围攻驻在司前松山村的新鹤人民抗日游击大队和司前圩的第十区人民抗日行政委员会；次日包围田金村，搜捕共产党员和革命群众。周达尚被捕，在押解往司前的途中遭杀害。时年 50 岁。

选自《新会县志》，广东人民出版社 1995 年版，有改动

黎元达

黎元达（1916—1945 年），广东新会会城镇人。1934 年在县立乡村师范学校毕业，被派到棠下周郡崇实等校任教。抗日战争爆发后，他常利用上课对学生宣传抗日救亡。1939 年 4 月，江会沦陷后，黎元达转到敌后。1940 年夏，他先后在司前田边、河村等小学任教，接触到中共新会县组织派至司前区工作的同志，接受党的教育，于是年冬加入中国共产党。

1941 年间，先在县立第二十八短期小学任教，结束后，转任田边英溪小学校代校长。是年 9 月下旬，日、伪军西犯三埠，他带领村壮丁队掩护群众转移至安全地区。1943 年先后被派往潮透小学任教和到鹤山县大坳做地下工作。

1944 年 5 月，新鹤人民抗日游击大队（简称"新鹤大队"）在大泽田金乡秘密成立，黎元达被任为该大队主力中队指导员。10 月，他奉命与新鹤大队政治处主任谭颂华到十区（司前）开展地方抗日民主政权建政工作。经过调查研究，决定选择棠坑乡为

民主建政试点。为保证工作顺利进行，他和谭颂华带队逮捕大恶霸林照（绰号蛇王照）、林超（绰号饭铲头）、林森（绰号暗水播基合）三兄弟（被称为"三蛇"），经上级批准，召开公审大会，当场处决，为民除害。11 月 28 日，召开棠坑乡人民代表大会，成立新会县第一个抗日民主政权——棠坑乡政府。接着，成立新会县第十区（司前）人民抗日行政委员会，后黎元达任主席。

1945 年元旦，国民党顽固派发动袭击松山村新鹤大队的同时，也袭击司前人民抗日行政委员会。黎元达率领工作人员进行抵抗，因敌众我寡，不幸被捕，翌日遭杀害。时年 29 岁。

选自《新会县志》，广东人民出版社 1995 年版，有改动

梁玉霞

梁玉霞（1920—1945 年），乳名凤秀，女，广东新会小冈衙前达堂里人。梁玉霞曾在江门镇国民中学读书。1937 年 7 月抗日战争全面爆发，她在中共新会组织的地下工作人员教育下，参加抗日救亡活动，加入党领导的新会流动剧团，随团到农村巡回演出，宣传抗日救国，次年 10 月，加入中国共产党，成为中共江门妇女支部成员之一。

1938 年夏，妇女支部全体党员奉命参加国民党新会县党部组织的新会抗敌后援会，并组织新会妇女抗敌后援会（简称"妇抗"），梁玉霞成为妇抗核心成员之一。8 月，县府社会军事训练总队和县民众动员委员会举办社会军事训练班（简称"社训队"），她与郑惠明、周敏玲等参加了为期 3 个月的军事训练。结业后，她被分配到江门镇公所任妇女武装队副队长，协助组建一支有 30 多名妇女参加的武装队，并指导军事训练。

1939 年 4 月，江会沦陷后，政府机关西撤农村，梁玉霞被派到广东省第一区保安司令部政工队做政治工作。后撤回抗日游击

根据地，她先后在三江、田边、河村、司前等地学校任教，掩护革命活动。1943 年与黎元达结婚。1944 年 12 月，任第十区（司前）人民抗日行政委员会妇女干部，参与游击根据地民主建政工作。

1945 年元旦，国民党顽固派军队包围袭击松山村新鹤大队和司前行政委员会，次日又到田金围捕共产党人和革命群众。梁玉霞被捕后解往开平赤坎广阳指挥部监狱，受尽严刑拷打，坚强不屈，最后被杀害。年仅 25 岁。

选自《新会县志》，广东人民出版社 1995 年版，有改动

阮克鲁

阮克鲁（1912—1946 年），又名阮鲁，化名北汉，笔名阮祥，广东新会崖西区五村人。

1935 年秋，毕业于新会师范学校。曾在江门影相馆做雇工。1936 年回家乡崖西坑头小学任教，常读进步书籍，向学生宣传抗日救亡。1937 年，抗日战争全面爆发后，奔赴延安进入中共中央举办的陕北公学学习。1938 年参加中国共产党。结业后，被派回新会从事党的地下工作。

1938 年秋，他和冼坚等被中共新会区工委派往江门参加广东绥靖公署新顺特务大队宣传队，阮克鲁任中共在宣传队内组成的支部书记，领导共产党员和爱国青年对部队和群众加强政治教育，宣传党的抗日主张。1939 年 4 月，在江会抗击日军入侵战斗中，曾带领队员到战场做宣传鼓动以及救护伤员工作。江会沦陷后，阮克鲁撤往农村。5 月任中共江南区工委组织部部长，同在延安抗日大学学习回来被选为旺冲乡乡长的中共党员陈华钜一起，组织旺冲抗日模范自卫队，建立崖西区抗日游击根据地。1940 年 4 月 4 日，参与处决旺冲恶霸陈某和的策划，12 日发动旺冲、黄冲

的民众武装击退日伪军的入侵。

1942 年间，反共高潮蔓延至新会，阮克鲁奉命转移至台山田稠乡，以小学校长身份掩护革命活动，掩护中共台山县委在学校办党员干部学习班。1944 年春，被调到南番中顺游击区广游二支队新编第二大队任油印室主任兼指挥部办的《正义报》和广游二支队办的《抗战旬刊》编辑，负责刊物的采访、编写和出版工作。

1946 年 6 月，随华南抗日游击队东江纵队北撤山东烟台。9 月间随纵队直属第三连南下，抵达诸城时染上黑热病，于 23 日逝世，年 34 岁。

选自《新会县志》，广东人民出版社 1995 年版，有改动

林锵云

林锵云（1894—1970 年），又名锟池、昌文，广东新会罗坑下沙乡大来里人。家贫，13 岁随父往香港谋生。14 岁当学徒，后当海员和洋务工人。1914 年参加中华革命党，投身民主革命运动。1922 年 1 月，参加香港海员大罢工。1925 年 6 月，省港大罢工爆发，被选为罢工工人代表。回广州后，在宣传学校学习，后任罢工委员会宣传部演讲分队长，到农村进行宣传。1926 年夏，任南海县党部农民部干事。同年 9 月，加入中国共产党。冬，南海县九江镇建市，任国民党九江市党部筹备主任，组织一批农民协会。1927 年 12 月，参加广州起义，在工人赤卫队做政治工作。起义失败后，先后任香港中共洋务支部书记、中共南海县委书记、佛山市委常委、香港广东省济难会救济部部长、香港工代会党团书记、中共九龙地委书记兼洋务工会支部书记。1931 年 5 月任中华全国总工会驻香港特派员兼海员总工会驻香港特派员。因叛徒出卖，被港英当局逮捕，驱逐出境。他到上海，被海员总工会分

配负责太平洋航线的海员工作。1933 年 5 月，又被叛徒出卖而被捕，押解到南京，经受严刑拷打，始终没有暴露身份和泄露党的秘密，被判无期徒刑，关押在苏州陆军军人监狱。

1937 年抗日战争全面爆发后，国民政府大溃退。11 月下旬苏州军人监狱将"要犯"向西转移，途中遇日机轰炸，看守逃命，林锵云砸开脚镣得以逃脱。1938 年 1 月林锵云辗转到达武汉，找到八路军办事处，被派回广东工作。在广州沦陷前后，先后任中共广东省委职工部副部长、南顺工委职工部部长、中共顺德组织负责人、南顺工委书记。他在南海大榄、顺德西海等地建立党支部，又在顺德大良镇蓬莱小学组织一支 10 多人参加的抗日游击队，以后不断扩大，成为珠江三角洲敌后游击战争的骨干力量。1939 年夏，他率领游击队三次袭击顺德大良的日伪军。

1940 年夏，林锵云任中共南番中顺中心县委成员，分工负责抓武装，同时将他领导的游击队编入广州市区游击队第二支队（简称"广游二支"）独立第一中队，任中队长。他熟练运用游击战术的伏击战、麻雀战、夜间战，率领游击健儿打击日、伪军。在西海两次战斗中，以少胜多，打退了日、伪军的进攻，打死伪军"前线总指挥"祁宝林，毙伤、俘虏日、伪军 300 余人，声威大振，游击队扩大到 500 多人，巩固了西海抗日游击根据地。

1942 年 5 月，吴勤被暗杀，林锵云被委派继吴勤任广游二支队司令员。1943 年 2 月，成立南番中顺游击区指挥部，任指挥。是年秋，指挥游击队粉碎日伪对五桂山抗日游击根据地的十路围攻。

1944 年 10 月，林锵云任中区纵队司令员，率领主力部队近 500 人，由五桂山经中山新会边横渡西江，挺进粤中，建立新鹤敌后抗日游击根据地。

1945 年 1 月，林锵云任广东人民抗日游击队珠江纵队司令员。同年 7 月，参加在罗浮山召开的广东党代表会议，被选为中共广东区党委委员。会后奉命率部到南雄开辟粤北根据地。

抗日战争胜利后，林锵云的部队奉命北撤烟台。后到华东军区，曾被调到中央城市工作部工作及任两广纵队副政委。

1948 年 8 月，林锵云参加在哈尔滨召开的全国第六次劳动大会，被选为全国总工会执委会常务委员兼组织部部长。次年 4 月，出席在意大利召开的世界工联代表会以及亚澳工会会议。

1949 年 10 月广州解放。林锵云于年底调回广东，后历任中共中央华南分局常委，华南分局职工委员会第二书记、中共广东省委常委，广东省劳动局局长，广东省总工会主席，省老根据地建设委员会副主任、主任。1958 年 9 月任广东省副省长。他先后被选为一、二、三届全国人大代表，第三届全国人大常委会委员。

"文化大革命"期间，林锵云受到极左势力的迫害，于 1970 年 10 月 20 日含冤逝世，终年 76 岁。1979 年 12 月 12 日，中共广东省委举行林锵云同志追悼大会，为其平反昭雪，恢复名誉。

选自《新会县志》，广东人民出版社 1995 年版，有改动

吕　棠

吕棠（1897—1928 年），广东新会江门范罗冈（今江门市城区）人。少年时去澳门做茶居佣工。1922 年回江门，在富泉茶居当企堂（服务员），并参加茶居饼行工会。1923 年换届，吕棠被选为会长。因领导工人罢工要求加薪，吕被解雇，转到石湾的兰亭茶居做工。

1924 年冬，吕棠加入中国共产党，并成为茶居饼行工会脱产干部，协助中共新会支部书记陈日光等改组和建立十多个基层工会，会员发展到 7000 余人。是年底，吕棠在江门主持召开新会县第一次工人代表大会。会上决定成立新会县总工会筹备处，吕棠

被推举为筹备员，领导筹建总工会。

1925 年 6 月，新会县总工会成立，吕棠被选为委员长，领导江门、会城的工人运动。五卅惨案发生后，新会沪案后援会成立，吕棠发动募捐；省港大罢工爆发后，吕棠组织工人纠察队，协助和配合省港罢工委员会驻江门的纠察大队，检查、缉禁私货和维持商场治安。

1926 年初，吕棠与李安等组织工人向江门市政厅请愿，要求取消苛捐杂税。市长拒绝会见，工人怒而捣毁市政厅；几天后，警员拘捕船工，船艇工人又捣毁警署。事件发生后，国民党右派势力唆使驻军，拘捕吕棠等 4 人解省。后经新会工团代表赴省请愿，吕棠等才获释放。是年 4 月间，中国国民党江门市党部改组，吕棠以共产党员身份加入国民党，被选为市党部执行委员兼工人部部长，领导工人进行维护权益的罢工斗争。

1927 年"四一二"反革命政变发生后，吕棠撤至澳门。是年 12 月新会地下党组织在江会暴动，吕棠曾返江门参与筹划。暴动未成，吕棠又撤回澳门。

1928 年 2 月 15 日，吕棠被国民党政府派往澳门的特务逮捕，解回广州。狱中吕棠坚贞不屈，后被杀害，终年 31 岁。

选自《新会县志续编》，广东人民出版社 1998 年版，有改动

陈华钜

陈华钜（1918—1946 年），曾用名煦然、宇年。广东新会崖西旺冲人。出身侨眷家庭，在广州岭南附中毕业。抗日战争爆发后，1937 年秋与同学李鸣（后结成夫妻）去延安，入陕北公学学习。在校参加中国共产党。1938 年夏与李鸣一起被派回新会工作，被中共新会区工委派回旺冲宣传、组织群众开展抗日救亡活动。10 月组织旺冲乡抗日自卫队，12 月又组织青年抗日先锋队，被群众推选为旺冲乡乡长。

江门、会城沦陷后，1939 年 5 月，中共旺冲支部成立，陈华钜任支部书记。党支部加强自卫队的训练、充实武器弹药，发动妇女，成立旺冲妇女抗日后援会。此外，陈华钜还在家里设立地下交通站，安排来往同志的食宿。

1940 年 4 月 4 日，陈华钜根据群众要求，报请县政府派出警员到旺冲，拘捕开赌、贩毒的陈某和，陈某和因拒捕而被击毙，陈华钜为地方除了一害。4 月 12 日，日、伪军 200 余人进犯黄冲，陈华钜和党支部的同志，领导黄冲和旺冲的抗日自卫队、模范壮丁队阻击敌人，激战了一夜，将日、伪军打退。

1941 年初，因警兵击毙陈某和一事，被崖西封建势力控告，陈华钜被县法庭传唤拘留，后经党组织营救获释。鉴于环境恶劣，党组织决定让陈华钜和李鸣转移到中山县，后他们加入五桂山的抗日游击队，从事筹饷工作。

1943 年，陈华钜在一次运粮途中遇敌，被击伤，跳水脱险，后转移至广西合浦，通过同学帮助，在合浦县第二中学任教及治伤。1944 年底转去灵山县立中学任英语教师。1946 年病逝，时年仅 28 岁。

选自《新会县志续编》，广东人民出版社 1998 年版，有改动

赵梅友

赵梅友（1913—1988 年），广东新会三江乡恒美坊（今三江镇新江管理区）人。出身于小商人家庭。早年就读于广州南武中学、广州市第一中学，1934 年考入勤勤大学，在校期间，参加中华民族解放先锋队。1938 年 8 月毕业后回三江，在三江小学当教导主任。9 月参加中国共产党。1939 年 2 月，中共三江支部成立，任宣传委员，后任支部书记。三江乡成立乡防会（后改称乡动员

委员会），任政治部副主任，负责宣传、组织三江民众抗日守土工作，在三江人民抗日斗争中作出应有的贡献。1940 年 8 月，冈州中学在古井复办，任教员，旋任校长。1941 年古井沦陷，学校迁往三江。1943 年冈州中学在双水木江复办，仍任校长兼四邑遗裔儿童教养院院长。这期间，曾根据地下党指示，做地方实力派赵其休等的统战工作。抗日战争胜利后，以中国国民党党员的身份，任县教育科督学。1947 年初任教育科科长。10 月任八区（古井）区长。1948 年 8 月任县立第三中学校长期间，在学生中传播革命思想，组织人民解放大同盟小组、社会科学会、时事讨论会和妇女问题研究会等团体。1949 年初，支持和帮助 32 名进步师生投奔新高鹤游击区，参加解放战争。此外，还与人合办葵风小学、新生报局、新潮通讯社等，推动文化宣传工作。

中华人民共和国成立后，历任江会区军事管制委员会文化教育委员会委员、县文教科科长、县三中校长、县一中副校长。1956 年任县文教局副局长。1957 年被错定为"地方主义分子"，被开除党籍，遣送农场劳动。1968 年 8 月，又被当作"国民党特务"投入监狱，接受长期审查。至 1971 年 11 月才查明属错案，被安排在会城中学、朝阳中学任教。1973 年退休。1979 年 7 月得到平反，恢复党籍、政治名誉和原文教局副局长职务，并批准离休。1988 年病逝，终年 75 岁。

选自《新会县志续编》，广东人民出版社 1998 年版，有改动

李光中

李光中（1920—1989 年），广东新会七堡冲力西冲人。青年时参加抗日救亡运动。1938 年参加中国共产党，先后参加广东青年抗日先锋队、广东人民抗日游击队东江纵队，任广东青年抗日先锋总队部东江办事处组织部部长。后历任中共增城县委书记、中共增（城）龙（门）博（罗）中心县委宣传部部长。1943 年 5 月，被调回新会，在七堡以中心学校校长职业为掩护，进行中共地下工作。1944 年 4 月，任中共新会县委委员兼宣传部部长。是年夏秋间，建立中共江南特支，辖七堡支部和联系司前河村及双水朗头两个点，李光中兼任七堡支部书记。

抗日战争胜利后，患肺病在家休养，后被组织送往香港治病。解放战争期间，李光中的组织关系转到中共新高鹤地工委。1949 年春节后，由香港返江门，在中共新会区工委担任宣传和主管城市工作。同年 9 月，从江门回会城，建立中共蓬江特支，任特支书记。并仍任中共新会直属区委（后改为特区工委）委员兼管组织，直到 1949 年 10 月新会解放。

中华人民共和国成立后，1949 年 12 月至 1950 年 4 月，任中共新会区工委宣传部代部长。1950 年 4 月任县委秘书处秘书长、宣传部部长。同年 9 月至 1951 年 9 月任中共新会县委常委。以后历任中共钦县县委书记、中共广东省委统战部民族工作处处长、广东省文史馆副馆长，是政协广东省第四、五届委员。1989 年逝世，终年 70 岁。

选自《新会县志续编》，广东人民出版社 1998 年版，有改动

附录五

大事记

1919 年

6 月初，五四运动爆发后，新会城和江门各校学生、工人群众一万多人，举行示威游行。

1921 年

冬，县进步青年陈日光购买大批马克思主义书籍，在象山脚绿云洞办阅书报社，开始在新会传播新文化、新思想和马克思主义思想。

1922 年

年初，由陈日光、苏钧松、何海若等新会县进步青年组成的新会协作主义同志研究会在会城象山绿云洞宣布成立，会长陈日光，会员有 37 人。该会设有通信图书馆，收集马克思主义著作和各种进步书籍、报刊。3 月 15 日创办《新会协作主义同志研究会半月刊》，宣传社会主义思想。

2 月至 3 月，中共广东支部书记谭平山派人到新会联络同志，筹建社会主义青年团，首批吸收陈日光、李绍勤、吴剑煌、苏钧松等人入团。3 月至 4 月，建立广东社会主义青年团新会分团，负责人陈日光。

5 月，陈日光代表广东社会主义青年团新会分团参加在广州召开的全国第一次劳动大会。这期间陈日光出席在广州召开的中国社会主义青年团第一次全国代表大会开幕式。

7 月 1 日，新会最早的一个社会主义性质的商业合作社——新会有限责任产业协作社在会城绿云洞成立。

9 月，广东社会主义青年团新会分团在会城开办工人夜校。

10 月，《新会协作主义同志研究会半月刊》改名为《觉悟周报》，大力传播新文化、新思想和马克思主义思想。

1923 年

10 月 23 日，社会主义青年团广东区执委会召开第一次会议，分工冯菊坡、陈日光负责工人运动。陈日光被任命为国民党中央工人部干事、广东省党部驻江门特派员，负责开展工运工作。

10 月，广东新学生社新会分社成立，分社社长苏钧松。开展创办半月刊《学生新声》和举办工人识字夜校等活动。

1924 年

春，中共广州地方执行委员会派阮啸仙、刘尔崧到新会发展党员，筹建中共组织。青年团员陈日光、李冠南、李绍勤、苏钧松、吴剑煌等加入中国共产党，成为党组织在五邑地区发展的第一批中共党员。

4 月 20 日，地主武装配合国民党右派破坏农村革命群众组织。里村农会干部施旺、施丙等 10 人被捕，其中部分人被杀害。随后，篁庄、水南、石子潭等乡农会未及隐蔽的干部也遭逮捕或杀害。

7 月 3 日，第一届广州农民运动讲习所开学，新会学员有李冠南（共产党员）、李群（社会主义青年团团员）。本届于 8 月 21

日结束，李冠南被任命为国民党中央农民部特派员，被派回新会开展农运工作。

9 月，广东新学生社新会分社等团体，开办平民识字夜校。

11 月 14 日，中共新会支部正式成立，有党员 6 人，陈日光为支部书记，兼任新会团支部书记。机关初设会城，后迁江门水南祖庙。

1925 年

2 月 1 日，新会县第一个乡农会——第一区青云坊乡农民协会成立。国民党中央农民部特派员李冠南主持开幕典礼。大会选出梁有盛为农会正委员，林濠为副委员，文忠为秘书，莫泮生为纪律裁判员。

是日，在会城青云坊成立新会县农民协会筹备处，李冠南负责全面工作。

2 月，国民党中央执行委员会根据中央农民部特派员李冠南建议，转饬新会县长陈永惠出布告保护各区农民协会。

3 月 1 日，李冠南、吴剑煌作为新会县农民代表和教育界代表赴北京参加孙中山倡议的全国国民会议促成会。

5 月中旬，新会县农民代表大会在江门召开。

6 月上旬，五卅惨案发生后，新会总工会筹备处、新会县农民协会筹备处和广东新学生社新会分社等革命团体，发出通电，抗议帝国主义暴行，要求惩办凶手及赔偿损失。

6 月 10 日，在江门、会城举行万人示威大游行，支援上海人民的反帝斗争。

6 月，中华全国总工会省港罢工委员会在江门成立办事处，设立招待站，接待由香港疏散回来的罢工工人和家属，又派纠察队第三大队进驻北街，配合对香港的经济封锁。

是月，中共新会支部组织新会各界沪案后援会成立，选出陈日光为主任委员，募得白银约三万元交省港罢工委员会。

8月25日，新会工人纠察队在江门沙仔尾河道缉获走私船2艘，以及煤油195箱、煤炭320吨。

9月，县农民协会筹备处在江门召开县农民代表大会，贯彻省第一次农代会精神，发展农会，建立农民自卫军。年底，全县有乡农民协会22个。

1926 年

1月13日，驻肇庆的国民革命军第四军十二师三十四团（即叶挺独立团）派遣第一营，在营长周士第（共产党员）率领下，移防进驻新会县，支持农民运动。5月中旬，该营随团北伐。

2月28日，新会县农民协会筹备处第三次代表大会在三区石子潭召开，有26个乡派出代表64人出席大会。会上，推尹国彦、张子照等为主席团成员，决议援助被土豪民团压迫的农会会员以及向政府请愿要求取消各乡民团征收的苛捐杂税等。

春，各乡农民聚集到县署请愿取消苛捐杂税。县长区灵侠拒绝接见，并派人向第四军独立团周士第营长求援。周士第表明革命军人支持工农革命的态度，并请农会代表进来谈判，在农民群众和第一营的压力下，县长只得答允农民要求。

5月，县总工会和县农民协会筹备处发动2000多名工人农民群众，联合举行以"反对苛捐杂税"为中心内容的请愿示威大游行。

7月初，在江门水南祖庙召开新会县农民代表大会，决定成立新会县各乡农民协会联合办事处，选出执行委员21人，李冠南、施展、关仲为常委，由李冠南负责全面工作。

7月11日，县各乡农民协会联合办事处联合各县各界革命团体，通电全国拥护北伐。

9月，国民党右派成立五邑联团总局，由十三师师长、五邑警备司令徐景唐兼任局长。随后在新会县成立联团局、保卫团、航空救国会等反动武装机构，镇压农民运动。

11月2日，三区农民协会副委员长尹国彦、白庙乡农会执行委员梁仲廉等，数月前被当地土豪非法拘捕，囚于新会县法院监狱。工农群众聚集近2万人到会城游行示威，包围法院，要求立即释放。结果尹国彦等得以释放。

11月上旬，新会县工人纠察队、农民自卫军共3000多人，由陈日光等率领并赴公益埠，支援台城新宁铁路总工会工人的革命斗争，11日，击溃工贼反动武装"六大寇"陈式容等6人，其中5人当场毙命。

11月，新会北伐青年工作团组织宣传队开展宣传、劳军活动，又组织北伐运输大队，青年农民队员共300余人，随军北伐。

12月下旬，军警武装借口搜捕土匪，包围石头乡，捣毁农会，捉去农会干部陈兰、陈职和农会会员30余人。事后，新会县各乡农民协会联合办事处组织千余人在江门游行示威。被拘捕的人全部释放。

1927 年

1月，中共新会县委员会成立，机关设在江门市，书记叶季壮。下辖新会、江门两个支部。

2月2日，新会县各乡农民协会联合办事处举行全县农民自卫军大检阅。8000多名农会会员和农民自卫军会集在江门商团操场，李冠南、施展、关仲率领队伍举行阅兵礼和大巡行。

4月16日，国民党右派发动反革命政变。驻江门的第十三师师长兼五邑警备司令徐景唐、江门市政厅厅长叶显、新会县长蒋宗汉奉令逮捕共产党员和革命群众，封闭报馆和取缔进步团体。中共新会党组织转入地下活动。已暴露身份的党员，全部离开江门、会城。

4月20日，地主武装民团配合反动军队四出围攻农村革命政权和搜捕革命群众。在井根所有农会会员住宅全被抢光，有五六百个乡民被押到乡公所，逐个迫供农军下落，被反动派枪杀的有10余人，逮捕三四十人。接着，如瑶村、篁庄、都会、水南、会城、石子潭、木朗等农会干部，以及工会的干部，凡未及隐蔽的，皆被逮捕而至杀害。

4月下旬，叶季壮将四邑地委及新会县委机关从江门城区安全转移到江门河南的滘头乡新基里《四邑平报》老板赵廷谦家。在赵家的掩护下继续坚持斗争，秘密印发传单，揭露国民党右派破坏革命、屠杀人民的罪行，并加紧联络失散的共产党员。

是月下旬，木朗乡土豪劣绅反攻倒算，向农民追回二五减租，追查农军枪械，带领十三师的军队逮捕和杀害农会干部尹社如、尹卓如和尹尚如3人，该乡因遭迫害而逃离者达百余人。

5月15日，省农民协会改组委员会召开第二次会议，派李元新等5人为新会县农协会改组委员。

5月，中共西江特委杨善集在田金召开支委扩大会议，决定加强工会的秘密组织和地下农会组织，利用各种有利条件，扩大工农武装力量，建立农村革命根据地。

12月初，中共新会县委执行五邑地委和五邑暴动指挥部响应广州起义举行武装暴动的决定，计划在13日，与广州起义的同时，在江会发动武装暴动。组织成立广东工农革命军中路新会支队。后因广州起义提前发动并遭失败，江会暴动流产。

12月8日，五邑暴动指挥部肃反委员会逮捕队队长彭业权被反动军警拘捕。9日在江门三角塘英勇就义。

1928 年

春，转移、隐蔽在澳门的县总工会委员长吕棠，在当地被国民党广州市侦缉队逮捕，后解押到广州杀害。江门米业工会委员尹钦、潮连乡农会委员区少文等先后在会城、江门被国民党反动派拘捕杀害。

8 月，中共新会县委恢复活动，县委书记王士烈，委员陈发生、陈树、吕旋、泽宜。党员发展到 42 人，支部增至 8 个。

11 月 26 日，中共广东省委撤销中共江门市委，改为中共新会县委，县委书记为程鸿博，县委机关设在江门市，管辖新会、江门以及开平、恩平、台山等县的党组织。

1929 年

2 月，由于叛徒叛变，县委机关及常委住宅均遭搜查破坏。省委常委甘卓棠、共青团江门市委书记黄衮华和党团县委常委 8 人被捕，全遭杀害。部分党团积极分子被捕牺牲。

夏、秋间，县十区（大泽）南洋乡由共产党员周达尚秘密发起的雁桥青年社，组织该乡开展反对豪绅抽收钉门牌捐和割草捐等斗争，并出版《青年月刊》，宣传革命思想。

12 月，国民党反动派派军警在大泽、小泽、霞路、深垒、石头等 10 多个乡进行"清缴"，拘捕农民和爱国华侨。

1931 年

1 月 1 日，广东工农革命军中路新会支队政治领导人李冠南在香港被捕，转解广州，在狱中坚贞不屈。8 月 21 日，在广州被杀害。

4 月 30 日，新会县召开第一次农会代表大会，选出钟翊民为干事长、余社昌为副干事长。

10 月 5 日，新会县各界抗日救国大会决定，集会大巡行示威。

10 月，九一八事变发生后，新会掀起响应抗日救国运动。

1932 年

3 月，中共广州特支遭破坏。之后，受其领导的中共江门党支部（党员 3 人）便完全失去与上级的联系。自此直至 1936 年夏，新会党组织停止活动。

是年，"广州绥靖公署"主任兼国民革命军第一集团军总司令陈济棠派警卫团长陈公福率部进驻江门、四邑，进行"清乡"，捕杀共产党人和工农革命群众。

1936 年

夏，广州中国青年抗日同盟成员陈翔南、黄文康先后被派到新会开展抗日救亡活动。同年秋，广州党组织重建，陈、黄分别被吸收为共产党员。10 月下旬，在中共广州外县工作委员会负责人麦蒲费（邱萃藻）的帮助下，建立中共江（门）会（城）小组，成员是陈、黄两人，负责重建新会党组织工作。

12 月，中共江会小组负责人陈翔南在会城、江门分别建立中华民族解放先锋队和迈进社，民先和迈进社均是党的秘密外围组织，并由陈翔南兼任该两组织的负责人。

1937 年

3 月，中共江会支部针对当局压制抗日救亡运动的行径，以民先和迈进社成员为核心，争取当地社会上层开明人士梁志尚、黄许焜支持，在江门成立有 100 多人参加的抗日救亡团体春天读书会，并组织妇女问题座谈会，进行半公开半隐蔽的抗日宣传。"读书会"争取江门《五邑民权报》进步编辑人员施见三的支持，在该报开辟了《春天副刊》作为抗日宣传阵地。

7月，新会流动剧团成立，负责人为陈翔南，团员60多人。这是新会县最早由党组织领导的公开进行抗日救亡运动的群众团体。

秋，爱国青年阮克鲁、余皋平、容宗英、陈华钜等，奔赴延安，分别在中国人民抗日军政大学、陕北公学、鲁迅艺术学院学习，1938年派回县工作。

9、10月间，中共江会支部借庆祝平型关大捷之机，在江门、会城开展义演筹款活动，动员各界民众募捐买炮、买飞机支援抗日前线。

10月20日晨，日本军机4架，轰炸会城，在东门火车站投弹13枚，在县署投弹1枚，共炸死伤炸群众数十人。1937—1939年4月，会城（主要是火车站和火车）先后遭受日机6次轰炸。

1938 年

1月，中共江会支部书记陈翔南在十五区（大泽）大园乡井岗村学校主持召开党员大会，成立中共新会区工委，书记陈翔南，委员秦一飞、黄文纯、黄玉卿（女）、谢养（女）。区工委机关驻地是江门镇。

是月，新会县文化界抗日救亡协会成立，由中共新会区工委派出党员领导。

4月22日，新会县党政军机关奉命筹备组织民众动员委员会（简称"动委会"）。至11月14日正式成立，在华都大酒店办公。主任邓植之，副主任李务滋、李淞甫。中共新会区工委利用这一时机，派出一批共产党员到该动委会帮助工作，在动委会内组织以共产党员为骨干的战时工作队，开赴各地开展抗日宣传。并由共产党员负责支部出版该会的刊物《动员周报》。

5月中旬，日本舰艇在崖门焚劫从雷州运米粮来江门的谷船，掠去粮食10余万斤，船工10余人被打下水。

夏，中共新会区工委派进国民党新会县党部抗敌后援会工作的女共产党员，发动和组织进步青年妇女，成立新会妇女抗敌后援会，主任委员黄玉卿。1939年3月江会沦陷前夕解散。

7月8日，中共新会区工委通过统战关系，以县政府名义举办新会青年暑期训练营，由新会县长李务滋兼营长。中共新会区工委领导人陈翔南、秦一飞等实际主持营务。来自城乡各地青年约300人参加训练。

8月，新会各界献金救国运动大会筹备会在江门、会城设献金台，发动群众献金抗日，仅14、15日两日，筹到捐款2万元。

10月5日，新会、台山、赤溪三县成立第五游击区（简称"五游"），由战区司令长官委任范德星为五游司令，余鹰扬、简清吾为副司令。委任新顺特务大队长周汉铃为江门戒严司令。

11月12日，中共新会区工委组织成立广东青年抗日先锋队新会县队部（简称"抗先"），推举国民党新会县党部特派员李淞甫当队长，地下党负责青年工作的李海（吕拾）当副队长。县队部的骨干多数是共产党员。抗先队部设新会少年团，由青年党员陈云英任团长。随后，江门镇、大园、田金、荷塘、龙泉、三江、旺冲、古井等地也成立抗先队。参加抗先达700多人。

11月至12月，中共新会党组织先后派出阮克鲁、余皋平、冼坚、李克平、周国仪、周仲荣等一批共产党员，分别到驻江门的国民党广东省绥靖新顺特务大队开展统战工作，团结官兵，宣传抗日思想。

1939 年

1 月，中共新会县第一次党员代表大会在江门召开，出席代表 10 余人，大会由中区特委委员、新会区工委书记陈翔南主持，中区特委组织部部长陈春霖亲临指导。大会动员全党做好抗击日军入侵准备，决定加强农村根据地的建设和统一战线工作。会议选出县委委员，成立中共新会县委。县委书记为陈翔南。

2 月，陈明江（即陈江）受中区特委派遣到新会工作，在大泽田金乡建立武装斗争根据地。当月，增补为中共新会县委委员，分工任武装部部长。

3 月 28 日，日、伪军 2800 多人分水陆两路进犯江会，占领猪头山。

3 月 29 日晨，日军在北街登陆，守卫东炮台公路桥的江门义勇壮丁阻击日军约两小时，后撤回市区。日军即进犯水南，包围新顺特务大队阵地，激战 1 天，翌日，日军攻陷江门。守军遂撤守都会。

3 月 30 日，日伪政权"江门治安维持会"成立。

4 月 1 日，日军进犯都会，受到从台山开来增援的保七团及布置在都会和挂宝庙的地方团队阻击，战斗激烈。这时活动于部队的抗先队，配合国民党军队对日军作战。

4 月 2 日，日军增援，保七团及周汉铃的独立大队西撤潮透、同和、双水；县政府随军西撤同和转至双水、天亭。日军进占会城残杀无辜居民，组织"会城治安维持会"。

4 月，国民党军队曾两度反攻会城，均未得手。日军以搜查游击队为名，焚毁西关口一带的大隆、紫石、南兴、柱石等地的民房。捕杀居民逾百人，对新开公路沿线乡村的莲塘、李苑、潮透、田金、张村，肆行焚掠。

5 月，江会沦陷后，国民党县党政机关从会城迁到潭江以南的七区天亭圩。中共中区特委撤销新会县委，以潭江为界，分两个独立区。江北地区与鹤山县党组织合并，设中共新鹤县工委。潭江南岸的国民党统治区，成立中共江南区工委。

6 月 2 日，日、伪军第一次进犯三江。中共江南区工委、中共三江支部发动三江乡壮丁队奋勇杀敌，消灭伪军 300 余人。

8 月 19 日，日、伪军 800 余人第二次进犯三江，三江壮丁队奋起抵抗，血战一昼夜，把日、伪军击退。

9 月 2 日，日、伪军 3000 多人第三次进犯三江。乡壮丁队被迫撤至古井。日军在三江大肆烧杀。

10 月，三江壮丁队奉县府命令，改编为新会县抗日义勇游击大队（简称"义游"），大队长赵其休，副大队长钟炎如，饷项自筹自给，驻防八区（今古井、沙堆区）。

1940 年

年初，中共江南区工委派出共产党员通过统战工作，帮助国民党新会县当局重组了因江会沦陷而一度解散的县抗日动员委员会，并在动委会内秘密建立中共支部，以合法身份开展各种抗日宣传。动委会以县政府的名义，出版《新会战报》，宣传共产党"坚持抗战、团结、进步；反对妥协、分裂、倒退"的方针。《新会战报》最高日销量 3000 份，不久，遭国民党顽固派扼杀而停刊。

2 月 7 日，日、伪军 300 余人在龙泉登陆，炮轰网山义游驻地。13 日，日军在独州、大环围登陆。义游及自卫团队撤至沙堆及崖西，有部分义游部队投敌。

2 月，中共新鹤县工委为加强妇女工作，设立妇女工作委员会，简惠仙为书记。妇委会活动在新会桥下和鹤山大朗、青溪一带。

4 月 12 日，日舰艇炮击崖西各村，200 余名日、伪军在黄冲口登陆，占凤山。中共旺冲支部发动乡自卫队、模范壮丁队奋勇将敌击退。

5 月 27 日，中共江南区工委推动天亭新会县政府创办《新会战报》（三日刊），并派出党员钟华担任该报编辑，仅办半年被扼杀停刊。

6 月 2 日，义游投敌部队在中共江南区工委地下工作人员策动下反正，全歼占据古井汪伪"华南军"。活捉总司令方正华以下官兵 600 余人。

6 月，新会义勇游击队改隶挺进七纵队，被编为第二支队，赵其休任支队长，钟炎如任副支队长。

1941 年

3 月 17 日，陈冲水雷区炸沉日舰 1 艘，炸死日军 40 余人。

5 月 31 日，日、伪军 2000 余人，大举进犯古井区，游击支队分头迎击。

5 月，中共中区特委决定撤销新鹤县工委和江南区工委，重新成立县委。县委书记陈明江，县委委员兼组织部长冯光、宣传部长许林彬。县委机关先后驻双水桥门、小冈、礼乐、江门。

6 月 1 日，日、伪军在梅阁、官冲登陆，在激战中，游击队连长彭国斌等 18 人牺牲于沙梅将军山。古井全区沦陷。

9 月 20 日，日、伪军陆海空军 5000 余人第二次进犯四邑。沿新开线之日、伪军 1000 余人，前锋分向大泽响水桥和马鞍山、西坑进攻，在田金一带，遭驻军六十四军一五六师刘镇湘团及地方团队强烈抵抗。日军以飞机助战，刘镇湘团工兵九连全连牺牲。敌军西进水口。

1942 年

2 月 12 日，新会各界出钱救侨运动大会于天亭召开。各单位义演筹款救济难侨。

3 月中旬，粮荒。日伪政权统制粮食，实行公卖，米价不断上涨，不少居民饿死。

1943 年

11 月 3 日，日、伪军进犯梅岗，遭到地方团队迎击，败回会城，日军官菊池信被击伤，送往广州不治丧命。

1944 年

6 月 7 日，珠江部队中山八区抗日游击大队陈中坚部被日伪军袭击于西坑，陈中坚率部 40 余人突围受伤，后由大队政委李进阶率部转移新会崖南，编入广阳指挥部中新游击区运粮护航总队第二大队（简称"航二大队"），但仍为中共地下党领导的抗日独立武装。

6 月 23 日，进犯三埠的日、伪军在新会七区沙口登陆，在京背附近包围航二大队赵仕浓部。航二大队赵彬（中共党员）中队，从崖南开过来将日、伪军进行反包围，营救赵仕浓部脱险。次日，日、伪军攻陷天亭，县长马有为逃往天湖。

8 月 24 日，伪"绥靖军"由三埠回师，占双水、天亭。盘据古井之日军永田部也在沙口登陆。县长马有为逃往崖西三村。

9 月上旬，航二大队赵彬、赵仕壮两中队（中共秘密领导的地下武装），从崖南北上，打退伪军，收回天亭、双水等地。9 月 10 日，挺进第五纵队陈仕培及高勤部前来争地盘，赵彬、赵仕壮两中队为顾全大局，撤回崖南。

9、10 月间,新鹤游击大队陈江等领导十五区自卫队,袭击盘据大泽圩包烟庇赌的汪伪军。俘伪国民军第七团第三营营长等 10 余人。

10 月,珠江纵队挺进粤中。经周密筹划,当地党组织与海洲乡乡长袁世根等组织大批船只,顺利接应从五桂山出发经海洲到达荷塘的部队,挺进部队从塔岗渡口横渡西江,经周郡乡,与新鹤大队会师,直抵大井头。

10 月,新鹤人民抗日游击大队公开成立后,即开展建立抗日民主政权工作。11 月,在棠坑乡建立第一个民主乡政权。12 月,成立新会县第十区人民抗日行政委员会。推举当地士绅刘安华担任主席,后改由共产党员黎元达担任。同时,又在十五区田金乡成立新会县第十五区人民抗日行政委员会筹备小组,由共产党员司徒棠负责。

11 月上旬,广阳守备区司令李江命令高勤率部 300 余人,偷袭泰山大队驻猫山、交杯石留守部队,拘捕大队政训室副主任赵荣及副官刘式文、李真夫妇及航二大队副大队长黄虹等 10 余人。又在天亭扣留中共党组织派驻广阳守备区指挥部新会办事处的杨达明小队。后经中共地下党组织营救,赵荣等获释归队。

1945 年

1 月 1 日晨,国民党顽固派联合伪军千余人,包围松山村,袭击驻司前松山村的新鹤人民抗日游击大队。新鹤大队据守碉楼,白天还击,入夜突围转移,北上鹤山。同时,顽固派派出大批士兵包围司前行政委员会和司前税站。次日,又包围田金共捕去共产党员和爱国进步人士 20 多人。并分别在司前和赤坎两地将他们杀害。

1 月 29 日,新鹤人民抗日游击大队改编为广东人民抗日解放军第二团（简称"二团"），团长卢德耀，政委陈江。

4月14日，日、伪军600余人，在双水沙口登陆，洗劫双水的商店。在木江乡，奸淫妇女数人。次日，伪军将抢得的六船粮谷运至江门。

5月14日，二团从鹤山转移至古猛，被鹤山联防总队及何志坚等部600余人追击。团长卢德耀在掩护部队时被击伤。

5月23日，二团在新鹤边界陈坑尾与挺三谭雨樵部发生遭遇战，二团打退谭雨樵部后，安全撤至同和、井岗一带休整。

6月16日，日、伪军从双水登陆，18日攻陷天亭。县长张宝荣率领机关工作人员逃至上凌大圣庙，共藏匿7昼夜。

7月8日，日、伪军进犯基背，乡壮丁队紧守碉楼。日、伪军驱使村民诱开碉楼门，捕去壮丁队12人，其余30余人从窗口跳楼撤走。

7月15日，日伪军再攻双水，分犯木江、小冈。地方抗日武装在洋美、龙头、南岸与日伪军隔江相持一个月，直至日本投降，日、伪军才撤走。

7月下旬，日、伪密侦队20人到大坳乡勒索，被二团包围于祠堂，经10余分钟战斗，全歼日、伪军，缴获长短枪20支。接着，日、伪军300余人尾追而来。二团登上莲花山，居高临下，打退日、伪军多次冲锋，战至傍晚，日伪军溜走。

8月15日，日本天皇宣布无条件投降。8月下旬，江会的日、伪军继续四出侵扰。8月25日，二团、独立营，由营长黄伟民、连长曹广率部30余人潜入会城，主攻设于"统一""国际"两个俱乐部的日据点，俘获人枪一批，活捉伪密侦队长1名，并在城内张贴标语布告，敦促日军缴械投降。

9月29日，入侵广东中区的日军，在江门正式签字投降。

1946 年

6 月 30 日，中共新会地下党组织在二团和新会地方干部 10 多人北撤山东烟台解放区后，执行"隐蔽待机"方针，至年底，全县保留 7 个基层党支部，1 个特别支部，有党小组或党员活动的地方 14 处。全县党员约 60 人。

1947 年

年初，新会党组织先后成立了若干个秘密交通站（点），形成从城镇到农村的交通网络。长记柴花店由中共党员黎树泉（黎长）负责。烨林柴庄是新会副特派员关立的联络点。保寿年药材铺、协兴炒米店是新会特派员冯光的联络点。在农村中，设有大泽井岗交通站、棠下和昌杂货店交通站和大井头交通站。此外，冯光还派赵宋（中共党员）打入三江和记公司属下的广兴渡客轮当护船人员，从事地下交通工作。

1948 年

7 月，广州中山大学党组织派毕业生邓强（中共党员）等 10 多个知识青年到百顷小学任教，着手建立百顷据点，为开展新会武装斗争做准备。

11 月 25 日晚，中共新开鹤县委领导的武工队（西江队、南星队）共 150 余人，由杨德元率领，从牛山出发，夜袭棠下。只 10 余分钟就结束战斗，打伤新会自卫大队陈仕芬等 3 人，俘虏 28 人，获机枪 1 挺、步枪 20 余支、子弹文件一批。

1949 年

年初，中共新会区委以新烽出版社名义，向江会地区国民党职员、社会上层人士发贺年信，信中分析形势，指明出路。

2月，中共新高鹤地工委对所属部分县、区党（工）委机构和辖区进行调整，新开鹤县工委改为新鹤县工委（代号五台山），书记为关立，在新鹤边区先后建立青州、中州、东西洋、址山等武装工作队（组）开展活动。

5月25日，中共新高鹤地工委决定成立新会县人民政府，并以粤中人民解放委员会的名义，委派周天行为新会县县长。

7月，县府军事科长陈白滔率保警到百顷催征，在乡公所召开征兵会议，拔枪恐吓群众，被群众当场缴械，群众宣称拒绝交兵交粮。

8月30日，夜11时，中共东西洋、中州武工队袭击驻大泽圩唤庐的国民党谍报队，不到10分钟结束战斗，击毙谍报队队长吕天护，俘书记官1人，缴获枪支数支。

9月5日，中共新鹤县工委撤销，新会区委改为新会直属区委，归新高鹤地委领导，机关驻地百顷乡，直属区委书记为曾国棠，下设蓬北、江东、江南3个特支。是时，蓬北特支，在荷塘组织黎明连，有三四十人；江南特支，在旺冲组织自卫队，有七八十人；江东特支，在百顷组织新生连，有七八十人。

9月17日，县府督征员何贵涛到荷塘征兵，被群众殴打。19日，群众又袭击前来拉壮丁的军事科长，围殴督征员，缴去保警员长短枪10支。

10月1日，中共新会特区工委（原中共新会直属区委改称）所在地（今大鳌百顷）举行军民集体游行，庆祝中华人民共和国成立，升起全县第一面五星红旗。

10月12日，中国人民解放军粤中纵队新会独立团成立，团长兼政委为吴枫。

10月22日，中国人民解放军粤中纵队新会独立团新生连解放外海。

10 月 23 日，凌晨，国民政府驻江门的暂编第二纵队（代号"坚忍"）代司令云汉，接受中共新会地下党组织提出的条件，发表《起义宣言》。晚 8 时，粤中纵队新会独立团新生连派政工队开入江门市区进行宣传活动。

10 月 24 日，中国人民解放军第十五军第四十五师先头部队进入江门、会城。江门、会城宣布解放。

是日，号称"中国解放人民军广州外围武装指挥部第六总队"武装匪徒 60 余人，企图劫收北街海关，被新会独立团新生、黎明两连击溃，匪首 5 人被俘。

10 月 25 日，江会区军事管制委员会成立，主任欧初。办事处设于原广东省银行江门支行。新会县人民政府也在此处办公。

10 月 27 日，保安第二师六团三营 100 余人溃逃至崖西岭背、横水、长岗进行抢掠。被解放军全部歼灭，七区宣告解放。

10 月底，中国人民解放军某部进剿盘踞在礼乐的国民党广州卫戍司令部独立团营长邓汉垣残部与土匪傅华山、傅顺有等部，全部歼灭。

10 月 30 日，中国人民解放军某部于沙堆梅阁乡骑门迳，全歼保二师四、六团残部。击毙该师团长曾崇山等官兵 100 余人，俘 800 余人，缴获枪弹一大批。是日国民党新会县长张寿等 126 人，潜逃至古井口被解放军俘获，在解往江门军管会途中，张寿、高勤二人跳水潜逃。

10 月底，新会县全境解放。

11 月 1 日，新会各界数千人在新会一中后面的大广场举行庆祝解放军民联欢大会，大会主席赵梅友致开幕词，军管会代表吴枫讲话，会后举行庆祝游行。

11 月 7 日，江会区支前司令部成立，陈军任司令员（后由莫怀兼任），杨德元兼政治委员，容辛任参谋长。

11 月，建立中国共产党粤中江会区工作委员会（简称"江会区工委"，又称"新会县工委"），区工委书记周天行，副书记杨德元、冯光。

后记

中共新会区委、区人民政府对编纂《江门市新会区革命老区发展史》非常重视，成立编纂委员会后，即组织编写组开展工作。编委会副主任黄长盛同志、主编刘程方同志负责领导本书的具体编写工作。编写组共同研究，拟定纲目，然后分别撰写。本书共分七章，第一章由刘程方同志执笔，第二、三、四章由李淑英同志执笔，第五、六、七章由文健军、赵少林同志执笔。初稿出来后，刘程方、邓国全、高日灵、林宝衡、冯永洪、廖沃林同志分别做了统稿工作，对部分章节作了修改。

本书在编写过程中，得到区委宣传部、区档案局、区委党史办、区方志办和区交通运输局、区委老干局、区农林局、区教育局、区外事侨务局、区旅游局、区经信局、区文广新局、区发改局等部门、单位提供的大量书刊资料供我们选择材料编写。李权晃同志对本书的编写不断给予指导，李子威、胡锦旋、林健宜、邓国宜、廖北浓、郭东江等同志在编务方面做了大量工作。

按照广东省老区建设促进会要求，书稿编写出来后，经征询意见并作了修改，编委会聘请了新会市委原副书记、新会老促会原理事长卢其本，新会市政协原副主席、离休老领导曾里，新会市委原常委、新会老促会原副理事长兼秘书长梁炳汉，曾任新会市委党史办主任、现任新会区委纪委副书记李方晖，新会市府办原副主任林宝衡，新会区档案局局长兼党史办、方志办主任胡锦旋共六位同志组成审核组，对本书进行审核。审核组以认真负责的态度，细致审阅，对本书的修改、订正提出了很多非常宝贵的意见。

由于水平有限，对本书存在的不当之处，敬请批评指正。

编者

2019 年 2 月